統計はウソをつく

アフリカ開発統計に隠された真実と現実

モルテン・イェルウェン　渡辺景子 訳

青土社

統計はウソをつく　目次

まえがき　7
謝辞　17
序文　27
アフリカ諸国と統計
社会科学における数字
本書の構成
第一章　私たちはアフリカの所得と成長について何を知っているのか　37
国民経済計算とは何か
アフリカの国民経済計算　主な問題点
国民所得の証拠の調査
私たちは何を知っているのか
第二章　アフリカの富と発展を測定する　75
植民地の実験

実際の開発
失われた二〇年
開発から自由化へ
結論

第三章　事実、仮定、そして論争　データセットから学ぶこと　109
ナイジェリア　人口を数える
ナイジェリア　作物を数える
タンザニア　構造調整を算定する
データ論争の教訓
人口
作物
国民所得の改訂

第四章　開発のためのデータ　アフリカ統計の利用と改善　151
データの質は政策決定者にとって問題なのか
政策サークルの中での統計局
統計局の能力と制約
開発のためのデータ　何をすべきか

結論　数字による開発　191
ＧＤＰとその他の数字
成長に関連するもの　他の数字による開発
結論
付録Ａ　ＧＤＰの世界開発指標による推計と各国推計との比較　211
付録Ｂ　インタビューと質問表の詳細　235
注　238
訳者あとがき　276
参考文献　iv
索引　i

統計はウソをつく　アフリカ開発統計に隠された真実と現実

まえがき

「彼らはいったいどうやって、これらの数字をひねり出したのか?」。これが、私が答を見つけたかった疑問である。それは二〇〇七年に、経済史の博士論文のための現地調査でザンビアに行ったときのことだった。私は、アフリカ諸国で国民所得推計がどのように作成されるかを調べようとしていた。ルサカの中央統計局の悲惨な状態に、私は衝撃を受けた。計画された農作物の調査は車の修理の必要から遅れており、ほとんどの部屋は暗く、コンピュータは所在不明になっているか、あったとしてもとても古いものだった。国民経済計算部門には三人の職員がいたが、私の滞在中、統計局に定期的に顔を出したのはそのうちの一人だけだった。統計局の誰一人として、一〇年以上前にどのようにして所得推計が作られたかを説明できなかった。資料室には文献がわずかしかなく、一九七〇年代後半、一九八〇年代、一九九〇年代前半に行われた、あるいは行われなかった活動の記録は全く存在しなかった。

ザンビアの国民所得を推計するために使われるデータと方法が最後に改訂されたのは

一九九四年であった。方法論に関する短い報告が作成されたが、公表されることはなく、担当者たちのためのマニュアルとして内部で回覧された。それは、ザンビアの国民所得統計の実情を明らかにするものだった。私は、基礎データの欠如と使われた初歩的な方法に驚かされた。定期的で信頼性のあるデータが入手できたのは政府財政と銅の部門のみだった。農業部門全体が、八品目の農作物の作柄予想の動向を観察することで説明されていた。経済の残りの分野については、使用可能なデータは全く存在しなかった。建設部門は、セメントの生産および輸入と同じ比率で成長すると想定されていた。小売り、卸売り、運輸部門は農産物および銅の生産と同じ率で成長すると想定されており、サービスは商業および運輸と同じ率で成長すると想定されていた。

「私がいなくなったら、どうなるんでしょう」。二〇一〇年にザンビアに戻った私は、国民経済計算がいまやたった一人の人間によって作成されていることを知った。彼の問いは仮定の問題ではなく、現実問題だった。その直前まで、彼には一人の同僚がいたが、その人は二〇一〇年の国勢調査の要員として、国民経済計算部門から異動していた。さらに悪いことに、工業統計と国家財政部門の職員がいないということは、国民経済計算部門に残された唯一の統計専門家がこれらの部門についても責任を負うことを意味したのである。

「ひどいものです」。北欧の大使館から来た経済顧問は、私がザンビアの成長と所得に関するデータの質について質問したとき、こう答えた。私の報告に自分の名前を出さないでほしいとあわてて言った後、顧問は、統計局全体を緊急に改革する必要があると語った。日当から見ると、統計専門家は現場でデータを集めているときには高給を取っているが、事務所で推計や報告書の準備をしているときには給料がとても安い。私への情報提供者によれば、統計局がなぜもっと多くのデータが必要なのか、なぜもっと実地調査が必要なのか、なぜ人々は他の部門からデータ収集へと召集されるかの言い訳を常に探しているのはこのためである。

「ドナー（援助供与者）たちはわかっていない」。その前日、英国国際開発省の代表は私に語った。「彼らはミレニアム開発目標で頭がいっぱいなんだ」。新しい開発計画はこの目標に向けて調整されているし、社会指標について報告を作成するためのデータ収集にはすぐに予算が付く。彼の言葉は、経済成長だけに焦点を当てた以前の開発パラダイムとの著しい相違を示している。経済成長と経済的変化の物理的指標に関するデータに与えられる優先度は、現在ではとても低くなっている。その結果、社会開発に関するデータがどんどん充実してきているのに対し、経済開発に関するデータの入手可能性と信頼性は乏しく、さらに悪化しつつある。

所得と成長のデータを作成している唯一の職員と私との会話は途中で切り上げられてしまった。「英国国際開発省との会議があるんです」と職員は言った。前日にその代表が私に「たいへん重要な経済統計の編纂から職員が引き上げられている」と嘆いていた英国国際開発省が、統計担当者との会議を予定していたことが分かった。国際開発省は、彼らが資金を出し、年末までに完成させる必要がある報告のことを心配していた。「生活状況モニター調査」と呼ばれるその報告の完成を任された部署の責任者は、さらなる訓練のために日本へ出掛けていた。国際開発省はそこで、この統計担当者に、その報告を仕上げさせようとしたのである。

これらの話は、アフリカの統計担当者たちが所得統計の作成にあたって直面する問題、またその過程に関わる利害関係者たちが直面する問題を示している。似たような話は、二〇〇七年以来私が調査に訪れたサハラ以南アフリカの他の国々でも聞けた。私は「彼らはいったいどうやって、これらの数字をひねり出したのか」という問いの答えを探すことに興味を持った。課題は事例証拠を越えた体系的な説明を行うことである。答えは多面的で複雑であり、国によって異なる。その過程には多くの利害関係者が関わっており、過程の一部は統計学専門用語や技術的手順の中に埋もれている。本書は、データ利用者のために書かれたものであり、開発問題の研究者やこの分野の関係者に対し、「これらの数字はどれほどあてになるのか」という疑問への答を提供するものである。

簡単に答えれば、数字はあてにならない。これは技術的正確さだけの問題ではない。数量化プロセスの恣意性が、大きな誤差と不確実性とを伴った観察を生み出している。この数字ゲームは、数字に危険なまでに誤解を招くような正確性の外観を与え、その数字は乏しい資源を配分するという重大な決定を行うのに使われるのである。国際開発の当事者たちは、間違った統計に基づいて判断を下している。各国政府は、存在しているデータがあまりに貧弱であるか、あるいは彼らが必要とするデータが存在しないがゆえに、十分な情報に基づいた意思決定をすることができないのである。

本書は、アフリカの経済開発統計の作成と利用についての研究である。開発の中心問題はすべて、物品とサービスの生産と消費の測定をめぐって展開している。これは国内総生産（GDP）と呼ばれる複合的に合成された測定基準によって表される。それは国民の富と発展を順位付け、評価するのに使われるが、私が本書で富と発展というのは国民所得と経済成長を指している。GDPは経済活動の評価基準として最も広く使われているが、この基準がどのようにして作られ、アフリカの経済開発に関する議論でどう誤用されているかについてはほとんど知られていない。

本書は、アフリカにおける国民所得計算のいわゆる民族誌を提示する。サリー・エングル・メリーはこうした研究に次のような定義を与えている。

指標の民族誌を作るとは、指標とその基礎となる理論の創造の歴史を検証すること、この指標の諸条件を議論し定義する専門家グループの会議や国際的議論を観察すること、専門の統計学者やその他の専門家に対し、指標の意味やそれを作成するプロセスについてインタビューすること、データ収集の過程を観察すること、指標が政策決定や一般通念にどのように影響を与えるかを検証することである。[1]

二〇〇七年から二〇一一年までの間、私は統計局、中央銀行、ドナーの使節団でインタビューを行い、職員やその国の専門家たちと長時間の議論をしてきた。国民経済計算に使われた情報源や方法に関する公表された報告および公表されていない報告を集め、検討してきた。本書はボツワナ、ガーナ、ケニア、マラウイ、ナイジェリア、タンザニア、ウガンダ、ザンビアへの訪問調査に基づいている。アフリカ大陸の全体像を知るために、私は電子メールによる調査でもデータを集めた。[2] さらに、さまざまな国際機関からデータセットを集め、それらの異なった版を綿密に比較した。本書は、開発経済統計がどこまで不正確かを検討し、このデータ問題の政策的含意を明らかにし、そして最後に、これについて何ができるかを提案している。

包括的な結論を出す前に、いくつか注意点を述べておいたほうがいいだろう。本書はアフリカのすべての国のすべての統計について論じたものではない。本書が論じているのはアフリカ諸国の経済改革の基本的な枠組みである、国民経済計算とGDP統計のシステムについてである。先に示した諸国に関する詳細な情報は、主に英語圏アフリカから得られたものである。[3] この種の研究には、広さと深さの二律背反がつきものだが、私は個人的インタビューによって集めた豊かな情報と、大陸レベルでの調査からの要約情報との両方に依拠することによって、この二律背反を最小化しようと努めた。国民所得統計は、統計システムがこれらの国々でどのように機能しているかを理解するのにきわめて有用な切り口を提供している。なぜなら、この評価基準は統計局の最も下位の部門で集められた情報を利用しているからである。(4)

アフリカの統計は質的に疑わしいということを示すのは重要ではあるが、私の調査結果は無関心によって迎えられるだけかもしれない。開発コミュニティの一部では、これはよく知られたことであり、多くの人々はその結果をすでに受け入れて、統計分析だけに基づく経済開発という形が一般化することを避けている。(5)その対極には、自分たちが使うデータに大きな信頼を寄せる統計専門家たちがいる。彼らの信頼は、観察の不正確さがひじょうに大きな問題であることを納得させられるまで揺らぐことはないだろう。本書の目的は、両方の人々に開発統計を取り扱う道具を与えることによって、この隔たりを埋めることにある。本書は、なぜデータの質が問題なのかを示すだけでなく、アフリカの経済統計の水準、傾向、そして間違いの原因について、初めての体系的分析を行う。どういう場合に経済統計、社会統計の質が貧弱になるのか、それはなぜなのかについて、私たちの理解を深める。また、統計の作成における政治的圧力の重要性について、陰影に富んだ見方を展開する。データの作成者と、彼らに圧力をかける主な利害関係者である国際機関や国内の政治指導者たちとの相互関係を検証する。

本書は、最後の難しい段階で、大胆な挑戦を試みる。数字が間違っていること、間違った数字は研究者や政策立案者の判断を誤らせることを指摘するのは簡単であるが、この状況に対して何をしたらいいのかを知ることは難しい。どのような改革が実施されるべきだろうか。本書は、統計の作成者と利用者の双方へのガイドラインをよりよいものにするために何ができるか、何がなされるべきかについて論じる。国際基準あるいは規範と、それらを地域の状況に適合させ、調整するやり方との間の相互作用についての視点を示す。基本的教訓は、多くのアフリカ諸国では新しい基本推計が必要であり、それは理論的あるいは政治的優先権だけではなく、地域への適用可能性に基づくものでなければならないということである。本書の政策的助言は、たんにデータ収集にもっと資金を向けろというものではない。データ提供者である統計局の正当性を強化する必要がある。統計局が開発において演じうる役割を認識することは、彼らを開発計画のための信頼できる定期的なデータの提供者にするうえで、重要なステップなのである。

本書は、質的手法をとる研究者と量的手法をとる研究者との間に現在存在する不健全な溝に橋を架けたいと考えている。数字を利用する研究者は、数字の利用を批判する人たちの言うことにもっと注意深く耳を傾けるべきであるし、質的なものを志向する研究者の技能は、数字の源泉を発掘し、数字がどのように解釈されるべきかを洞察するという課題にうまく適用できるかもしれない。出された数字が正しいはずがないと初めからわかっていることと、それがどうして間違っているかを研究する気がないこととの間には大きな隔たりがある。第一歩は、問題を認識することから始まる。

謝辞

本書は、サハラ以南アフリカ各地の統計局で働く、誠実で勤勉な公務員たちに捧げられる。彼らの協力なしには、本書を書き上げることはできなかった。官僚主義や財政的困難に悩まされる中での彼らのプロ意識と献身に、私は感銘を受けた。彼らのオープンさと、積極的に私の調査に参加してくれたことが本書によって報われるよう希望する。本書のタイトルが、彼ら統計専門家へのあからさまな侮辱のように見えるかもしれないことに私は気付いている し、この点は彼らにお詫びする。しかし、開発研究におけるこの重要な問題を明るみに出し、注目を集めることが、この表題を選んだことを正当化すると信じている。さまざまな理由から、私たちが現在使用している数字は、アフリカの経済開発への貧弱な指針しか提供できていないのである。

アフリカの統計専門家のオープンさの一例として、二〇一〇年二月にナイジェリアのアブジャにある国立統計局を訪問したとき、どのように迎えられたかを語ろう。広報課長に紹介されたとき、彼は両手を広げて私を迎え、大声で「ようこそ！」と言った。彼の部門は情報を提供することを業務としており、この仕事はサービスだと考えていると説明した。彼の部門が提供するデータへの需要あるいは消費者なしには、彼らの生産物は存在しえないというのだ。彼のやり方と姿勢からは得るところが大きかった。私が特定した中心問題は、データ生産者とデータ消費者との間の相互作用が現在どのように行われているかに関係している。私たちは、自分が何を知りたいのか、そしてその情報をどのように要求するかについて、もっと明確に考える必要がある。まさにこの知識生産機能が、供給サイドと需要サイドの両方で問題を抱えているのである。本書は、この両サイドを公平に扱いたいと考えている。

私は、すべての機関で同じように熱烈な歓迎を受けたわけではなかった。二〇〇七年に、私は東アフリカで統計局の図書館から物理的に追い出された。当時、「図書館」とは整理されていない本の山が床に散らばった部屋にすぎず、私はその週の前半に何か役に立つものを見つけられるかを調べるための公式の許可を得ていた。その週の後半に図書館長が仕事に戻ってきたとき、彼は腹を立て、図書館は調査が行える状態ではないと宣言した。私は全面的に同意するしかなかった。四年後に、国民経済計算部門の親切な介在に助けられて、必要としていた情報を得ることができた。

統計局にただ入って行って「あなたたちの数字はどれほどあてにならないのか」と尋ねるわけにはいかない。統計局の仕事の一つは、合理的である限り、自分たちの出した数字を守ることである。西アフリカのある統計局では、職員が私に対して、その時のＧＤＰの積算は過小でも過大でもないと保証した。数字に間違いの余地はないというのである。この職員は、前日に同僚から話を聞いていた私と同様に、その統計局で行われた概算では、当時のＧＤＰ推計は少なくとも四〇―五〇パーセント実際より小さい値を示しているということをよく知っていた。この職員が自分の統計局で生み出された数字を擁護したのは、公式の手順に従ったにすぎない。私のやり方は、開かれたコミュニケーションに参加し、「どうやってそれを知ったんですか？」「あなたの方法はどんなものですか」といった基本的な質問をするというものである。これらの質問への答えは私に、知る必要のあることを教えてくれた。こういった情報のほとんどは書面に残されることはない。したがって、データの作成に関する興味深い情報の多くは、私が行ったような調査方法を通じてしか引き出せないのである。それは扉を開いてくれるかどうかにかかっていた。私に対して開かれたすべての扉に感謝している。

本書で明らかになるように、私はデータの提供者への感謝にあたって、とくにＩＭＦと世界銀行およびこれらのデータ部門に対しては、他と同等の謝意を感じているわけではない。ここでも、各国の統計局と同様、例外はあった。技術コンサルタントや各国に派遣された代表とは、長時間にわたる有益な会話をすることができた。これらのデータに依拠して実証的作業をまとめあげようとしていたＩＭＦや世界銀行の調査員たちは、彼らの経験や不満を私に話してくれた。だが、全体として、IMFと世界銀行は彼らの使う数字の公的妥当性を維持することに、より大きな関心を示した。これは、とりわけ世界銀行のデータ・グループにいえることである。彼らは私の標準的調査質問に対し、データ・マニュアルや数式への一般的言及で答え、また多くの場合、その情報を教えることはできないと答えた。

二〇一一年一一月にワシントンの世界開発センターで私が行った講演に参加した世界銀行とIMFのデータ部門の代表たちに感謝したい。彼らの質問、回答、反応から私は多くを学んだ。また、私を招待してくれた世界開発センターと、この会議の議長をしたアラン・ゲルブにも感謝する。

ケープタウンで行われた国際所得国富学会と南アフリカ統計局の企画による、アフリカ諸国の国民所得、富と貧困、不平等の測定に関する会議でも私は同様の講演を行った。私と一緒にパネリストを務めたノルウェー統計局のリヴ・ホッベルスタド・シンプソンと、有益なコメントをしてくれたデレク・ブレーズにも感謝する。私の報告、とりわけガーナにおけるGDPの上方修正の情報に応えて、世界銀行のアフリカ担当チーフ・エコノミストであるシャンタヤナン・デヴァラヤンは「アフリカの統計的悲劇」という記事をブログに書いた。(6)私はデヴァラヤンによる問題の説明には賛成しない（後で述べるように、問題は基礎データの入手可能性であって、集計の方法ではない）が、彼の勇敢な発言（明らかに彼自身の所属機関のデータ・グループの神経を逆なでした）は、アフリカの経済開発をいかに測定すべきかを慎重に再検討するための道を開く手助けをしてくれた。この会議ではガーナ統計局のマグナス・イーヴォ・ダンカンにも再会したが、彼から私は多くを学んだ。

二〇〇七年以降、私は本書の一部をいくつかの機会に発表したが、それをめぐる議論やコメントから大きな恩恵を受けた。ロンドン大学東洋アフリカ学院（SOAS）では、二回講演した。一回目は二〇〇九年に歴史学科で、二回目は二〇一一年にアフリカ研究センターで行った。SOASではデボラ・ジョンストンから多くを学んだ。私は大学院生の時代からアフリカ開発の測定の問題について彼女と議論を続けてきた。また、オクラホマ大学経済学部のロビン・グリアーとケヴィン・グリアーは、二〇一一年に研究発表のため私を招待してくれた。さらに、ロンドン・スクール・オブ・エコノミクス国際開発学部のスー・オンスローと、同大学人類学科のマックス・ボルトはそれぞれ二〇一〇年と二〇〇九年に研究発表の場を与えてくれた。二〇一一年五月に開発統計に関する対談のため私をパリに招待してくれたベアトリス・イブーにも感謝する。二〇一一年一二月にオスロのノルウェー応用社会問題研究所で研究発表するよう私を招待してくれたモルテン・ベオスにも感謝する。キャサリン・ブーンには、二〇一一年のアフリカ学会に私をパネリストとして招待し、アフリカの農業統計について報告させてくれたこと、さらにアンソニー・G・ホプキンスと協力して二〇一一年一〇月にテキサス大学オースティン校の歴史学部と行政学部で講演させてくれたことに対して感謝する。また二〇一二年五月にマドリードでアフリカの成長統計について発表する機会を設けてくれたレアンドロ・プラドス・デ・ラ・エスコスーラに感謝する。

さらに、私は以下の機会に研究発表を行ってきた。二〇〇六年にはストックホルムのラティオ研究所でアフリカの経済活動の測定について発表し、二〇〇七年、二〇一〇年、二〇一一年にはロンドン大学の歴史・経済開発グループで、二〇〇七年にはルンド（スウェーデン）で行われた「健全な経済史ワークショップ」で、二〇〇八年にはノッティンガムの経済史学会で、二〇〇八年五月にはモスクワで開かれた第一一回アフリカ研究者会議で発表した。二〇〇八年にプレストンで、二〇一〇年にオックスフォードで行われた英国のアフリカ学会の会議で、二〇〇九年にオックスフォードのセント・キャサリンズ・カレッジのアフリカ経済研究センターで、二〇〇九年にユトレヒト大学で開かれた世界経済史会議で、二〇〇九年にライプツィヒ大学で行われたアフリカ研究の第三回ヨーロッパ会議で、二〇一〇年にサンフランシスコのアフリカ学会の会議で、二〇一一年にロンドン・スクール・オブ・エコノミクスで開かれた世界と世界史に関する第三回ヨーロッパ会議で発表を行った。これらの機会に得た数えきれない有益な示唆に対して、とりわけこれらのイベントで同席したパネリストの皆さんや、共同主催者の方々に感謝する。特にアレクサンダー・モラディの名前を挙げさせていただく。

これに加えて、私は毎年の春ギャレス・オースティンが主催するアフリカ経済史ワークショップ（二〇〇六年から二〇一〇年まではロンドン・スクール・オブ・エコノミクスで、二〇一一年はジュネーブ大学の高等研究所で開かれた）でも発表を行った。私が本書の各章の初稿を試すのに忍耐強く付き合ってくれたこのワークショップの常連の参加者の方々に大きな感謝を捧げたい。さらに、アフリカ経済史ネットワークのメンバーの皆さん、特に二〇一一年一二月にルンドで開かれたこのネットワークの最初の会議を主催したエリック・グリーンに感謝する。

アフリカ経済史は、数字の精査やその出所の解明、その歴史的・経済的重要性の考察などの技術を学ぶための出発点として優れているし、それがギャレス・オースティンの指導によるものならば、よりよい出発点となるだろう。私は二〇〇五年から二〇〇八年にかけてロンドン・スクール・オブ・エコノミクスでアフリカの経済成長の測定について博士論文を書いていたとき、幸運かつ名誉なことに、ギャレスの指導を受けることができた。私の論文を指導した後、彼は私に、いくつかの統計局を訪問して、そこの人たちがどうやってその数字を見つけ出したかを質問することを勧めた。論文はアン・ブースとハワード・スタインが審査したが、両者とも私が博士課程終了後の研究で探究した問題へと正しく導いてくれた。

本書のための研究はカナダ社会・人文科学研究評議会の一般研究助成金の援助を受けた。助成金申請の外部査読者をしてくれたパトリック・マニング、ダロン・アセモグル、スティーヴン・ブロードベリー、アラン・ヘストンに感謝したい。パイロット・プロジェクトはサイモン・フレーザー大学の寄付研究奨学金と学長研究立ち上げ助成金の援助を受けた。最後に、サイモン・フレーザー大学の出版基金は、本書の編集、索引の作成を支えてくれた。

二〇〇七年以降の会議への参加や調査旅行は、インゲゲルド・アンド・アルネ・スコーグス研究基金、ヴィルヘルム・カイルハウス教授奨学金、エラスムス・ムンドゥス交通手当プログラム、ノルウェー銀行経済研究基金、経済史学会調査基金、ラドワン旅行・発見基金、コンラディ奨学金、ハンブロ奨学金からの資金によって可能になった。

スウェーデンのウプサラにある北欧アフリカ研究所と、二〇一一年に私を客員研究員として迎えてくれたロンドン・スクール・オブ・エコノミクスの経済史学部にも感謝したい。

また、マドレーヌ・ホーキンスは二〇一一年以降、サイモン・フレーザー大学の研究担当副学長・大学院生研究賞の資金によるプロジェクト専任の助手として素晴らしい働きをしてくれた。彼女のプロジェクトに対する情熱と細部にいたるまでの注意とに感謝している。さらに、ジェイク・マディソン、ピエール・ングイムケウ、アワ・ケーン、ジェラルド・セラ、サビハ・ユキッチは、本書の特定部分に関して優秀な研究助手として貢献してくれた。

二〇〇九年秋から幸いにも勤務しているサイモン・フレーザー大学国際学科の同僚たちにも感謝する。とりわけジョン・ハリス、ジェフ・チェッケル、アルヴァロ・ペレイラ、タミール・ムスタファには、早い段階で原稿を読んできわめて有益な助言をしてくれたことに感謝している。また、研究セミナーを組織してくれたマーサ・スノッドグラスと、アフリカ開発統計に関して私が発表した多くの論文に対し何度も自発的に有益なコメントをしてくれたセミナーの参加者たちに感謝する。本書出版計画の価値を認めてくれたコーネル大学出版局のピーター・カッツェンスタインとロジャー・ヘイドンにもたいへん感謝している。最終稿の準備にあたって助言をくれた二人の匿名のリーダーにも感謝する。

アフリカ諸国への旅行や公文書保管所への何週間もの滞在で、私が何をしようとしていたかをいつも知っていたわけではないにもかかわらず、家族や友人たちは常に私を信頼し、支えてくれた。彼らにこのことを感謝する。愛する妻タラネ・ガジャールは、私の生活のすべての面において楽しい仲間である。彼女は経済史家、研究者、そして作家でもある。彼女の旅行への同行や、すべての側面における助力なしには、この企画を完成させることはできなかっただろう。最後に、もうすぐ生まれる私たちの娘に感謝する。彼女は本書の完成への最良の動機を与えてくれた。

序文

本書は、アフリカの経済開発に関係するアカデミックな議論や政策決定で、開発統計が果たす役割についての著作である。この問題は、開発途上国、なかでもアフリカ諸国にとって、とりわけ重要である。ロジャー・リデルは「入手可能なアフリカのデータをめぐる最も根本的な問題はおそらく、データが不正確であることは広く知られているが、どこまで不正確かは簡単に判断できないということだろう。これ自体が、この地域の低開発性の表れである」と述べている。(1)

このことは、「貧弱な数字は、アフリカ特有の問題なのだろうか」という疑問を生む。(2) 有名な「[嘘には三種類ある。]嘘、大嘘、そして統計だ」という言葉は、この問題が一般的なものだということを思い起こさせる。(3) どこの国でも、公式の統計の収集と編纂には、常に議論がつきまとう。(4) 政治と統計の正確さという大きな問題は、地理的にアフリカに固有でもなければ、経済開発の議論に限定されるものでもない。だが、アフリカの経済開発に関する問題に適用される数字の役割、力、質を検証する研究は、驚くほどわずかしかない。それが驚くべきなのは、以下で論ずるように、貧困国の公式統計についてひじょうに懐疑的になるのには正当な理由があるからである。私は、本書によってこの不足を補うだけでなく、社会科学における数字の利用についての一般的な学術的議論に貢献したいと考えている。本書ではしばしば、数字が政治的議論に対し、誤った情報を与える力と正しい情報を与える力の両方を持っているという点に言及する。そのほとんどがアフリカ大陸にある「後発開発途上国」では、数字は政治に情報を与えるだけでなく、ときとして政治的議論全体を乗り越えてしまうことがある。政策立案者たちのサークルはしばしば非政治化されている。このサークルは技術官僚、ドナー（援助供与者）、国際機関によって支配されていて、ひじょうに貧弱な統計に基づいて政策を中止したり、変更したり、開始したりするのである。

アフリカ諸国と統計

一般に認められている基準によれば、世界の後発開発途上国の大多数がアフリカ大陸にある。他のすべてが等しいとした場合、貧しい国には質の悪い統計があると考えるのには推測的根拠がある。貧しい国は、公式の統計局の機能を支えるために提供できる資金が相対的に少ない。さらに、統計の質と入手可能性、そして統計を収集するためのコストは個人や企業の記録管理に依存しているが、貧しい国では、個人や企業が公式に登録され、経済活動の記録を管理されている可能性は低い。

特にアフリカ諸国でよく見られ、この地域に焦点を当てることを正当化するような特徴が他にもある。経済史家たちの研究は、アフリカ諸国は概して土地が豊富で労働力は相対的に乏しいと強調してきた(5)。これは財産権の制度に影響している。土地は一般的に私有財産権に属さず、国家は土地保有に対して課税してこなかった。いくつかの例外がこれを裏付けている。つまり、人類学者たちの研究が実証しているように、土地が相対的に乏しいところでは私有財産権が発達してきたが、今日にいたるまで、私有地の法的権利の保証はこの大陸では例外にとどまっているのである(6)。このことは、国家の権力に直接の影響を与えてきた。政治学者たちは、歴史的な人口密度の低さとアフリカ諸国の脆弱性とを結び付けてきた(7)。歴史学者たちは、植民地時代および独立後のアフリカ国家が、土地へのアクセスを支配する力を持てないことにどうやって順応したかを「門番国家」という概念を使って説明した(8)。土地、所得あるいは生産に課税できないため、国家は港で輸出入に関税を課すことで税金を徴収するしかなかった(9)。その結果、ほとんどのアフリカ諸国で、所得や成長の測定を集計するためのデータベースが貧弱となっている。経済の大きな割合を占めるものについて、私たちはほとんど、または、全く情報を持たず、出された数値は多くの当て推量を含んでいるのである。

このことから、アフリカ諸国の統計的能力は概して脆弱であると主張することができるだろう。本書は、この脆弱性が時空を超えて組織的に広がりを持つことを示していく。妥当性という言葉の意味から始めるのは有益だろう。この言葉は社会科学で証拠を評価するとき中心となる用語である。これは考察の正しさや正確さが問題になるときによく使われるが、「妥当性」validity のラテン語の語源は力 power を意味していることはしばしば忘れられている。[10] 力としての妥当性の定義は、第二章で国民所得推計を歴史と状況の中で見ていくことの出発点となるだろう。さらに、統計 statistics という言葉は国家 state という言葉と直接結びついており、国家が自国の経済や社会情勢について知識を得るために集める「事実」fact を指しているということを思い起こすのは役に立つ。[11] 国民経済統計の妥当性は、したがって、国家および／または国家のために活動する機関の力あるいは正当性に応じて変化すると解釈することができる。情報を収集する能力と税金を徴収する能力とは密接に関係していて、国家が行ってきた監視と介入の形態と範囲は大きく変化してきた。一方で、国連国民経済計算体系は世界基準を設定した。各国の統計局にとって、経済の評価基準を提供することが課題となっている。統計能力つまり世界基準を忠実に守る能力は、任意の時間と場所で入手できる資金と情報に決定的に依存している。税金の徴収、国勢調査、公記録の作成、統計的情報の伝達といった活動は「公共政治」の根幹であり、国家の活動の中心に位置するものである。[12] 徴税能力と情報収集能力とは緊密に関係していて、アフリカ諸国ではモニタリング（監視）が特に制約を受けている。

要約すれば、アフリカでは、貧困と統計の質との関係に関する通常の予測が当てはまる。

これに加えて、アフリカ諸国のいくつかの構造的特徴が、経済活動についてのモニタリングや情報収集に関して、これらの国々を不利な立場に置いている。こうした構造的特徴は固定的なものではなく、一様にあてはまるものでもない。アフリカ諸国の統計能力がいかに変化してきたか、一部の地域、ある時代にはいかに劣化・低下したか、そしてどうしたらそれを改善できるのか、を明らかにすることが本書の主題である。

社会科学における数字

では、「悪い統計」についての諸研究のなかで、本書はどのような位置を占めるのだろうか。ピーター・アンドレアスとケリー・グリーンヒルは、数字に関する社会科学文献は大きく三つの系統に分類できるという(13)。第一の系統は、特定の統計的問題を扱い、いかにして数字が操作されているかを考察した研究である。第二の系統は、データの利用者はなぜ、そしていかにして間違った方向に導かれるかを考察し、第三の系統は、統計の消費者が「悪い」数字を見破るのを手助けする。この系統は、実証的研究を使って、誤解を招く数字がいかにして生み出されるか、そしてそれはなぜ、いかにしてそう簡単に作り出されるのかを示す。アンドレアスとグリーンヒルは、多くの研究が、不正確なあるいは貧弱な数字の利用から引き出される誤りや、数字の政策的意味を指摘するには至っていないと主張している(14)。

貧弱な数字が基本的に私たちのサハラ以南アフリカの開発に関する知識を形作っていて、

その知識が決定の行われ方を方向付ける、というのが私の主張である。これらのプロセスは、サリー・エングル・メリーによって、より一般的な形で述べられている。彼女は、いかにして指標の「作成と利用」が知識効果とガバナンス効果とを持つかを説明している[15]。作成の過程で、測定の対象は、指標が確実性と客観性の印象を獲得できるように規定され、標準化される。メリーは、カテゴリー化が時として、指標が捉えるべきまさにその現象を生み出す過程に関与すると主張するために、知能指数の例を挙げている[16]。GDPも同様に顕著な例である。プロセスは標準化され、規則に基づいているように見える[17]。しかし、国富の測定にはさまざまな自由裁量的な、ときには恣意的な判断が関わってくる。このプロセスは、情報の収集と整理を超えている。それは、知識を生み出す独特の形式である。

ガバナンス効果も同様に大きな重要性を持つ。本書では、ガバナンスという言葉は、いかにして数字が透明性と説明可能性への機会を提供するかという文脈の中で使われるが、それはまた、より直接的な意味での統治と関係している。数字は政策決定者に証拠を提供する。実際のところ、そもそも指標を生み出すための論理的根拠と資源を提供するのは、しばしば統治上の要請である[18]。測定が、政策決定の基礎を形作る。一つの指標が、ある特定の政策が実施されるか、中断されるか、強化されるかを決定するのである。所得水準あるいは経済成長といった指標は、このような意味で、アフリカ諸国にとって極めて重要である。それぞれの指標は、国家自体だけでなく国際的な開発コミュニティにとっても、資源を割り当てるためのやり方を決定するものなのである。[19]

本書の構成

第一章では問題を提示し、説明する。アフリカ諸国の経済統計の作成を理解するために不可欠な基本原則のいくつかを紹介し、異なったタイプの統計や中心的なデータ提供者を理解するための指針を提供する。さらに、プロセスに関与するさまざまな利害関係者の存在を読者に示す。この章の残りの部分は、現在アフリカ諸国の所得水準について私たちはどの程度知っているのかの分析に向けられる。知識の圧倒的な差と憂慮すべきギャップが存在する。GDP水準によるアフリカ諸国の順位付けはどれも誤解を与えるものだという考察で、この章は終わる。

第二章は、アフリカの国民所得計算の簡単な歴史を示し、所得統計を歴史的に捉え、状況にあてはめられる必要があると主張する。これらのデータはしばしば事実として提示されるが、むしろ作られたものとみなされるべきである。データの作成は特定の経済的、政治的制約を受けている。アフリカ諸国の統計能力は植民地時代の後期から独立後の初期にかけて大きく拡大したが、一九七〇年代の経済危機の時期に大きく損なわれた。それに続く政治改革の二〇年、つまり一九八〇年代から一九九〇年代の「構造調整」期には、統計局の重要性は軽視された。振り返ってみると、IMF（国際通貨基金）と世界銀行が、経済は成長しているのか停滞しているのかを立証できる合理的な基準値の存在を保証することなしに、成長志向の改革に着手したのは不可解に思える。各国の統計局にとって、構造調整は、より少しのものでより多くを説明しなければならないことを意味した。非公式の、記録されない市場が成長し、その一方で公共支出は削減された。その結果、構造調整の経済効果に関する私たちの知識は限定されたものになった。より一般的には、経済成長の時系列での記録、あるいは一九六〇年代と今日との間の年間成長の累加記録は、アフリカ諸国に関しては、経済発展の変化を的確に捕捉してはいないのである。

第三章は、エコノミストたちが最も頻繁にする質問への直接的な答えである。それは「たしかに私たちは測定の問題があることは知っている。だが、それは本当に重要なことなのか」という質問であり、「そうだ、本当に重要だ」というのが答えである。この章では開発経済学で使われるデータセット間の相違や不一致についての基本的な研究結果を提示し、政策立案者、非政府組織、研究者たちが、自分の分析で使った異なったデータセットに基づいて異なった結論を引き出していることを明らかにする。さらに、データの質を軽視することの危険性を浮き彫りにするいくつかの数値の例を示す。私たちが乏しい資源を配分するために現在使用している数字は、この目的のために十分な質を持つものではなく、開発実績の差異を説明するために現在使っている計量経済学モデルは、それらが説明のために打ち出す数字よりもはるかに立派なものとなっている。

第四章は、調査情報と現地調査でのインタビューに基礎をおいて、サハラ以南アフリカの統計局の現状を描き出している。この章ではサハラ以南アフリカの統計システムの将来と関係した政策的含意を議論する。現在の開発アジェンダは国連のミレニアム開発目標によって設定されている。これは多くの国で統計能力の強化につながったが、一部の国では、特定のドナーの目標をモニターするためのデータ収集に統計能力が転用された場合に、悪い影響が見られた。現在のところ、開発のためのデータ提供の改善に向けた首尾一貫したグローバルな戦略は存在しない。これは、開発におけるアカウンタビリティー（説明責任）という一般的問題と関係している。時として、無知は援助コミュニティと地域の政治指導者の両方にとって、この上なく都合がいい。本書は、統計能力強化のために首尾一貫したグローバルな戦略を導入することが重要だと主張し、こうした標準が地域の諸問題の解決に向けられなければならないことを強調する。さらに、これらの課題への有益で実践的ないくつかの取り組みを提案する。

本書はアフリカの開発統計について、独特の議論を展開している。結論では、これらの議論と、社会科学における数字の利用に対してそれが持つ意味とを、より一般的に論じる。場合によっては、データセットにおける複数の誤りが互いを相殺することや、データ点が合理的な誤差の範囲内にとどまることをたんに希望するよりは、無知を許容した方がましなこともある。だが、ほとんどの場合、有益な分析が可能なのは、量的分析がデータソースの入念な批判に基礎を置き、質的調査によって補完されたときである。証拠を有益に利用するためには、データが作成された状況を知らなくてはならない。これは質的分析によって容易に認識できるが、どういうわけか、こうした原則は量的な証拠には適用されていない。それらは、国際的に入手可能なアフリカの開発統計においては簡単に忘れられてしまっている。今日開発で利用されている数字は、その目的にとってあまりに貧弱であるが、それらはたいへん重要なものであるから、私たちはもっとうまくそれらを利用し分析しなければならない。本書は、なぜ、どのようにして、こう言えるのかを示す。それは、アフリカの所得や成長について、私たちは実際どれほど知っているのかを問うところから始まる。

第一章　私たちはアフリカの所得と成長について何を知っているのか

サハラ以南アフリカの所得と成長について、私たちは何を知っているだろうか。考えているよりはるかに少ししか知らない、というのが答えである。データは信頼できず、ひじょうに誤解を招きやすい。問題は大きな重要性を持っている。経済成長率あるいは一人当たりの所得の推計は、アフリカの開発についての発言でよく使われている。データは、ときには要求を支えるために使われ、またあるときには問題を定義する際の出発点とされる。もしアフリカの所得統計や成長統計が何も意味しないのだとしたら、開発分析や政策目標の大部分も同様に無意味なものとなってしまうだろう。

データの質に関する最も差し迫った問題は、データを利用する人間の無知である。経済統計の妥当性、信頼性を分析する能力を最も備えている学者たちは、しばしば自分自身データの利用者であり、したがって学者の仕事にとって不可欠なデータセットの土台を崩すことには消極的である。データへの懸念を表明するとしても、通常、脚注で慎重な言い回しで警告するのがせいぜいである。国際機関がデータの主要な提供者であり、発信者であるが、彼らのプログラムや計画はしばしばターゲットや指標と結びついている。そのため、実際的なアプローチはデータを額面通り受け入れることから始まる。私的に、あるいは技術的な協議においては助言が与えられるかもしれないし、データ作成の段階で直接的圧力が加えられることがあるかもしれない。また、国内政治の場で、この問題について透明な議論が行われることはほとんど、もしくは、全くない。経済的リテラシーの欠如が問題であり、統計が国内議論の最重要項目となる場合には、技術的議論は政治課題へと移行する。こうして、データの質の問題は二重に曖昧にされるのである。

一方で、経済統計への依存と要求は高まりつつある。例えば「ミレニアム開発目標」に見られるように、開発の目的はしだいに定量化可能な目標として言明されるようになってきた。開発コミュニティの流行語は「証拠に基づく政策」であり、学者たちはますます洗練された計量経済学的方法を使うようになっている。医学から借りてきた比喩や方法を使い、まるで経済開発に関する考察は実験室での実験と同じ正確さを持つかのようである。測定可能性や正確性を持つという印象は誤解を招くものであるが、それはアフリカの開発という問題を扱う社会科学の領域全体に大きな影響を与えている。

本章は、国民所得計算という概念の説明から始める。次に、国民経済計算がアフリカでどのように作成されているかの概要を描く。経験的証拠は、アフリカの経済開発についての知識の量的基礎がきわめて脆弱であることを示している。第一級の学者たちはデータが弱いことを知っている。しかし、ほとんどのデータ利用者たちには、それがどれほど弱いのか、この弱さが政策分析にどれほど影響するのかを正確に判断する力はないのである。

国民経済計算とは何か

国民所得の測定はグローバル・スタンダード、つまり国連国民経済計算体系（United Nations System of National Accounts, SNA）に準拠している。このシステムの基礎は、一九三九年に国際連盟が設置した統計専門家委員会によって整えられた。委員会は「推奨される計算体系」という報告を出したが、これはリチャード・ストーンが書いたものだった。SNAの最初の版は、欧州経済協力機構の国民経済計算研究ユニットによって作られた[1]。リチャード・ストーンを長とするこのユニットは、一九五三年に「国民経済計算体系およびその補足表」を作成した。国民経済計算の基準はその後三回にわたって改訂された。したがって、四つの版が存在する[2]。一九五三年版に加え、一九六八年版、一九九三年版、二〇〇八年版である。だが、マイケル・ウォードは「後の版に口先では賛同するものの、多くの国々はいまでも最初に作られた基礎体系とそれに付随する計算基礎に従っている」と指摘している[3]。

多くの人々はこの体系になじみがなく、ほとんど聞いたこともないかもしれない。しかし、これが国民経済についての基本的情報のほとんどを生み出している枠組みなのである。その主要な産物は、最も重要な開発指標――国民所得と経済成長――である。理論上は、この世界基準は現在すべての国連加盟国によって遵守されている。データは国連統計局によって定期的に収集され、国連諸機関によって世界各国の富と発展のすべてを格付け、順位付けて世界に発信される。ヨシコ・ヘレラの言葉を借りれば、「ＳＮＡの国際機関としての作用域とそれが要求する協力・協調のレベルは、壮大そのものである」[4]。

結果として生まれた測定基準は——そしてこれが本書の研究の対象であるが——国内総生産（ＧＤＰ）あるいは、一般的には国民所得といわれる国民総所得（ＧＮＩ）である。この統計は経済規模を測定するのに使われ、そしてこれが各国を先進国あるいは開発途上国として格付けするデータなのである。経済成長は一人当たりの実質国内総生産の変化の測定である。理論上は、この測定は一年を通じて経済で行われたすべての付加価値のある活動の価値を合計し、その総体をその国のその年の人口で割ることで得られる。この結果は価格変動によってデフレート（補正）され、最後に、前年のそれに対応する数字と比較される。これは、データがすべての活動を完全にカバーしていること、各活動内のアウトプットとインプットが適正に評価され、数値化されていることを前提としている。さらにこれは、人口が毎年適正に数えられ、デフレートが適時かつ的確なものであることを前提としている。実際には、この測定は先進諸国においてさえ、前提された精度のレベルには達していない[5]。ある経済活動は測定されず、国勢調査は通常一〇年に一度しか行われない。さらに、比較可能な物価指数の作成には、どの物品やサービスを指数に含めるかをめぐる妥協が伴う。この理論上の測定と現実の測定との不一致が本書の主題である。

アフリカの国民経済計算　主な問題点

国民所得計算の中心問題は、どの経済活動と活動主体が公式の計算に含まれるべきか、含まれ得るかを決定することである。(6)これはしばしば「生産境界」といわれている。国連国民経済計算の適用以来、この線をどこに引くべきかをめぐって議論が行われてきた。西洋諸国では、この境界は「主婦」の活動の経済価値が計算に入れられないことを意味する。アフリカ諸国に特に言及して、ブライアン・ファン・アルカディーは「大量の『自給自足』活動（あるいは、少なくとも、記録された市場取引をもたらさない経済活動）の存在が、自分の料理人と結婚することが国民経済計算にもたらす帰結についてのピグーの有名な警句を、たんなる好奇心をはるかに超えたものにしている」と指摘している。(7)帰結とはつまり、もし自分の料理人と結婚したら、食事の支度をする活動に割り当てられる価値は、生産境界の外に移動し、提供されたサービスはもはや物品やサービスの国内生産の一部とはみなされなくなるということである。

すべての経済体において、記録された経済活動と記録されない経済活動との区別は存在する。「先進的な」経済体では、記録されない活動は非合法的な経済活動と家庭内での経済活動から成る。アフリカのほとんどの経済体では、記録されない経済はひじょうに大規模で、したがって経済的にとても重要なので、記録しないままにしておくことは問題である。だが、それを国民経済計算に含めることは、データの入手可能性によって制約を受けてきた。このことは個々の統計局のさまざまな革新的会計処理を生み出した。この節では、サハラ以南アフリカ各地の統計局で使われた基本的な方法のいくつかについて、概要を示す。サハラ以南アフリカのさまざまな場所で、さまざまな時期にどのような資源と方法が使われたかの詳細については、第二章で議論する。[8]

理論的には、GDPを集計する方法として、所得から見る方法（所得アプローチ）、支出から見る方法（支出アプローチ）、生産から見る方法（生産アプローチ）の三つがある。理論上、これらは独立して行われ、それぞれの結果は一致するとされている。所得アプローチは、利潤、賃料、利子、配当、給与、賃金を足し算する。実際のところ、このアプローチはアフリカ諸国のGDPを推計するのに適したものではなかった。アフリカではこの方法の主な構成要素は農民が稼いだ利益であるが、その情報は直接的には入手できない。支出アプローチは、少なくとも一見したところでは、所得アプローチより実行可能に見える。その構成要素は民間消費、投資、政府消費、輸出入収支である。ここでの問題は、個人消費と、地方の小規模経済活動に関連した資本形成の部分にある。生産アプローチは、各部門（農業、鉱業、製造業、建設業、各種のサービス業）ごとの付加価値（生産高マイナス中間消費）の見積もりを総付加価値あるいはGDPと等しくなるように総計する。この方法は、独立後のアフリカでの公式国民所得計算で好まれてきた。SNAは、これら三つの方法はすべて独立に推計されるべきだとして、各推計の正確さの基準を提供しているが、この基準はあまり守られていない。アフリカ諸国の独立後の国民経済計算は、主に生産アプローチを使って推計されてきた。一方で、民間消費への支出は一般に独立して推計されず、「残余」と呼ばれるものとされてきた。実際のところ、これが意味するのは、この重要な構成要素の独立した推計を行う代わりに、生産アプローチを使って出されたGDPの推計から支出の他のすべての構成要素を引き算することによって推計されたということである。

アフリカ諸国のGDP統計は、したがって、せいぜい総生産の推量でしかないのである。国民所得は合成された測定値であることを頭に入れておく必要がある。ケニアの中央統計局の統計専門家たちは、実際的に問題と取り組んでいる。彼らは言う。「経済の発展を査定するために数多くの基準を使うことは可能だが、経済開発の度合いはふつう、国内総生産の推計が尺度になっている。しかし、国内生産の推計は、袋の中に入っているオレンジの数を数えるように正確に測定できるものではない。それは、実のところ、正確さの点で大きく異なる膨大なデータの集計である」[9]。この点は、ルサカ［ザンビアの首都］の統計局で作られた一九七八年版の国民経済計算の付属文書に、より明確に言明されている。報告は二種類の推量を区別している。星印一つは「ゲスティメイト guestimate［推理と推測による予想］を示し、星印二つは「根拠の弱いゲスティメイト」を意味している[10]。これらの符号は、この合成された測定の個々の構成要素を慎重に検討することの重要性を浮き彫りにしている。総計（ここでは包括的に国民所得と呼ぶ）とは、統計局の実際的な決定の結果であり、その決定はデータの入手可能性、財源、そして政治的な指図の影響を受けている。

国民所得推計の質は、このように、統計局での活動の質の所産なのである。国民経済計算部門は、統計局のさまざまな部署で作成されたデータ、とりわけ人口、農業生産および工業生産、価格についてのデータに依存している。これらのデータ供給は、データ収集者の人数や、データの収集・処理に利用できる資金の水準によって左右される。しばしば統計局は、他の公的機関や民間団体から提供されたデータに依拠する。例えば、農業のデータは主として農業省やそれに相当する部署からもたらされる。建設業、鉱業、電気、水、金融、通信、運輸といった少数の大規模な運営者が支配している部門では、統計局はこれらの民間団体や公的機関からのデータ提供に依存している。

データには「調査データ」と「管理データ」の区別がある。調査は統計局が個々の主体から回答を収集するための道具である。統計局が調査を実施することができるか否かは、そのための財源を確保できるかどうかにかかっている。というのは通常、正規の予算からの引当金では事務所の基本的な運営費しか賄えないからである。管理データは日常的な統治を円滑に運ぶために公的機関によって収集され、そこには国家の野心や活動範囲が反映される。データの入手可能性は、国によって、またその時の環境によって異なるが、これが最終推計の質を決定するのである。

GDPの数字の質を決定する基本的な問題は、統計局がデータを持っているか、その数字はどれほど信用できるのか、データが存在しないとき国民経済計算の担当者はどうするか、ということである。集計プロセスの第一段階は、基本推計あるいは基準年（時系列で一年目となる年）を設定することである。一年目についてすべてが算定されていれば、その後で人口、物品、サービスの増加した分は増加であり、したがって発展あるいは成長であると安心して推測することができる。最も包括的な手段は国勢調査であり、そこには「人口」に関するすべてのことが記録される。国の人口の他、農業生産、あるいは運輸部についての全数調査が考えられる。全数調査が不可能な場合には、標本調査が利用される。標本調査は全体から抽出したサンプルについての情報である。もし全数調査がかつて行われたことがあれば、データ編集者は、サンプルが全体を代表していると仮定して、その結果をまとめることができる。もしこの標本調査に関連付けられる全人口［の調査］が存在しない場合、統計担当者はゲスティメイトを行わなければならなくなる。つまり、公式のガイドラインなしに、存在しない情報をでっちあげるのである。一例として、インフォーマル・セクター（非公式部門）の標本調査が挙げられる。調査はこの部門での個人の収入についての情報を生み出す。しかし、統計担当者は、この部門に携わる人間の総数を知らないのである。しばしば、データは全く存在しない。経済活動の各レベルについてのデータがないとき、GDP編纂者は、代用物あるいは仮定された関係に依拠せざるをえない。古典的な例として、食糧生産のデータが存在しないとき、統計担当者は一人当たりのカロリー摂取量を推測し、それに推定農業人口を掛け算して、どれだけの食糧が生産されたが公式のルートや記録された形で市場に出されなかったかの測定値を出す。サービス部門のデータは欠けていることが多い。その場合に、この部門の価値を推計するのによく使われる方法は、他の物質的な品の生産との比例関係を推測するというものである。

ある年の国民所得水準の推計が出されると、国富が測定される。次の段階は、国の発展をモニターするために、経済成長を測定することである。これはたんにすべての入手可能なデータをもう一度合計し、当年を前年と比較するだけという印象を与えやすい。だが、実際にこれが行われるやり方は、全く違っている。個々の部門の水準の推計が出発点となる。分析のいくつかのカテゴリー、たとえば政府支出や大企業の売上高などの分析では、ある年の総額を他の年と比べることができる。しかし、経済のほとんどの部分については通常、いわゆる業績評価指標、つまり代用物に依拠する。これらの指標は、公的機関や民間団体から集められた年データを使い、輸出入についてのデータで補完する。業績評価指標の典型的な例は、建設部門の成長の代用物としてセメント生産および／または輸入を使い[11]、運輸部門の成長の代用物として新規の正式免許数を使うというものである。

所得水準の推計を集計するプロセスと経済成長を推計するプロセスには基本的な違いがある。体重に即して、考えてみよう。体重計の値は不正確かもしれない。しかし、不正確の程度が継続的だとしたら、変化の測定にとって、この不正確さはあまり問題ではない。つまり、体重の値が実際より重く示されている場合でも、次の年も同じ方向に歪んでいたとしたら、少なくともどれだけ体重が増えたかまたは減ったかは正確に知ることができる。ここに一つの数学的警告がある。変化は百分率で測定されるから、体重が実際よりも軽く示された場合には、体重が速く増えたように見えることになる。この原則に従うなら、GDPの水準がより過小に評価されていると、成長率はより過大に評価されるということが予想できる。だが、複雑な統計の測定では、実際にはこうはならない。これは人の体重や袋の中のオレンジの数を量る場合には数学的に正しくても、GDPを測定する場合に自動的に妥当するわけではない。なぜなら、GDPは基準年を持つ総合指数だからである。

基準年の推計はひじょうに重要である。それは経済のさまざまな部門の比例配分を決定する。総合指数を使うことで生じうる問題は一般に「指数問題」といわれている[12]。基準年における各個別部門の規模は、その後の総成長に対して一部門が与える影響力を決定する。「実質」経済成長を測定するために、経済は基準年の価格で算定される。これは、経時的なインフレーションの測定によってこの部門をデフレートする（この方法はサービス部門のデータに対してよく使用される）か、直接的に売上高と当該年および／または基準年の価格を掛け算することによって生産高を表現するかのいずれかによって行われる。一般的に言って、基準年が「正常」でなかったり古かったりすると、それだけ経済成長の数値は誤解を生むものになりやすい。例えば、基準年が干ばつの年だと、それに続く年の成長は誇張されたものとなる（それらの年が干ばつではないと仮定した場合）。このことはまた、もし経済の一部が過小評価されたとすると、その部分の総成長への貢献もまた過小評価されるということを意味する。したがって、経済レベルを過小評価された経済体が、将来より速い経済成長を自動的に示すとは言えないのである。新しい輸出用作物、非公式経済、電気通信サービスといった急成長部門のシェアが基準年にとても小さいと誤って判断された場合、その後の年次における成長は過小評価され、それは新しい基準年が作られて方法とデータが見直されるまで続くだろう。

データの入手可能性とデータソースは、統計の質にとって最も重要なものである。統計の方法やモデルは、これらよりはるかに重要性が低い。十分な知識のない観察者にとって、適正に加重した指数を出すために必要とされる統計学的テクニックは複雑に見えるかもしれない。だが、計算の制約要因は技術的な熟練でもなければ計量経済学のソフトウェアの高度化でもない。問題なのはデータの入手可能性である。統計専門家はデータの基本的欠如に対して、なすすべがない。

データの入手可能性が決まると、進むべき正しい道は、次の二つの問いを投げかけることである。測定値は妥当か。測定値は信頼できるか。妥当性の概念は測定が正確かどうかに関係し[13]、信頼性の概念は測定値が毎回同じように不正確あるいは正確かということに関係する。したがって、信頼性は妥当性とは異なるのである。測定値に予測可能な誤りがあった場合、この誤りは測定値を無効にするが、測定値はそれでもまだ信頼できる。一人当たりGDPに関していえば、水準となる推計が不正確であったとしても、この不正確さが時を越えて同じであるとしたら、それは経済変化を理解するために有用であり続けるのである。同様に、すべての国の国民所得が同一の誤りによって間違って測定されたとしても、各国間の比較は行うことができる。だが、残念ながら、アフリカにはこれは当てはまらない。アフリカの開発統計は妥当性と信頼性の両方に問題がある。その基本的な理由は、GDPが、大部分、記録されていない経済を集計しているということにある。統計学的推論によれば、いったん妥当な測定を行えば、つまり、いったんすべての経済活動が算定されるなら[14]、以前に記録されていない経済活動だけでなく、すべての「新しい」活動が「経済成長」であると理解されることになる。包括性からはほど遠いが、それは予見可能な将来に到達可能な目標ではないのだろう。したがって、すべてのGDP統計は、信頼性と妥当性の両方の問題を抱えている。別の言い方をすれば、私たちはアフリカの所得や成長についてあまり多くを知らない、ということである。にもかかわらず、これらを測定すると称するデータはいまだに作成され、ばら撒かれ、利用されている。次の節では、国際的に利用可能なサハラ以南アフリカのGDP推計の妥当性と信頼性について見ていく。

国民所得の証拠の調査

では、ある国のGDP水準を知りたいとき、データ利用者はどこへ行けばよいのだろうか。国民所得データの主要な情報源は三つある。世界開発指標、ペン・ワールド・テーブル、アンガス・マディソンのデータセットである。[15] それぞれ、各国の統計機関が作成した国民経済計算ファイルを基礎にしているが、行っている修正、購買力調整、基準としている通貨の点で異なっている。世界開発指標のデータベースは世界銀行グループによって維持されている。これは政治やメディアといった公の領域で最もよく使われているデータソースである。[16] 二つ目の情報源は、ペンシルヴァニア大学の経済学者たちによって維持されているデータベースからのものである。このデータベースは、初版が一九八〇年に出されて以来、更新され続けている。最新版はヴァージョン7・0として二〇一一年に公表された。これらのデータは、クロス・カントリー成長回帰に関して成長経済学者に最もよく利用されている。三つ目の所得データのソースはアンガス・マディソンによって作成されたデータセットである。このデータセットは経済史研究者や経済学者たちによく利用され、フローニンゲン大学のフローニンゲン成長開発センターによって定期的に更新されている。

私たちはアフリカの所得水準について、何を知っているだろうか。表1・1は、報告された二〇〇〇年の一人当たりGDPに従って、各国を順位付けしたものである。最貧国が最上位に、豊かな国が下に表示されている。サハラ以南アフリカ諸国だけの順位付けを行ったものであり、先に挙げた三つの情報源から二〇〇〇年の一人当たりGDPが入手できた国だけが含まれている。[17] 表は、三つの異なったデータソースから出た結果の順位を示している。ドルで表した価値（表の各国名の後に示されている）は一致していない。これは驚くには当たらない。GDP推計は異なった数式を使って、国際的に比較可能な米ドルに換算されているのである。とくにここでは、アフリカ諸国の順位付けについて、三つのデータセットがどの程度一致しているかを見てみよう。

三つのデータソースは、いくつかの国の順位については一致しているが、ほとんどの国について一致しておらず、大きく食い違っている場合もある。三つが揃ってコンゴ民主共和国（旧ザイール）を最貧国としている。この国の所得はおそらく、公式統計では大幅に低く評価されていることを指摘しておくべきだろう。一九九一年にマクガフィーがこの点を指摘したが、それ以降もこの過小評価は改善されていない。[18] 貧困国一〇位以内で、三つのデータソースすべてでこの区分に入るのは、コンゴ民主共和国、シエラレオネ、ニジェール、ブルンジ、タンザニア、エチオピアの六カ国だけである。富裕国上位一〇カ国については、データソース間で一致している国はより多い。相対的な順位には変化があるものの、一〇カ国中九カ国が三つのデータソースすべてで挙げられている。

さらに各データソースの間には大きな順位の変動がある。三つを通じて最上位、最下位の国々を見てみると、いくつか目立つ国がある。最も差が激しいのは、ギニアの位置づけである。マディソンは貧困国の七位に置いている。しかし、ペン・ワールド・テーブルでは、一人当たりGDPに関

順位	マディソン	一人当たりGDP	世界開発指標	一人当たりGDP	ペン・ワールド・テーブル	一人当たりGDP
26	カメルーン	1,082	ベナン	414	サントメ・プリンシペ	1,300
27	サントメ・プリンシペ	1,226	コモロ連合	436	コモロ連合	1,359
28	ナイジェリア	1,251	モーリタニア	495	ガーナ	1,392
29	ガーナ	1,270	アンゴラ	524	モーリタニア	1,521
30	ベナン	1,283	レソト	548	セネガル	1,571
31	ジンバブエ	1,328	ギニア	605	レソト	1,834
32	コートジボワール	1,352	セネガル	609	アンゴラ	1,975
33	セネガル	1,358	ジンバブエ	620	コートジボワール	2,171
34	モザンビーク	1,365	カメルーン	675	カメルーン	2,472
35	レソト	1,490	コートジボワール	739	ギニア	2,546
36	カーボベルデ	1,777	コンゴ共和国	791	ジンバブエ	3,256
37	コンゴ共和国	2,005	スワジランド	1,538	カーボベルデ	4,984
38	スワジランド	2,630	カーボベルデ	1,541	ナミビア	5,269
39	ナミビア	3,637	赤道ギニア	1,599	赤道ギニア	6,495
40	ガボン	3,847	ナミビア	2,366	ボツワナ	7,256
41	南アフリカ	3,978	ボツワナ	3,931	南アフリカ	8,226
42	ボツワナ	4,269	南アフリカ	4,020	スワジランド	8,517
43	セーシェル	6,354	モーリシャス	4,104	ガボン	10,439
44	赤道ギニア	7,973	ガボン	4,378	セーシェル	10,593
45	モーリシャス	10,652	セーシェル	6,557	モーリシャス	15,121

Source: Alan Heston, Robert Summers, and Bettina Aten, Penn World Table Version 6.2, Center for International Comparisons of Production, Income and Prices, University of Pennsylvania, 2006; Angus Maddison, Historical Statistics of the World Economy: 1-2006 AD, 2009; World Development Indicators（World Bank, Washington, DC, 2007）. この表は2009年に作成されたことに注意。これらのデータセットは継続的に更新されているので、表の数字はその後変化している。

表1・1　一人当たりGDPによるアフリカ諸国の順位付け（単位：米ドル）

順位	マディソン	一人当たりGDP	世界開発指標	一人当たりGDP	ペン・ワールド・テーブル	一人当たりGDP
1	コンゴ民主共和国	217	コンゴ民主共和国	92	コンゴ民主共和国	359
2	シエラレオネ	410	エチオピア	115	リベリア	472
3	チャド	429	ブルンジ	139	シエラレオネ	684
4	ニジェール	486	シエラレオネ	153	ブルンジ	699
5	ブルンジ	496	マラウイ	169	エチオピア	725
6	タンザニア	535	タンザニア	190	ギニアビサウ	762
7	ギニア	572	リベリア	191	ニジェール	807
8	中央アフリカ共和国	576	モザンビーク	191	タンザニア	817
9	コモロ連合	581	ニジェール	200	トーゴ	823
10	エチオピア	605	ギニアビサウ	210	マダガスカル	823
11	トーゴ	614	チャド	218	チャド	830
12	ザンビア	645	ルワンダ	242	マラウイ	839
13	マラウイ	656	ブルキナファソ	243	ザンビア	866
14	ギニアビサウ	681	マダガスカル	246	ブルキナファソ	933
15	マダガスカル	706	ナイジェリア	254	中央アフリカ共和国	945
16	アンゴラ	765	マリ	294	ガンビア	954
17	ウガンダ	797	スーダン	313	ルワンダ	1,018
18	ルワンダ	819	トーゴ	323	マリ	1,047
19	マリ	892	ケニア	328	スーダン	1,048
20	ガンビア	895	中央アフリカ共和国	339	ウガンダ	1,058
21	ブルキナファソ	921	サントメ・プリンシペ	341	ナイジェリア	1,074
22	リベリア	990	ウガンダ	348	モザンビーク	1,093
23	スーダン	991	ガンビア	370	ベナン	1,251
24	モーリタニア	1,017	ザンビア	394	ケニア	1,268
25	ケニア	1,031	ガーナ	413	コンゴ共和国	1,286

して富裕国上位一〇カ国に一つ届かないところ［一一位］に置いている。さらに、ギニア以外でも、世界銀行はモザンビークを貧困国の八位に置いているが、マディソンは富裕国の一二位に置いている。三つのデータソースを通じて、リベリアは二〇位も順位を変えている。ペン・ワールド・テーブルはリベリアを貧困国第二位に置いているが、マディソンは多くのアフリカ諸国よりも豊かだとしている［貧困国二二位］。アンゴラ、中央アフリカ共和国、コモロ連合、コンゴ共和国、ナイジェリア、ザンビアは、各データソースの間で一〇位以上も順位を上下させており、アフリカ諸国の五分の一の相対的順位がひじょうに不確実なものとなっている[19]。

どのような一致を期待すべきなのだろうか。先に言及した重さの例を使うなら、四五袋の小麦の重さを、三つの異なった秤を使って量るのと同じだろう。この場合、ある種の系統誤差を考えることができる。一つの秤は狂っていて、他の秤よりも少し重い、あるいは軽い値を出す。これは明らかに識別できるものであり、安定したプラスあるいはマイナスの誤差はあるとしても、順位の一致は一〇〇パーセントに限りなく近い。GDPは、結局のところ、理論的に同じ方法を使った、同じ国の同じ年の所得の測定値である。この表から明らかなのは、問題は、狂った秤の例でみられたような、データソース間の測定の系統誤差ではないということである。所得が測定される各時点で、わかっていない差異や間違いの方向性をもつ異なった秤が使われているのが問題なのである。

差し迫った問題は、異なったデータセットにおける報告のこの不一致が、すべての所得データに共通のものかということである。推計の間には常にいくらかの差異があるというのは本当である。

それは、どの情報源が使われたか、国際通貨でデータを表すのにどの方法が選ばれたかによって異なってくる。しかしながら、アフリカ諸国に関する差異の範囲（そして、それゆえに、情報の不確実性）は、ひじょうに大きい。マディソンと世界開発指標によるラテン・アメリカ二二カ国の所得推計を使った同様の比較では、大多数の国の相対的所得順位に一致が見られた。同じデータソースが、ラテン・アメリカ諸国については、より信頼性が高いということである。[20]

アフリカのデータには、どうして不一致が多いのだろうか。先に述べたように、現金価値での系統的変化とは、一人当たりの所得の測定値が、異なった年の国際通貨である米ドルで表示されていることを意味する。マディソンは一九九〇年を使い、世界開発指標のデータベースは一九九五年、ペン・ワールド・テーブルは一九九六年を使っている。その上、ペン・ワールド・テーブルと世界開発指標は国際価格推計を計算するのに異なった数式を使っているため、両者のデータセットで報告された所得推計は異なったものになっている。所得推計を表すのに使われている方法はたいへん似通っており、それ自身がこうした順位の違いの原因となるものではない。[21] マディソンは「世界銀行と私の推計との食い違いは、ＥＫＳ法のバイアスによって説明できる違いよりも大きい」と述べている。[22] 主要な問題は一次資料にある。一人当たりＧＤＰについて、すべての国際的なデータセットは、適正な統計機関から提供されたものとして、国民経済計算ファイルを出発点としている。したがって、データセットはデータの質の問題すべてを、データが集められた国から受け継いでいるのである。

データセットの提供者は、選択すべき数多くの国民経済計算データファイルを持っており、さまざまな時系列データをつなぎ合わせる過程には裁量が入り込む。時系列データを選び出し、調和させるプロセスは、公表されたデータセットに添付するデータ説明に詳細かつ透明なやり方で示されてはいない。理論上は、国内データと国際的な所得および成長データとの間の唯一の違いは、後者が国際価格で表されていることである。しかし、それ以外に、もっと重要な不一致の源泉がある。各国の統計機関が提供した時系列データは改訂されることがあり、その結果、同じ時期をカバーする異なった基準年のさまざまな公式の時系列データが存在することになる。

この問題は、これらのデータセットの本質へとさかのぼる。これらは真にグローバルなデータセットではなく、国際的なデータベースが発信している、さまざまな国の国内データの寄せ集めなのである。国際連合統計局は、加盟国に毎年送る質問票を通じて国民経済計算データを収集した最初の機関であった。マイケル・ウォードによれば、このやりかたは最初の時期、とりわけ一九七三年から一九七八年の石油危機以前にはうまく機能した。しかし、その後は「国連統計局と加盟諸国の双方で、国民経済計算に関する実務はどんどん後退していった。次第に他の国際機関や主要なドナー（援助供与者）が、国民経済計算データの質の悪さと適時性のなさに不満を表明するようになった」[23]。一九八一年にクペデクポとアルヤは、アフリカにおける国民経済計算の状況についてこう述べている。「工業国のやり方を反映して、主要な表とりわけ国内総生産に注意を集中しすぎている。国際機関は各国の統計局に、準備が全く間に合わない時期に集計のためのデータを出すよう要求することによって、この歪みを強める。その結果、出てくる数字は乱数も同然のものである」[24]。

ウォードは、とくに世界銀行が、いくつかの国が時期を守ってデータを提供しないという事実をいかに憂慮していたかについて述べている。彼によれば、「世界銀行は統計の編纂を委任されたことはないし、国民経済計算についての基礎データ収集に実際に関与したこともない」にもかかわらず、一九八〇年代に、世界銀行独自の一人当たりの国民総生産の数値を米ドルで表したものを発表し始めた[25]。これらの推計は時に公式のデータと矛盾するものだったが、「より新しくて一貫性があるように見えた[26]」ために広く受け入れられるようになった。さらに、各国への派遣団や「政府の最高レベルの人たちとの交流によって、世界銀行の職員たちは、他の人たちが持っていないようなデータへのアクセスを許された……。その後に生み出された数字は……、政治的な意味で、権力者たちから承認された[27]」。いかにして、いつ、そしてなぜこれらの数字が生まれたかについては、情報がない[28]。そして、最新のGDP推計表は、異なった起源とさまざまな質をもった推計を相も変わらず含んでいる。どのようにしてこれが矛盾した数字につながっていったかは、表1・1で明確に示された。

アルウィン・ヤングは、アフリカの生活水準測定のデータベースを構築・修正しようと試みたときに、データの欠如と出所の不明確さの問題に気付いた。彼は、生活水準の推計を支える基本的なデータはごくわずかしかないか、あるいは全く存在しない、と主張した[29]。ヤングの報告によれば、ペン・ワールド・テーブルが国際的価格でのデータを提供している四五カ国中二四カ国について、国際的価格のデータを比較する基礎となるべき標準価格研究が実際には存在しない。国連は一九九一年から二〇〇四年のサハラ以南アフリカ四七カ国について、不変価格での国民経済計算を報告しているが、一四一〇の観測地点のうち半分以下からしかデータを受け取っておらず、一五カ国については基本的データを全く受け取っていない。[30] 世界銀行統計マニュアルの説明によれば、データが見つからないとき、世銀は「データ・ギャップを埋める方法を使うが、それは、変数のデータが存在する時期から〔存在しない時期まで〕の成長は、同じ地域グループあるいは所得グループの、両方の時期のデータが存在する国の平均と等しいという仮定に基づいている[31]」。

おそらくデータ利用者を安心させるために、世界銀行統計マニュアルは「ギャップを埋める手順は自動的に行われ、人間の介入はない」と報告している。[32] データのどの部分が実際に統計局によって作成され、どの部分が「人間の介入なしに」創作されたたんなるインピュテーション（データの補完）なのかを明らかにすることが重要である。インピュテーションは、地域のデータを作る際にギャップを埋めるために使われる。個々の国のデータがないとき、世界銀行のデータ・グループの審議とその国への派遣団の助言とが、その国の新しい推計を作り出すために使われるのである。

このやり方が、各国の統計局から提供されるGDPデータと世界銀行で作り出されるデータとの間の食い違いを生み出す。同様に、さまざまな研究者やデータベースは、異なった成長や所得の数字を報告し、時間が経つにつれて、数字で書かれたこれらの国の経済史は、各国の実際の経済変化の影響と同じくらい政治交渉の影響を受けることになる。この問題がどれほど深刻かを感じ取ってもらうために、私は、世界銀行の最新の有効データと、国レベルで入手できる最新の有効データとを収集した。この情報は表1・2にまとめてある。国レベルの情報は、各国統計局のウェブサイトから集めた。可能な場合には、アフリカ諸国の統計局で使われている方法とソースの調査の一部として、個人的情報交換やEメールを通じてデータを確認したり収集したりした。[33] これらのデータは、サハラ以南アフリカ各国統計局の情報と、世界銀行から提供された情報との間の整合性のチェックを可能にした。第1の欄は、最新の推計の作成された年を表示している。第2の欄は不変価格推計の基準年を、第3の欄は統計局によって提供された現行価格での最新のGDP推計を表示し、そして第4の欄は世界開発指標のデータベースで報告された同じ情報を示している。最後の欄では、二つのデータソースからの最新の推計を比較している。

リストは大きな相違を示しているが、これはサハラ以南アフリカの成長と所得をめぐる混乱の証である。二〇一一年の調査の時点で、二〇〇九年あるいは二〇一〇年の推計を用意できたのは四七カ国のうち一四カ国のみであった。データの欠如にもかかわらず、世界銀行は二〇〇九年まで(二〇〇九年を含む)これらすべての国について不変価格と現行価格の両方でデータを提供してきた。このことは、二〇〇九年までのアフリカ諸国の順位付けの半分以上が、純然たる当て推量かもしれないことを意味する。世界銀行のデータベースからは、これらのデータが公式のものなのか、それとも公式の予備データなのか、以前のその国の実績に基づく推定なのか、近隣諸国の実績に基づく推定なのか、あるいは「専門家」の助言に基づく推測なのかは明らかではない。さらにこのことは、

国	推計作成年	基準年	国によるGDP	WDIによるGDP	差異（%）
ニジェール[2,3]	2010	2006	2,748	2,748	0.0
ナイジェリア[2,3]	2008	1990	24,665	24,553	0.5
コンゴ共和国[3]	2009	1990	3,870	4,523	−14.4
ルワンダ[3]	2010	2006	3,282	3,282	0.0
サントメ・プリンシペ	2006	2001	1,445	1,546	−6.5
セネガル[2]	2009	1999	6,029	6,023	0.1
セーシェル[2,3]	2008	2006	9	9	0.0
シエラレオネ[2,3]	2007	2001	4,967	5,829	−14.8
ソマリア[3]	—	—	—	1,347,900	
南アフリカ[2]	2010	2005	2,663	2,663	0.0
スーダン[4]	—	—	—	—	
スワジランド[3]	—	—	—	12,771	
トーゴ[3]	—	—	—	28,213	
タンザニア[2]	2010	2001	32,294	32,493	−0.6
ウガンダ[2,3]	2009	2002	34,166	30,101	13.5
ザンビア[2]	2008	1994	55,211	54,839	0.7
ジンバブエ[2]	—	—	—	5,625	

[1] 各国通貨による。単位は10億。
[2] 統計局から個人的に得た情報。
[3] 世界銀行が使用した基準年は、各国政府が報告した年とは異なる（あるいは情報なし）。
[4] スーダンについて、WDIはスーダン・ポンドで報告しているが、公式データはスーダン・ディナールで報告している。そのためスーダンはこの表から除外した。

Source: World Development Indicators and national statistical office websites. 私はWDIのデータを、2006年の為替レートを使って調整した。

表1・2　アフリカ各国統計局の国民経済計算の年次、および各国と世界開発指数が算出したGDPの比較

国	推計作成年	基準年	国によるGDP	WDIによるGDP	差異（%）
アンゴラ	—	—	—	5,989	
ベナン	2007	—	2,642	2,658	−0.6
ボツワナ	2004	1993/94	47	47	0.0
ブルキナファソ	2005	1999	2,881	2,863	0.6
ブルンジ[2,3]	2007	2006	1,403	1,060	32.4
カメルーン[2]	2009	2002	11,040	10,474	5.4
カーボベルデ[2,3]	2007	1980	107	107	0.0
中央アフリカ共和国[3]	2003	1985	670	662	1.2
チャド[3]	2009	—	3,622	3,228	12.2
コモロ連合[3]	—	—	—	153	
コートジボワール	2005	1996	9,012	8,631	4.4
コンゴ民主共和国[3]	—	—	—	3,366	
ジブチ[3]	2000	—	91	—	
赤道ギニア[3]	2002	1985	1,524	1,496	1.9
エリトリア[3]	—	—	—	18	
ガボン[3]	2008	2001	7,033	6,509	8.1
ガンビア[3]	2008	2004	23	18	27.8
ガーナ[2]	2009	2006	37	37	0.0
ギニア[2,3]	2008	2003	20,982	20,780	1.0
ギニアビサウ[3]	2006	1986	172	303	−43.2
ケニア[2]	2009	2001	2,366	2,274	4.0
レソト[2,3]	2008	2004	13	13	0.0
リベリア[3]	—	—	—	59,840	
マダガスカル	2009	1984	16,802	16,604	1.2
マラウイ[2,3]	2007	2007	511	484	5.6
マリ[2,3]	2008	1997	—	3,067	
モーリタニア[2,3]	2007	2005	915	734	24.7
モーリシャス[2,3]	2010	2007	300	300	0.0
モザンビーク[2]	2009	2003	326	280	16.4
ナミビア	2008	2004	82	74	10.8

アフリカ大陸全体の成長統計の基本的データの約半分が現実には存在せず、世界銀行によって不明確な手順で作り出されたということを含意している。支配的な感情としては、入手さえできれば、データの質はどうでもいい、ということなのだろう。

基準年は決定的に重要である。世界銀行が使う基準年が、以下の各国の統計局によって報告された基準年とは異なっているのは興味深い。各国とは、ブルンジ、中央アフリカ共和国、コンゴ共和国、赤道ギニア、ガボン、ガンビア、ギニア、ギニアビサウ、レソト、マラウイ、モーリシャス、ニジェール、ナイジェリア、ルワンダ、セーシェル、シエラレオネ、スーダン、ウガンダである。さらに、以下の国々の統計局では、どの基準年が現在使われているのか確認できなかった。それは、ベナン、チャド、コモロ連合、コンゴ民主共和国、ジブチ、エリトリア、エチオピア、ガーナ、リベリア、マリ、スワジランド、トーゴ、ジンバブエである。[34] これは、表1・2の最後の欄で示した世界銀行と公式データとの食い違いの一部を説明するものである。

過去一〇年以内に基準年が置かれているのは一四カ国に過ぎない。古くなった基準年の問題性については先にも触れたが、ここで経験的な例を使って再び強調しておこう。前に説明したように、基準年とは、実質的な経済変化を測定しようとするとき、基になる価格の年である。ケニアの場合、二〇〇一年を基準年にすると、二〇〇八年のコーヒー生産高を二〇〇一年に評価したものとして説明することになる。これは、経済成長と価格の上昇とを区別するために行われるのである。だが、基準年の選択は、さらなる意味を持っている。指標問題が妥当する。各部門の重みもまた、それぞれの二〇〇一年の価値から決められるのである。したがって、二〇〇一年には小さかったけれどその後成長した部門は、二〇〇八年に集計された成長に対して、実際の重みよりも少ない貢献をしたことにされてしまう。ケニアでこれにあたる例は園芸部門である。それは、二〇〇一年よりも今日のほうが大きくなっている。GDPが見直され、基準年が変えられると、統計専門家は、異なった部門の相対的重要性を測り直し、方法やデータソースを変えたり、再考したりすることになる。

一般的な経験則からいえば、大きな歪みを避けるために、基準年は一〇年ごとに変えられるべきである。IMFの統計局では、地域技術アドバイザーが各国当局に対し、国際的に最善のやり方は五年ごとに基準を見直すことだと言っている。[35] 表1・2で見たように、実際にはそうなっていない場合が多い。確認が可能だった限りでは、表1・2の中の一四カ国のみが過去一〇年以内の基準年を持っている。この違いはどれほど重要なのだろうか。古い基準年を使っている国の所得は、大幅に過小評価されている可能性がきわめて高い。ガーナは二〇〇六年という最新の基準年を使っている国の一つである。新しい基準年を使っての見直しは、国民経済計算の世界基準に則って行われ、二〇一〇年に完了した。ガーナ統計局が発表した公式報告によれば、GDPは前回の一九九三年版では二一七億セディだったが、二〇〇六年版での国民所得は三六九億セディだった。[36] 先進社会は、この改訂を困惑をもって受け止めた。二〇一〇年一一月五日に掲載された世界開発センターのブログ記事の見出しは「ガーナは言う、ねえ、聞いてよ。私たちはもう貧しくはないんだよ!」というものだった。執筆者は、これはよいニュースだと述べているが、同時に、これは開発の数字は信頼できるのかという問題を提起しているとも語っている。「データがうさんくさいことは誰でも知っている。だが、これは、全く新しいレベルの疑いを付け加えるものに思える」[37]。他の人たちは改訂を事実として受け入れた。ブロガーであり開発の専門家であるアンディ・サムナーとチャールズ・ケニーは、サハラ以南アフリカで測定された富の急激な増加のケースを、人々を鼓舞する事実として、『ガーディアン』紙の読者に「いかにして二八の貧困国は貧困の罠から逃れたか」を説明するのに使った[38]。

二〇一一年に世界銀行はガーナからの新しい時系列データを受け入れ、ガーナの地位を貧困国から低位中所得国へと格上げした。前年まで、ガーナの国民経済計算の基準年は一九九三年だった。つまり、経済活動に関する新情報はすべて、一九九〇年代初めのカテゴリーや重みを使って説明されていたことになる。改訂されたGDP推計は、新しい計算方法を使って行われ、二〇〇六年という新しい基準年は統計担当者が新しい統計材料を含めることを可能にした。二〇年近くの間には、経済も社会も大きく変化しうる。例えば一九九三年には携帯電話はガーナでは使われていなかった。今日では、ガーナの人口の大多数が携帯電話を使っていることは広く認められている[39]。一九九三年が基準年だったときには、この情報を盛り込むことはできなかった。通信部門は家庭用電話の台数と国の電信電話会社からの領収書を通じて把握されていたからである[40]。

現在の大統領ジョン・アッタ・ミルズ〔二〇一二年七月二四日に急死、その後ジョン・ドラマニ・マハマが大統領となった〕が二〇〇八年の大統領選挙を戦っていたとき、彼の公約の一つは、二〇二〇年までにガーナを低位中所得国にすることだった。ガーナのＧＤＰの急激な上昇は、彼の大統領選の公約を果たすという圧力の結果なのだろうか？　額面通り受け取れば、この改訂を政治的動機によると解釈するのは容易である。しかし、上方修正しないことへの動機もまた存在する。貧困国に分類された国だけが、世界の最貧国に支援を提供する世界銀行のグループ機関である国際開発協会から無利子の融資を受ける資格を持つ。この分類は世界銀行の承認による。世界銀行は、改訂された国民所得推計に公式のお墨付きを与えたときに、ガーナをそれまでの低所得国という地位から低位中所得国へと分類し直したのである。[41]世界銀行は、基準年を変更された国民経済計算は、その国の基本的な統計的方法論について、ＩＭＦのアドバイザーたちによる再検討を受けると報告している。これは、私が二〇一〇年二月にガーナ統計サービスを訪問したときに収集した情報と一致する。上方修正は期待されていたが、その当時、それは四五パーセントと推計されていた。よりよいデータとよりよい方法を使ってガーナの経済活動の把握を改善すれば、上方修正が生み出されることは明らかだった。[42]改訂が発表される前に、統計局とＩＭＦ、政府の行政機関、中央銀行、民間金融機関、ガーナのシンクタンクの間で協議が行われた。

ガーナの国民所得のデータは確かに大きく改善された。しかし、上方修正は他の深刻な知識問題を生み出した。ガーナを他の諸国と比べてどの地位に位置付けるべきかという問題である。基準年の測定に関係するプロセスになぞらえて、私が先に使った異なった体重計の例を思い出してみよう。ガーナの経済の測定は、これらの変化の結果として、おそらくより妥当になった（真の富をより正確に量れるようになった）一方で、信頼性という深刻な問題がいまや現れつつある。これまでのガーナの測定がどの程度まで間違っていたのかを査定するのは難しい。いつガーナは実際に中所得国になったのだろうか。最近の成長や長期的な成長について、これまでの計算が間違いに基づいて行われていたとしたら、その結果として、この国の成長についての私たちの発言は信頼性を欠くことになる。

古くなった基準年、統計データ、方法を今でも使っているガーナの近隣諸国との比較に関してはどうなるのだろうか。サハラ以南アフリカで最大の経済体であるナイジェリアの現在の基準年は一九九〇年である。本書を執筆しているさなか、ナイジェリアは基準年の見直しを計画していて、その結果ナイジェリアのＧＤＰは少なくとも五〇パーセント上昇するだろうという報告がある。[43] 多くの国で、将来改訂が行われる可能性が高い。調査での直接的な質問によれば、国民経済計算部門のほとんどの統計担当者は、「今日ＧＤＰは過小評価されていると思いますか」という質問に肯定的に答えた。本書のために調査した二二カ国中、[44] ナミビア、シエラレオネ、セーシェルだけがＧＤＰ推計は全経済をカバーしていると満足しており、一八カ国の代表はＧＤＰが過小評価されていると答えた。[45]

表１・２の最後の欄で、現行価格の現地通貨での最新の推計を、世界銀行の同じデータと比較している。[46] この違いは、各国の統計局と世界銀行とがしばしば同じ基準年を使用していないという事実によって説明される。例えば、ブルンジは基準年を二〇〇六年へと更新したが、世界銀行はいま

でも一九八〇年を基準年として使っている。その結果、世界銀行はブルンジについて大幅に低いGDPを報告して、ブルンジの国民経済計算部門をがっかりさせている[47]。

結論をいえば、アフリカ諸国のGDP水準に従った順位付けは額面通りに受け取るべきではない。多くの部分で、データベースに記録された情報は、自動的なデータ置換、予備推計、あるいは交渉によって出された数字である。したがって、データベースから読み取れるGDP水準の差異は、経済の実態について情報を提供しているというよりも、統計方法の産物である可能性が高い。基本的なデータがあまりに貧弱で、測定や集計の方法があまりにたくさんあるため、どんな上方修正も下方修正も、技術的な、あるいは手続き上の正当化をすることが可能なのである。このことが、「よりよいデータ」と分類可能なものを政治的に便利なデータから区別することをひじょうに難しくしている。表1・1は、アフリカ諸国のGDP水準によるいかなる順位付けも誤解を招くものだということを示している。表1・2は、方法とデータとがひじょうに不均等であることを示している。一部の国は定期的にデータを報告することができ、基準年を更新した国もある。その一方、後れをとっている国々もある。もし国際的なデータベースから直接データをダウンロードしても、この情報は隠されたままだろう。報告の不透明さとデータセットに付随する情報の少なさが、データ利用者を簡単に騙せるようにしている。基本的なデータが基礎に置いているものや測定方法への注意が欠如していることは、現在の所得や成長を表している数字がサハラ以南アフリカの開発を測定する基礎として貧弱であることを意味している。本章の最後の節では、アフリカの開発統計に関する現在の知識について議論し、知識問題の本質を十分に理解するための道を指し示したい。

私たちは何を知っているのか

二〇〇九年八月八日、『エコノミスト』誌は、貧困国とりわけサハラ以南アフリカ諸国の成長と所得の推計はあまりに「怪しい」ので、研究者の一部は、人間の居住地からの光の放出の衛星データを利用して「宇宙から成長を」測定していると報告した。[48]他にも、測定の誤りを訂正するために、気象データ（雨量）を使おうとした例がある。これは、成長統計の変化のどの部分が物質的生産の上下に起因するのかを確認したいと考え、天水農業部門の生産高は実際の生産高と連動して変化するのに対し、他の変動はたんに測定の間違いの結果かもしれないという仮定に依拠してのことである。[49]ドーソンたちは、生産高の不安定性（年成長率の標準偏差として測定される）と低成長との間の関係は、純粋に測定誤差の産物なのだろうか、と問うている。[50]ジョンソンたちは、この不安定性は、経済研究で最もよく利用されるデータセットであるペン・ワールド・テーブルの方法論に固有のものだということを発見した。[51]測定値に対するこうした不信感にもかかわらず、『経済学ハンドブック』では、生産高の不安定性は開発途上国の特徴であると強調し、[52]アルバーシェとページは世界開発指標を使った二〇〇七年の分析でこれに追随して、生産高の不安定性はアフリカの成長の明確な特徴であると主張した。[53]

アフリカ経済に関する統計が不正確だということは広く知られているが、不正確さの程度や本質、そしてそれがデータ利用者に対してもつ意味が厳密に検討されたことはなかった。前節で所得水準について述べたことは、データ利用者が（ほとんどの場合、無意識のまま）直面する問題のほんの一端にすぎない。過去半世紀以上にわたるアフリカのGDPの定義や国民所得測定方法の不統一は、所得や経済成長を比較する際に問題を引き起こしてきた。そして、これらの問題は、何がアフリカの経済成長を促進し、何が成長を妨げているのかにという問いについて出したどんな一般的結論をも揺るがすものである。例えば、構造調整後の成長の改善はデータ処理の産物なのか、アフリカの二カ国間の一人当たりの所得の差は確かなものなのか、急激に（あるいは緩慢に）成長したと思われている国々は本当に、入手可能な統計あるいは国民統計報告書で報告された率で成長しているのか、といったことを判断するのは困難だった。世界開発指標、ペン・ワールド・テーブル、そしてマディソンのデータベースはそれぞれ、同じ国について異なった成長率を報告しているからである[54]。

アフリカのデータの質に関する懸念は今始まったことではない。一九九四年に、開発問題の計量経済学的処理への流れや、ペン・ワールド・テーブル、世界開発指標からのデータ利用の増加と関連して、『開発経済ジャーナル』が、その二年前にイェール大学で開かれた会議の資料を特集号として出版した。何人かの著者は仲間に対して、データの欠陥にもっと注意を払うよう警告したが、データへの批判は全般的に残されたままであった。スリニヴァサンは、研究者たちは公表されたデータが国内、国際的にかかわらず、深刻な概念的問題と測定のバイアスや誤りを含んでいるという事実に気付いていないか、あるいはもっと悪いことに、無視を決めこんでいると述べている。さらに、ある時点での国内あるいは国を越えた比較を行うことは不可能である。[55] ペン・ワールド・テーブルの創始者の一人であるヘストンは、OECDのエコノミスト、デレク・ブレーズが一九七〇年代末に行ったアフリカ五カ国についての画期的研究以来、国を越えて国民経済計算の概観を示すような研究はほとんど行われてこなかったと述べている。彼は、同じタイプの研究がアフリカ諸国全体について行われることを求めている。[56]

実際、私たちは、この問題について、現地調査と記録の両方に基づいた経験的研究を見つけるためには、三〇年前のデレク・ブレーズの著作にまで遡らなければならない。[57] 彼はボツワナ、ケニア、マラウイ、ナイジェリア、タンザニアについての公式の総所得水準推計を調べ、誤差範囲の推計付きの表を作成した。推計は、彼自身のアフリカでの統計作業の経験と、国民経済計算担当者や国際機関から派遣された専門家たちとの非公式の議論、そして五カ国から提供された質的評価に基づいている。GDP推計における誤差は、ナイジェリアを除いて二〇パーセントの範囲であったが、ナイジェリアでは三五パーセントにも達していた。ブレーズは、ある部門は他の部門よりもひどいと考えた。近代農業の誤差範囲は二五パーセント（ナイジェリア）から一〇パーセント（ケニア）なのに対し、「自給自足」農業では、ナイジェリアを除くすべての国で八〇パーセント台と考えられた。最良の統計的記録を持つ行政部門でも一〇パーセントの誤差範囲があり、小規模の部門では値はもっと悪いと思われた。

ブレーズは、所得水準の推計には高い不正確性が見られるが、成長の推計はおそらくまだましだろうと主張している。それでも、前年比の変化の推計は細心の注意をもって扱うべきだと警告している。[58]彼は、開発途上国のGDPの実質成長率が三パーセント以内の誤差範囲にとどまることはないだろうと考えた。彼はこう結論づけている。「したがって、推計された前年比三パーセントの増加は、全く成長なしということから六パーセントの増加までを意味している」。この誤差の幅は当て推量にすぎない。なぜなら、「開発途上国が発表した一人当たりGNPの成長率は、その信頼性を検証されたことがないからである」[59]。

研究者たちはデータが信頼できないことをはっきりと認識していたが、これが「ホワイトノイズ」つまり、すべてに共通する誤差という形をとるのか、それとも系統的バイアスがあるのかを誰も確認しなかった。[60]開発途上国の将来の課題に関する最近の解説記事の中で、アンガス・ディートンは、「GDPの成長率といった経済発展の基本的事実の測定手段については、実際に行われているよりもはるかに深く議論されるべきだ」と結論づけている。[61]

ブレーズの著作は、所得水準や成長率のバイアスの方向性を定めるためには十分詳細なものではなかった。そして、ヘストンが推計の手順や仮定への調査をもっと多くの国に広げることを要求してから一五年経っても、本書が出るまで、それに着手した者はいなかった。本書で報告した証拠は、成長や所得推計についての懸念に、さらなる根拠を与える。成長や所得のデータは融通がきくものであり、異なったデータセットはそれぞれ、経済事象を説明する完全に異なったやり方を支えている。ブレーズが報告した許容誤差は、少なめに見積もられている。一人当たりの所得水準は約五〇から一〇〇パーセントの補正を受け、成長率の相違は時に二桁にも及ぶ。一九七〇年代のアフリカと今日のアフリカは大きく異なっていることに注意すべきである。一九七〇年代には、アフリカの指導者たちは、開発計画を策定し、アフリカ諸国を近代化と進歩へと導くという責務を負って国を統括しており、多くの国が一〇年あるいはもう少し長い期間内にそれに成功した[62]。今日、二〇一〇年の時点で、ほとんどのアフリカ諸国が二〇年にわたる経済的衰退、国家破綻からの回復の過程にあり、政治経済学の再構築のさなかにある。

データに特定のバイアスがあるかどうかを確認するために、十分な研究は行われてこなかった。ポール・コリアーは、これに取り組もうとした数少ない人間のひとりである。彼は、最近、こう問うた。「この惨憺たる実績は、たんにデータが作り出したものなのだろうか？」。そして、自分自身の質問にこう答えた。「むしろ逆に、最貧諸国の経済データ収集を悩ます本当の問題は、全体的にこれら諸国の衰退を過小評価する傾向があることだと思う[63]」。本章で提示した情報は、コリアーが間違った思い込みをしていたことを示している。コリアーが言うのとは逆に、データ収集の問題性が、所得の過小評価を生み出しているのである。確かに、真に破綻したいくつかの国ではデータが全く報告されないこと、そのため世界銀行が使う「ギャップを埋める方法」を通じて、最新の地域データは、サハラ以南アフリカが実際よりもうまくいっていると報告していることは事実である。他の国々については、数字と経済的現実との間の食い違いは、そう簡単に解釈することはできない。誤差の大きさを正確に測定し、バイアスの方向性を判断するためには、データを十分に状況にあてはめ、歴史の中でとらえることが必要である。国際的なデータベースはこうした情報を提供していない。そこで、次の章では、アフリカ経済が国レベルでいかにして測定されてきたかを知るために、一次資料や初期の研究を見てみよう。

第二章　アフリカの富と発展を測定する

この章では、アフリカの所得が長い間どのように測定されてきたかについて説明し、国民所得推計の作成者と利用者の目的が対立してきたことを示す。(1) 政治家や国際機関は、現在の政治的・経済的優先事項や成果を反映した所得測定を求める。そこで、推計の中で市場、国家、農民に与えられる重要性は、その時の政治的環境にしたがって変化することになる。これとは対照的に、統計専門家は入手可能なデータで最善の経済像を描けるような測定の作成を目指す。学者たちは、「発展」を測定、比較、分析できるような、時空を通じて一貫した測定を好む。しかし、「発展」がどうすればうまく計算できるか、あるいは定義できるかについて、彼らはまだ意見の一致に達していない。その結果、行われているのは、発展の客観的測定ではなく、政治経済や学界の潮流の変化によって決定されるような、開発優先を反映した測定である。

したがって、歴史の流れのなかで国民所得推計を見ていくことが重要である。この章では、優先事項とアフリカ諸国の権力との変化を調べ、それらが中心的利害関係者たちとどう関係してきたかを見ていく。最初に、アフリカ諸国にとって国民所得計算に着手することがどういう価値を持つかについて、かつての議論のいくつかを取り上げ、それから植民地時代初期の推計を検討し、独立後の国民所得計算の変化と微妙な差異を見ていく。さらに、構造調整と非公式経済の成長の後の国民所得計算の改訂について議論する。ウィリアム・イースタリーが経済実績に関して「失われた二〇年」と呼んだものは、統計局が経済活動を限られたやり方で記録したという意味で、たしかに「失われた」ものだった。(2)

学問や政策の世界で、統計データの利用者がどのようなデータソースを好むかについては、はっきりした変化がある。アフリカ経済について書かれた一九六〇年代から一九八〇年代にかけての雑誌記事や研究論文は、学問的分析を裏付けるために幅広く公式の資料を参照し、国民経済計算や経済調査、統計摘要を利用した。ここ数十年、これらのデータソースはほとんど使われなくなった。それは、一部には、これらのソースが入手しにくいことやアクセスしにくいことに起因している。これらに代わって、ペン・ワールド・テーブルや世界開発指標といった有力な競争相手が、社会統計や経済統計で好まれるソースとなった。世界銀行は、各国の統計局から世銀に提出される公式なデータに幾分修正を加えて報告している。「世界銀行」というブランド名が「国の統計局」というブランド名より好ましいのは疑いないが、最終成果の基本的成分は同じである。にもかかわらずデータ利用者たちが世界銀行のデータを好むという事実は、ポーターが説明しているように、なぜ私たちがある数字を他の数字よりも信用するのかということの明確な例を示している。(3) 開発研究においても、似たような展開が見られる。この学問分野では現在、グローバルなデータセットを使った計量経済学的なクロス・カントリー回帰分析を好むエコノミストたちが支配的となっている。[4] これは、内蔵された自己執行メカニズムを持っている。開発の専門家たちが今なによりもまず興味をもっているのは経済学であって、経済ではない。これが意味するのは、しばしば分析はその国についての専門家によっては行われないということ[5]、そしてこれらのデータ利用者たちは、統計が経済的実態と一致しているかどうかを容易に判断することができないということである。

第一章で行った入手可能な推計の概説は、経済統計の作成者と利用者との間の距離が不健全に断絶していることを示した。データ利用者は経済統計を額面通りに受け取るが、実のところ、これらの統計の作成はさまざまな競合する仮定やデータ入手可能性の違い、そして時に不透明な調整や修正の影響を受けている。量的分析が有意義なのは、情報源の慎重な批判に基礎を置き、質的調査によって補完された場合だけである。古い格言に「原点に戻れ」ということばがある。証拠を有益に利用するためには、どのような条件下でデータが作成されたかを知らなくてはならない。ヘリングがいうように、データ作成の社会的性格を認識した調査方法は、そうでないものよりも信頼性と妥当性をもつ可能性が高い[6]。

データの妥当性を社会的・政治的パワーの表明と見る解釈によれば、一九八〇年代に開発のためのデータの妥当な提供者からアフリカ諸国が脱落したことは、サハラ以南アフリカの国家の全般的な崩壊状態を明確に示していた。サハラ以南アフリカの開発国家の歴史は通常、植民地時代の英国の一九四〇年と一九四五年の「植民地開発福祉法」に遡る[7]。サハラ以南アフリカ地域では、国家

――官僚構造と公的機関、そして最も重要なことだが、国境を持った――は植民地の革新を意味した。[8] 徴税と保健、教育、農事相談事業その他の行政サービスはすべて、貧弱ではあったがこの時期に開始された。徴税、行政サービス、開発プランの開始に伴って、経済をモニターする能力と必要性の両方が生まれた。

独立によって植民地体制から離脱しても、多くの点で継続性が残ったが、[9] 統計サービスも例外ではなかった。開発国家はその作用域と野心を大きく拡張した。[10] このことは、一九六〇年代に、どの領域と部門に取り組むかを規定することと、明確に決められた目標についての開発戦略の成功をモニターすることの両方の点で、国民経済計算が開発計画の不可欠な部分となったことを意味する。

初期の成功はやがて失敗へと道を譲り、失敗は構造調整と、ニコラス・ファン・デ・ワールが「恒久的な危機の政治」と呼んだものへの道を開いた。[11] 構造調整のプロセスは、自由化に向けた改革と国家の退場とを意味した。それは民営化を通じてだけでなく、開発計画立案者としての国家の役割の縮小を通じても行われた。構造調整が行われたのは、それが経済成長を回復させるだろうと信じられていたからである。しかし、本書が立証するように、IMFと世界銀行は、成長が回復したか否かを測定する能力をもたせるために統計局を改革したり、統計局に資金を提供したりすることを怠った。

サハラ以南アフリカの経済の成長記録は、国民所得を推計しようという各国の一九五〇年代以来の努力が積み重なった結果である。各国の全記録が、一九六〇年以降のほとんどの国についての連続的時系列データとして、国際的データベースを通じてダウンロードできるようになっている。[12]

データセットは、所得水準と経済成長についての有益な記録と解釈できるように見えるが、実際のところは、妥当性と信頼性に大きな差をもつ記録の集合体である。データセットの記録の多くは、言葉の最も厳密な意味ではデータですらない。なぜなら、データのあまりに多くの部分が、データのギャップを埋めるためのゲスティメイトだったり、あるいは調整されたものだったりするからである。

理論上、国民所得推計は、標準化された、規則に基づくプロセスによって作成されたものである。しかし、実際には、統計局は、最終成果を生み出すために裁量を使わなくてはならない。統計専門家が「データ自体が語る」と言うことができるのは、理想の世界での話である。本章では、いかにデータが知識に基づく推測や矛盾した疑わしい仮定に基づいているかを立証する。その結果、データは傾向と水準の両方で疑問を免れないものとなっているのである。さらに本章では、こうして生まれた数字に対して、どう対処すべきかの指針を示す。

植民地の実験

一九五〇年代初めのアフリカやその他の開発途上地域での国民経済計算の価値について、経済学者たちが意見交換した中で、開発経済学の先駆者の一人であるダドリー・シアーズは、所得や経済開発の国際的比較を目的とした国民経済計算を導入することがどんな恩恵をもたらすかについて、明らかに悲観的だった。「権威の手によるこうした国際的比較は、経済的発展の環境に光を当てることになるかもしれない。それらは、相対的な非効率性や生活水準について何かを語るだろうが、たいへん広く誤用される。それらは全体として、何かを教えるよりも、誤った方向に導き、人間の知識を減少させるのではないだろうか[13]」。

今日私たちもよく知っているように、こうした警告は耳を傾けられることなく、第二次世界大戦後、国民所得推計はアフリカ諸国で作成されていった。理論上は、これは国際連合の普遍的な国民経済計算体系に従って行われた。しかし、実際には、各国での適用は大幅に異なっていた。一九四五年にアフリカで国民経済計算を作成できたのは唯一南アフリカだけだった。南北ローデシアがこれに続いて一九四九年から作成し始めた。一九五八年までには、ガーナ、ケニア、ウガンダ、コンゴが年次推計を作成していた。ナイジェリアでは一九五一年に国民所得推計が出されたが、次の推計は一九六〇年の独立まで作成されなかった[14]。

植民地南ローデシアと英国保護領の北ローデシアおよびニヤサランドのために作られた最初の推計は、当初は「アフリカ人」生産者によって付加された価値を推計に含めていなかったという点で、植民地経済計算の特徴を示していた。一九四九年以降、「北ローデシアの国民所得の価値に、アフリカ人の生存所得の名目で五〇〇万ポンドが含まれるようになった[15]」。この金額は一九四九年から一九五三年まで変わらなかったと報告されている。実際には、アフリカの生産者による総食糧生産の価値はかなり急速に低下していた（人口増加とインフレーションを考慮に入れた場合）と考えられる。

最初の推計は、「自給自足」生産を完全に無視していた。その後、推計はこれを考慮するようになったが、計算では最低限の役割しか与えなかった。この時期に、学界では「自給自足経済」について激しい議論があったが、それについて以下で詳しく見ていく。

シアーズは自給自足生産物について、「低開発地域の国民所得推計を行う人々が避けて通ったり、急いで通り過ぎたり、あるいはそこで命を落とす、よく知られた泥沼」と機知に富んだ言い方をしている。[16] ケニアでの取り組みを報告する中で、ドナルド・ウッド・ジュニアは、なぜ経済のこの部門に対して通常使われる言葉がどれも適切でないかについて、短く、正確な論評をしている。

この部門についての、満足のいく名前は存在しない。非貨幣部門という言葉をこの論文では使うが、それはケニア国民経済計算がそう呼んでいるからである。この部門では貨幣が広く使われているのであるから、この名前は誤解を招く。この部門を指すのに使われる他の名前には次のようなものがある。最低生活部門――しかし生活水準はたいてい最低生活水準を上回っている。伝統的部門――しかし、この部分における社会的、経済的、政治的制度や行動は、おそらく国の他の地域と同じくらい急速に変化しつつある。[17]

国民経済計算に関する実験の、この初期段階においては、この部門をどのようにして国民経済計算に組み入れるかについて、あるいは組み入れるに値するかについて、合意はなかった。アフリカの急速な成長の見通しに関する一般的楽観論の流れに沿って、ピーター・エイディは「アフリカのいくつかの国が、わずかしかない統計的資源の多くの部分を、この消滅しつつある構成要素のより正確な測定に充てようと計画しているのは奇妙なことだ」と述べている。[18] 国民経済計算についての、とりわけ小規模生産の計算についての悲観論には、開発途上国の将来の成長と「近代化」についての楽観論が付き物だった。シアーズはそのよい例である。彼はこう述べている。「基本的な困難は、国際比較の場合と同じである。数年のうちに、低開発国は大きく変化して、経済分析家の基礎的前提としては、もはや同じ国とみなすことはできなくなるかもしれない」。[19]

他の人たちも、所得を測定して各国間で比較するという考えに反対した。ハーバート・フランケルは、アフリカ人の経済行動の一部は、市場経済から引き出した概念では適切に説明できないと考えた。彼は、一部の国は所得や福祉についてひじょうに異なった考えを持ち、特殊な規則や法律によって統治されているので、国際的な比較は無意味だと感じていた。所得や富の概念は文化によって大きく変わるため、所得を最大化しようという努力を、文化を越えて比較することはできない、というのである。フランケルは所得の最大化をチェス・ゲームの最大化と比較した。チェスは特殊なルールによって支配されており、このルールがゲームの目的を設定する。人は点を取る物差しを受け入れ、成果を最大化する。しかし、その合計あるいは点数は、ゲームをすることの総効用を捉えることはない。したがって、ゲーム自体は最大化され得ないのである。[20]

同様の見方を、植民地における国民経済計算の先駆けだった経済学者たちも表明している。

一九四一年にニヤサランド、北ローデシア、そしてジャマイカの所得推計を作成する実験についての報告で、フィリス・ディーンは「中央アフリカの国民所得表を作り上げているとき、（ジャマイカと比較して）満足のいく枠組みを考案するためには中央アフリカの人々の社会・経済構造についてのもっと包括的で直接的な知識が不可欠だということがすぐに明らかになった」と述べている。彼女は、正規の表を捨てて、つまり「利潤、利子、賃料、賃金、報酬にしたがった所得の分類」をやめて、その代わりに「国籍による分類」を行うという新しいシステムを構想することが必要だと感じた。[21] 最終的に発表された国民経済計算が、ヨーロッパ人、アフリカ人、アジア人という三つの人種集団による経済貢献を測定したのは、このためである。ローデシアの植民地経済計算は、「標準」対「アフリカ人」の生産高を記録している。南アフリカのアパルトヘイト体制は同様の計算分類を使い、「バントゥー・ホームランド」「黒人国家」に対して異なった推計を行っていた。[22]

アラン・プレストとイアン・スチュワートは一九五一年にナイジェリアの所得推計を作成したが、彼らもまた「西洋の」概念を適用することの問題性について語っている。「第一に、生産と生活の区別、働いていることと働いていないこととの区別が『西洋』ではかなり具体的であるが、ナイジェリアではしばしば不明瞭である」[23]。プレストとスチュワートは、アフリカの拡張された家族は西洋の家族とは異なった解釈をされなくてはならないと主張して、最終的にはナイジェリアの家族内で行われる取引を市場取引として計算することにした。彼らは家族内サービスを推計に含めたが、そこでは妻の夫に対する生殖サービスの価値さえも評価に含めていた。彼らはこの家族内サービスの市場価値の代用として、婚資のデータを使用した。一九五〇－一九五七年の推計を作成したピウス・オキグボはこのやり方をやめて、プレストとスチュワートよりも包括的でないやり方を選んだ。[24]二つの推計方法を再検討したエケは、「プレストの逸脱は馬鹿げたものとして片付けられがちだが、思われているよりもはるかにまじめな取り組みである」と述べている。[25]彼は、国民経済計算が人類の福祉に貢献するすべてのプロセスを完全に捕捉できるというのは根本的に誤った考えだと主張した。

これらの植民地の実験は、他の結果を生み出すことができたのかもしれない。経済学者たちは、国民経済計算を集計することを正当化できるかどうかを議論した。エイディは書いている。「通常の集計は、現在のところ、一定の目的にとっては確かに無価値である。例えば、一人当たり所得を使った福祉の比較は、正確さが疑わしい一人当たりの平均所得を同様に誤りがある人口推計と掛け合わせて所得推計が引き出されたのだとしたら、明らかに無意味である」。彼は脚注で、「最近一人当たりの所得が七五パーセントも上方修正されたアフリカの国が少なくとも一カ国ある」と付け加えている。[26]フランケルは「低開発社会」の国民所得集計の比較を「虚構」に例えた。[27]シアーズは、経済学者は自分がデータを所持している部門の記録にとどめて、[28]誤解を招く集計プロセスからは身を引くよう勧めている。しかし、彼は「先進国の『デモンストレーション効果』がひじょうに強いので、第一次産業国で働く統計専門家たちにとって、国民所得推計を統計作業の最優先事項として扱うのは、例外というよりはむしろルールとなっている」ことに気付いた。[29]

ナイジェリアの所得を推計したプレストとスチュワートや、タンガニーカの所得推計を行ったピーコックとドッサーたちはみな、総計を出すことが必要だと主張した。それは政府や国際社会に、経済的発展の見通しについて情報を提供する助けになるからだというのである。[30] 同じような趣旨で、ビリントンは国連の国民経済計算体系がアフリカ諸国の経済発展を測定する最善のやり方であり、測定を標準化することは将来への正しい道筋であると主張した。[31]

開発経済学という分野の始まりは、一九四〇年代から一九五〇年代のアフリカ大陸での国民経済計算の開始と密接に関連している。国際的なデータセットが最初の推計を作成したのもこの時期だった。一般的に時系列データは一九六〇年に始まるが、これは経済成長の物語が始まる年として人為的に選ばれたものである。当時のこうした推計の利用に対する懐疑論の広まりと、これらの推計の正確さに対して表明された疑念とは、思い出す価値があるだろう。アフリカの経済開発の五〇年を遡及的に検討するなかで、ダグラス・リマーはガーナで行われた初期の推計について、こう述べている。

私はアクラにある政府統計局で作成されていた国民経済計算に使われた間に合わせの方法を観察する機会を得た。多くの部分が当て推量だった。また多くのことが欠落していた。だが、どこにでもあり、いくつかのアフリカ諸国にもある、一覧表に載らない並行経済がときに公式の経済に影を落としているということを十分に理解したのは、後になってからだった。また、後に私は、経済生産の一覧表の根底にある定義と評価の問題を意識するようになった。私は、結果として生ずる所得総額に読み込まれる意味に疑問を感じるようになった。この総額が疑いなく誤差を含んでいる以上、その一年ごとの変化の百分率比を決めることは不可能だということに気付いた。[32]

この警告や、ダドリー・シアーズその他の「開発専門家」たちの警告は聞かれはしたが、国民統計の収集や編集の進展に影響を及ぼすことはなかった。メリーが示唆したように、人は指標に対して、知識問題として、またはガバナンスの問題として取り組むことができる。多くの人が推計は知的に正当化できるかどうかを疑ったし、最終推計はデータ利用者の知識を低下させ、彼らを誤った方向に導くと主張していたが、一九六〇年代には統治上の要請の方が重要なことは明らかだった。ピウス・オキグボは一九五〇－五七年のナイジェリアのGDP推計の前書きで、GDP統計は国家の開発計画のための情報として必要とされ、要求されたと説明している。しかし、彼は用心深く『定量化』のプロセスの恣意性を誇張だということはできない」と指摘している。[33]

国民経済計算とその結果である所得推計や成長率は、ほとんどの開発議論の基盤とされた。実際のところ、経済成長は一九六〇年代、一九七〇年代の「開発」の定義、評価基準、そして目標となった。GDPの測定は、以前の独立的に作成された推計と比べて、厳しい目で見られなくなった。これが公式のお墨付きを得たためであることは、ほぼ間違いない。[34]ポーターは、数字の客観性は、その実際の内容よりも状況によって規定されると主張した。[35]国民所得計算の公式化はこのことを示す一例である。国民経済計算の数字は正確さと標準化の点で著しく改善されたわけではないが、これらがサハラ以南アフリカの新たに独立した開発国家で作成され、道具とされたことにより、これらの数字に与えられる信頼は、大きく改善された。

実際の開発

新たに独立したアフリカ諸国で国民経済計算が試行段階にあったとき、ディーンはいくつかの新しい公式推計を批評して、「かつて独立した研究者の絶好の猟場だったところが、役人の統計専門家や国際的公務員の日常的な仕事場になった」と語った。これは、独立後、所得測定方法の問題に学者の関心が向けられなくなった理由を説明しているかもしれない。方法論は、研究にとって実り多い領域というよりは、標準化の課題とみなされるようになったようである。しかし、ディーンによれば、「事実をいえば、……アフリカの国民所得の公表は、民間で作成されていたときと同様、公印が押されるようになっても不均一のままである[36]」。

独立は、新たな優先事項と新たな統計的ニーズを生んだ。独立以前、旧北ローデシア（現在のザンビア）では、国民経済計算はソールズベリー［一九五三－六三年、ローデシア・ニヤサランド連邦の首都］の中央統計局によって作成された。一九六四年初め、この責務はルサカ［一九六四年の独立後、ザンビアの首都］の中央統計局に移り、一九六四年以降の国民経済計算はここで作成された。統計局は新しい推計の必要性をこう説明している。「経済計画は政府にとって重要な課題であり、そのため統計的情報の必要性は大幅に増大した」[37]。新しい経済的、政治的条件との関連で、民間消費やその他の支出カテゴリーの水準についてのデータを見直す必要があった。本質的に、これは総生産の大きさを、金融取引を通じて測定される需要の推計と比較して推計することを意味する。言い換えれば、国民経済計算は、植民地時代に使用されてきた「所得アプローチ」ではなく「生産アプローチ」に基づかなければならないということである。これは上方修正を意味する。なぜなら、自己消費のための生産や小規模取引といった貨幣によらない活動が、新たな国民所得推計には含まれるようになったからである。以前には無視されていた人口の一部が、今では経済的、政治的に（したがって統計的にも）重要な部分と見られるようになった[38]。

国民経済計算のための新しい基盤を築くという目標は設定されても、入手できる基礎統計は十分ではなかった。ザンビアの第一回の国民経済計算報告における農業の推計は、（非アフリカ人の）商業的農業とアフリカ人農場の公式に登録された販売をカバーしていたが、「アフリカ人の自給自足農業や狩猟は主に食糧農業機関（FAO）によるさまざまな商品の一人当たりの消費の情報に従って推計された」[39]。同様の野心的な試みはタンザニアでも見られた。ダルエスサラームの中央統計局は、四〇の農業生産物、一五の畜産品に加えて、行政サービスの生産者たちを農業の推計に含めようとした。しかし、統計局は、この試みは不適切だと認めた。農業は国民経済にとって重要であるにもかかわらず、輸出作物の場合を除いて「作付面積、生産高その他に関する入手可能な情報はひじょうに貧弱である」[40]。タンザニアでは、自家消費のための生産のデータが初めて入手できたのは、国全体で八二四世帯の家計をサンプルに家計調査を実施した一九六九年のことだった。他の年については、年間消費は農村人口の増加と同じ率で増加するとみなされていて、その率は二・八二五パーセントと想定されていた。

農業の成長が農村人口の増加と同じ率で進むというこの仮定は、多くのアフリカ諸国で使われている。[41] アフリカの国民所得推計に関する数少ない経験的研究の一つの中で、デレク・ブレーズは、自給自足農業の成長推計の「基礎となっている仮定は、生産高は農村人口と同じ率で増加するというものである」と指摘している。[42] こうして、農業部門では、労働生産性の一対一比率が前提とされているのである。農村人口の増加は総人口の増加よりも速度が遅いため、このことは、一人当たりのGDPを減少させるバイアスを取り込むことになる。こうした推計は、農業の生産性に影響すると思われる気候の変化やその他の要因に対してあまり敏感ではない。だが、例外的な年については、年データの臨時調整が行われた。「ザンビアとウガンダでは、全体の流れに対する年次変動は主要な生産地域における農業専門家の『目視推計』に基づいて推計されている」。[43]

タンザニアのデータベースは貧弱に見えるかもしれないが、他の諸国のそれと比べればましである。ザンビアでは、試験的な家計調査が行われたのは一九七二－七三年であり、ボツワナでは農村家計調査が初めて行われたのは一九七三－七四年であった。後者は、新たな調査が一九八六－八七年に行われるまで、農業生産に関する唯一の調査データを提供していた。[44] ケニアでは、農業生産高の推計は、毎年の統合農村調査（IRS）と年一回の大規模農場の調査に基づいて行われている。

第一回のＩＲＳは一九七四－七五年に行われたが、この年以前に小規模農場についてどのような情報源が使われていたかは明らかでない。[45] ナイジェリアでは、農業調査は一九五〇年代から定期的に行われてきたが、それはひじょうに小さな抽出枠で、一様でない地理的区域を対象としていた。実際、ジェラルド・ヘライナーは、一九五五－六〇年に行われた調査で「どの地域も一回を超えて対象とされたことはなく」「一年に一つの区域を越えて調査された地域はなかった」と指摘している。[46]

ヘライナーはナイジェリアの国民経済計算の一般的状況を分析し、一九六六年に「ナイジェリアの国民経済計算はみじめな状態にとどまって」おり、推計のやり方の変化によって最初の数年の比較は「不適当」なものとなった、と述べている。彼は、「推計はあまりに大きな誤差を含んでいるので、集計が一貫性を欠くことをあまり深刻に受け止める必要はない」と結論づけた。[47] 要するに、集計が農業生産を含むように変化したにもかかわらず、データベースは全体として、年ごとの変化を正確に示すほどの質をもっていないということである。

この評価が行われた直後に、ナイジェリアは長期にわたる破壊的な内戦を経験した。[48]「第二次国家開発計画」（一九七〇－七四年）が立案されたとき、立案者たちが入手できた最新の所得推計は、内戦が始まる直前の一九六六年に作られたものだった。この開発計画の主要な目的は内戦の結果に対処することだったが、戦後の国民経済に関するデータの不足を考えると、これは困難な課題だった。[49] 実際に、ナイジェリアの国民経済計算は、アボヤデ教授が率いるチームが一九八〇年代になって改訂版を完成させるまで、見直されることはなかった。この報告は一九八一年に公表された。

アボヤデは「多くのひじょうに重要な推計が、きわめて根拠の薄い仮定を基礎に置いている」と述べた。たとえば、運輸と商業の貢献については「流通活動はつねにナイジェリアの国内総生産の八分の一を占めるという、古くからあるが証明されていない仮定に基づいている」[50]。報告は、以前の方法とデータに比べて改善された点と継承された弱点とを指摘したが、この改訂版と以前の版の根本的な弱点は、その場限りのやり方で作られたことにあると主張した。報告書を完成させるために集められたチームは作業が終了すれば散り散りになり、それとともに、このチームが貢献した仕事の価値も消散してしまうだろう。アボヤデが述べたのは一般的な問題である。異なった時点で、とくに独立後（あるいはこの場合では内戦の後）、さまざまなレベルの推計が作成されるが、GDPの計算のために必要な管理データの定期的な収集を保証するシステムや、これらのデータを処理するのに適した人材は、改訂作業の後は維持されないのである。

しかしながら、経済的変化に関するいくつかのデータへの定期的アクセスの点では改善が見られた。多くのアフリカ諸国、とりわけ一九七〇年代のザンビアとタンザニアで見られた著しい変化は、経済の集中化と半官半民の企業の成長であった。ザンビアとタンザニアの両方で、これは社会主義の重要視と並行していた。したがって、この変化はこれら二カ国では（そして他の社会主義諸国でも）より明確に言明された。このことは、これらの国が例外的とみなされるべきだということを意味しない。他のいわゆる資本主義諸国でも、国家は農業生産物（食糧と輸出用の両方）の取引、マーケティング、運輸に深くかかわっていたし、新たに作られた開発団体を通じて直接あるいは間接に製造業や建設業に関与していた。[51]この新しい構造は経済的記録を容易にした。一九七〇年代のタンザニアでは、商業、金融、工業部門の国民経済計算に使われたデータは、大部分が半官半民の企業から引き出された。これに対し、農作物のデータは主に国のマーケティング・ボードから引き出された。これは便宜的な選択の問題と解釈されるかもしれないが、タンザニアの場合には、合法的な経済活動と記録された経済活動との間には対応関係があった。商品を国あるいは半官半民のルート以外で市場に出すことは違法であり、こうしたルート以外で行われた市場取引は国民所得に貢献するものとはみなされなかったのである。

失われた二〇年

発展はほどなく衰退へと移行し、一九八〇年代から一九九〇年代にかけての「失われた二〇年」と呼ばれる時期に、経済は破たんした。この事態の変化が、開発の課題の再定義につながった。さらにそれは、開発統計にも影響を与えた。便利だったデータソースは、並行市場やブラックマーケット、非公式市場が繁栄するにつれて、しだいに時代遅れになっていった。新たな課題は、統計局が基礎を置いていた公式経済が崩壊しつつある中で、非公式経済をどう算入するかということだった。この二〇年間は、国民経済計算に関しても本当に失われた二〇年だった。[52]歴史家のエリスとニュージェントは、このことが一九八〇年代、一九九〇年代の歴史を書くことを困難にしていると述べている。[53]

ルサカにあるザンビアの国立統計局では、国民経済計算報告書や国民経済計算の方法論に関係する出版物、そして他の関連レポートも一九七三年以降入手できなくなった。唯一入手できたのは、一九七三－一九七八年推計の付属報告書だった。このことは、一九八〇年代に関しては推計について、またそれがどのようにして作成されたかについて、ほとんどわからないことを意味する。私が二〇〇七年にルサカの中央統計局を訪問したとき、国民経済計算の担当者も、資料室とデータ発信の責任者も、これは報告書が行方不明になったせいなのか、それともそもそも公表されなかったのかを明らかにすることができなかった。[54]

同様の問題がガーナでも見られた。ガーナ統計サービスは、資金不足と資格のある職員の不在のために、一九八五年に経済年報の刊行をやめてしまった。[55] 事務局は、二〇〇五年にガーナ経済の定期的な情報源として、この資料を復活させようと試みたが、この年以降、刊行されていない。ケニアでは、国民経済計算の方法と情報源を叙述した、唯一入手可能な資料が一九七七年に刊行された。二〇〇七年にナイロビの中央統計局で、私は、この刊行物には独立後のケニアの国民経済計算について「あなたの知る必要のあることすべて」が入っていると保証されたのだが、非公式部門の調査を含め、多くの重要な変化がその後に起こっている。[56]

ザンビアでは、公文書の法定保管場所である大学図書館の特別収蔵品と、同じ法的機能を持つ国立公文書館に、一九六〇年代と一九七〇年代初期の刊行物が存在し、目録が作られている。しかし、その後の保管物との間には断絶がある。両方の施設の司書たちはこの事実を嘆いていた。図書館は公文書に対して法的権利を持っているが、これらの資料の運送と取得のための財源が確保できないとの説明だった。それぞれの司書は、資料は彼らが個人的に収集するしかないと説明したが、当然のことながら、それは行われていなかった。[57] 経済危機の開始とそれに続く構造調整は、国民所得推計の作成に深刻な悪影響を及ぼした。この状況は、確かな情報提供者としての国立統計局の信頼性を傷つけた。ガーナとナイジェリアの統計局は、どちらも名前を変えた。ガーナでは、中央統計局からガーナ統計サービスへ、ナイジェリアでは連邦統計局から国立統計局へと変更したのである。どちらの場合も、信頼性を改善するための意図的な動きであり、政治からの独立性を主張し、以前の争いから距離を置こうとしたものだった。[58] ウガンダでは、公式の経済は一九七〇年代後半に崩壊し、テッド・ブレットが「課税対象外の経済」と呼んだものがこれに取って代わった。[59] ムワンダ＝ジークは、それに続く統計局の崩壊について次のように述べている。

主な問題は、統計作成への投資の欠如であった。統計局には資金がなく、そのため国全体は言うまでもなく、政府内の統計すら効率的に行うことができなかった。統計局には不可欠の設備が欠けていた。建物は廃屋同然で、使える車は一台しかなく、コンピュータは一台もなかった。そのため、すべての統計は手作業で集計され、簡単な電卓が計算に使われていた。他の機関が、徐々に統計局のデータ収集と処理の業務を引き継いでいった。不可避的に、いくつかの重要な統計活動、例えば価格収集、ＧＤＰの推計、中央政府の収入と支出の統計などに、かなりの重複が見られるようになった。公表されたデータはどれも信頼性を失った。[60]

一九八〇年代から一九九〇年代に、すべてのアフリカ諸国（ボツワナを例外として）は「構造調整」を経験しなければならなかった。これは、IMFと世界銀行が、さらなる金融支援の条件として設定した政策改革プログラムである。それは、一九七〇年代、一九八〇年代に「資本主義」と呼ばれたか「社会主義」と呼ばれたかに関係なく、すべての国における国家の役割の縮小を意味した。[61] 多くの国では、国家の基本的な機能の一部が民営化され、それとともに国のデータを記録する能力も失われた。ベアトリス・イブーは、モザンビークとカメルーンでいかにして関税徴収が民営化され、それが原因で、「国民経済計算は輸出品の量あるいは価値も、税金や関税収入も記録しない」ようになったかを詳述している。[62] こうした税制改革は歳入を増加させるための実際的な試みと見ることができるかもしれない。そして、自立した徴税機関の出現は、政府による資金の使い込みを避けるための手段として人気がある。[63] これらの改革は、長期的に見れば国家の能力を改善するかもしれないし、あるいはしないかもしれない。[64] だが、統計サービスに対する短期的な影響は明らかである。直接的な税収のデータはますます統計局に入らなくなり、多くの統計局はまだ付加価値税（VAT）のデータを計算に組み入れていない。これらの新しいデータを国民経済計算に組み入れるためには、国民経済計算のリベースと改訂が必要とされる。

開発から自由化へ

いくつかの国の統計局は、一九九〇年代後半になるまで、新しい経済的、政治的現実に適応することができなかった。この時期、ザンビアとタンザニアの二カ国の国立統計局が、時系列統計の大幅な改訂を行った。ザンビアの国民所得推計の一九九四年を基準とする新しい時系列のための改訂に関する報告書は、明白な事実の言明で始まっている。「一九九〇年代前半の二〇〇パーセントを上回るインフレ率は、マクロ経済統計の提供に悪影響を及ぼした[65]」。報告書は、このような状況下で毎年の実質経済成長について意味のあるデータを作成するのは困難な作業だったと記している。構造調整はザンビアの生産構造に圧倒的な変化を引き起こし、「かつての大規模な半官半民組織の解体は、それまでのデータの供給源がなくなったことを意味した[66]」。改訂やリベースは延び延びになった。国民経済計算は依然として一九七七年の価格に基づいていたため、基準は「不適切となり、時と共に、より正確さを欠いた推計を出すようになった[67]」。それまでの推計は大部分「非公式部門を除外しており、そのため、農業部門以外のすべての部門で、しだいにGDP推計の価値を損なっていった[68]」。

非公式部門の活動をGDPに組み入れるようになった後、ザンビア経済に対する公式部門のシェアは、付加価値の五八パーセントと推計された。つまり、非公式部門が四二パーセントのシェアを持っていた。この推計に対し、統計局は次のような警告を発した。「私たちはザンビアの国民経済計算に非公式部門の活動を含めたことが、他の諸国と比べて、さらにこの部門を除外してきた過去の推計と比べても、この国のＧＤＰを過大に見せる傾向があることを警告したい。また、経済活動をモニターする調査が欠如した中で、将来、指標に基づいて部門間関係を修正するのは困難だろうということも認識しなければならない」[69]。

タンザニアでは、一九九二年の価格に基づく新たな不変価格での時系列データに付随した報告書は、次のように言明している。「数字の背後にどんないきさつがあるのか、産業の中で経験されたことにデータは適合するのかを明らかにするために、大きな努力が払われた。これは以前には強調されてこなかった点である」。この言明は、データ自身に語らせる代わりに、統計局が、経済の流れについてそれまで知られていた、あるいは仮定されてきたものと、修正された数字とを比べることにしたことを示している[70]。統計局は、構造変化、とりわけ一九八〇年代後半の変化は、入手可能な統計には反映されていないこと、その結果として付加価値の過小評価が生じていることを指摘している。「この欠陥による誤差は、ＧＤＰの三〇パーセントから二〇〇パーセントにも達すると推計される」[71]。ＧＤＰ水準の新しい推計は、改訂プロジェクトの一部として着手された運輸、商業、建設部門の新たな調査の結果を含めて、入手可能なデータを計算に取り込むことによって作成された。一九七六年版の推計方法では、「民間部門はカバーが足りなかったか、ときに全くカバーされていなかった。成長しつつある非公式部門は、全体としては算入されていなかった」[72]。一九九二年に新しいＧＤＰ水準が出されると、これらのデータを一九八七年に戻して推定することによって、時系列データが作られた。過去への流れの計算の仕方を決めるとき、タンザニアの統計担当者たちは、改訂版GDP時系列の前提を変更した。彼らは、非公式部門は公式部門と同じ動きをするのではなく、公式経済が衰退していくときに、非公式経済が増大すると予想したのである。

非観測経済と観測された経済とをどう関係づけるかというこの問題は、一九五〇年代に提起された「自給自足」あるいは「伝統的」な生産物に関係した問題と類似している。非公式部門の「発見」は通常、一九七二年のILO報告書と一九七三年のキース・ハートの論文の手柄とされている。(73)しかし、この部門の潜在的生産力はまだ知られていない。(74)非公式部門は経済成長の独立した源なのだろうか、それは需要と供給の点で公式部門に依存しているのか、それとも公式部門の崩壊から利益を得る寄生部門なのだろうか。国民経済計算統計から得られる事実は、測定された経済と測定されない経済との間の仮定的関係を表したものであり、その仮定はしばしばデータ利用者にとって透明ではない。結果として出てくる数字は、したがって、疑ってかかるべきであり、例えば公式経済と非公式経済との関係を検証する経験的観察として使える生データとしてではなく、歴史的証拠として批判的に取り扱うべきである。

こうして、一九九〇年代後半に、ザンビアとタンザニアの両国は、構造調整後の国民所得の大幅な上向きの見直しを経験したのである。両国とも、一九六〇年代後半から一九八〇年代の危機まで、国家主導の開発の道を歩んでいた。この間に、便宜上、そしてイデオロギーの上から、商業、サービス、そして生産（国のマーケティング・ボードを通じて暗黙のうちに）のデータは半官半民の企業によって収集されたが、それは経済全体を代表しているものとみなされていた。これらの国家機関がサービスを提供できなくなったり、許容できる価格でのサービス提供が不可能になったりしたときに、経済的主体は非公式で並行的なものへと変わった。一九七〇年代後半から一九八〇年代前半に国民所得推計が大幅な減退を記録したのは、これが理由だった。この記録されていない構成要素の運動および／または大きさを正しく測定することは不可能である。ザンビアとタンザニアは非公式部門の推計を含めるように経済を見直したが、国民経済計算の担当者たちはこの経済的変化を正確に測定できていない。その結果、国民所得の時系列データは、国を越え時間を越えて所得を比較したいと考える研究者たちが一人当たりの所得推計を出そうとする際に、彼らを誤りに導く可能性をもっている。

結論

本章では、国民所得統計を状況や歴史の中で捉えてきた。私は、いかに国家の役割が、したがって国民所得統計の基盤が、二〇世紀にアフリカ諸国の権力と共に変化したかについて語った。さらに、いくつかの国が市場主導の開発ではなく、国家主導の開発に力を注ぎ、その選択が、いかに経済活動の内容に影響したかについて論じた。二〇世紀のアフリカでのデータ収集について、三つの特徴を挙げることができる。第一に植民地のデータ収集と独立後のデータ収集との不連続性、第二に農業部門に関する信頼性のあるデータの不足、第三に一九六〇年代、一九七〇年代の開発国家から、一九九〇年代の自由化された国家への変化である。これらの側面の重要性については、さらに

第三章で具体的に述べる。

第一の特徴から見ていこう。多くの歴史家が強調するように、一九四〇年代の植民地国家を一九六〇年代、一九七〇年代の独立開発国家と比べたとき、継続性があることは明白である。しかし、独立はまた明らかな不連続性をも示している。いくつかの国民所得推計は最初、植民地という状況下で作られたが、これらの推計はいくつかの重要な面で独立後のものとは異なっていた。独立した学者たちが作成した国民所得推計と公印が押されたそれとの間には違いがあった。公式の植民地経済計算では、食糧生産に与えられた重みは全くないか、無視できるほどのものだった。「青書」と呼ばれた大英帝国の年次植民地記録には、輸出入、税金と支出、公式の雇用と公の矯正、教育、保健施設についての統計は含まれていたが、農業生産および工業生産のページは空欄だった。[75] 先に議論したように、植民地推計はこれらの活動を生産の分類には含めていなかった。国民経済計算体系には、これらを含めるという規定があった。市場に出される生産はすべて含まれるべきだということである。独立後、国家当局のために働く統計専門家たちは、この生産を含めようと努力した。総人口推計も同じ力学に従った。第三章で見る国勢調査の例は、実際に起こった変化をきわめて明確に示すだろう。

一方で、植民地時代と独立後の時代を通じて、統計収集の方法に驚くべき継続性、あるいは経路依存性が見られる。東アフリカでは、公式統計の収集は一九四八年の東アフリカ統計局（ＥＡＳＤ）の創設と共に始まった。それはケニアのナイロビに本部をおき、ウガンダのエンテベとタンザニアのダルエスサラームに支部を持っていた。統計は商業、農業、移住、労働、人口について収集された。いくつかの支部が上級スタッフを共有し、このスタッフは高等弁務官の決定によって支部の間を異動した。独立後、EASDは地域的な部局に分裂し、それらは各国政府の支配下に置かれた。そして、縮小されたEASDは、新たに創設された東アフリカ共通サービス機関の下で存続した。[76]

一九七六年に東アフリカ共同体の解体に伴って、EASDも解体した。より多くの責任が、各国の統計局に負わされることになった。外国貿易についてのデータの編集はウガンダの関税物品税局に委ねられ、データ収集はケニアのモンバサの電子データ処理施設に任された。ウガンダはタンザニア、ルワンダ、コンゴ民主共和国、スーダンとも国境を接しているにもかかわらず、二〇〇八年まで、ウガンダの外国貿易の統計は、ケニアのモンバサ港を通過する物品についてしか収集されなかった。[77]一部には、これは植民地時代の優先事項の名残である。当時は非アフリカ世界との輸出入の公式に記録された統計だけが重要だったのである。しかし、これには一九七〇年代から一九八〇年代に起こったウガンダの崩壊の規模と、ウガンダと国境を接する諸国とがごく最近まで紛争地域だったという事実も関係していた。また、構造調整以来、輸出入に対して関税が徴収されなくなったため、ウガンダ政府は国際貿易の記録を取ることに財務上の利害をほとんど持たなくなったことも理由である。ウガンダ統計局がようやく貿易について調査をしたとき、出した結論は「非公式な対外貿易が重要であり、これは家族の福祉や国家の経済成長に多大な貢献をしている」というものだった。[78]これはウガンダにとって経済的地域政策の方向転換の可能性を開くものである。

第二の特徴は、第一章と第二章で強調したように、農業生産に関するデータが弱いということである。これらのデータは競合する方法や仮定を用いて集められているため、最終的な時系列データの見解は統計局の裁量の問題になってしまう。このことは、時系列データが利害関係者たちから疑問視された場合、統計局を弱い立場に立たせる。第三章で、競合する農業生産時系列データに関係する議論の一例を詳しく検討する。ここで強調すべき第三の特徴は、一九八〇年代、一九九〇年代に導入された構造調整政策の後、国家のあり方が根本的に変化したことである。国家の権能は大幅に縮小され、かつての干渉主義国家は自由化され、力を削がれた。データへのアクセスは変化し、政治的優先事項も変化した。統計局は、計算方法の見直しに続き、彼らの仮定の調整を行った。これらの変化の影響については、さらに第三章で論じられる。

この議論に直接的因果関係を読み取ろうとしないことが重要である。統計能力は、一九八〇年代の一般的な経済的、政治的危機に伴って劣化していった。ＩＭＦと世界銀行の過ちは、関与したことではなく怠慢だったことにある。つまり、統計の改革は緩慢で不完全なものだった。そして、構造調整改革の意図せぬ結果の中には、統計能力の劣化が含まれている。自由化と国家の役割の縮小が、国家の情報収集への動機と能力の両方を制限したことは明らかである。しかし、データの必要性は、とりわけ開発動向の国際的監視との関連においては、縮小してはいない。国家が自国の開発を監視する動機と能力が縮小したのである。

キリックがガーナに関する著書『活動中の開発経済』の新版への新たなあとがきを書いたとき[79]、

彼はマクロ経済データについての一般的警告を再び行った。彼はさらに、「この状況は時間がたっても改善されていない。実際、ある地域では、今日の統計サービスは一九六〇年代前半よりも信頼性が薄くなっているかもしれない」と指摘している。[80] この指摘は、世界銀行は国民所得推計作成の遅々とした進行を待つことができず、そのかわりに自ら準備した「より脆弱ではあるが『最新』の統計の採用へと動いている」というウォードの観察と共通点を持っている。[81] それらは「数字についての合意」であり、世界銀行と各国代表たちとの交渉の結果であった。[82] ウォードによれば、実際、「現場」で仕事をしている多くの統計家にとって、いくつかの国でより健全な、しかし時間のかかる手順に取って代わったこの人為的データの発展は危険なものと思われた。なぜなら、それは仮定と仮説とを公式の数字に紛れ込ませるからである。本物の測定は二の次にされる。実のところ、多くの国で、とくに最貧国では、現実の詳細な原始データに基づく公式なGNP推計は最近存在しないのである。[83]

このように、経済危機は貧弱なデータと関連している。アフリカでは、混乱が行政能力や統計システムを揺るがした。政府や国際的金融システムの対応は、政策文書を作成するために真面目にデータ収集するのをやめて、その代わりに交渉による数字に頼るというものだった。しかし、これらの数字は、開発に関するよい情報を生み出さなかった。

これはデータ利用者にとって何を意味するのだろうか。キリックは、研究者は入手できる有効なデータを最大限活用しなければならないと感じている。なぜなら、「もう一つの選択肢は沈黙であるが、これをデータ不足によって正当化することはできない」からである。[84] だが、一九六〇年代から二〇一〇年までの経済成長の記録と報告されたGDP推計は、データや方法、国家の行動の違いを考慮にいれて解釈する必要がある。この点は、第一章の結論として述べたことだが、そこで私は、コリアーが、データ問題が一九八〇年代から一九九〇年代における衰退の過小評価の原因ではないかと推測していることを報告した。[85] コリアーの推測はおそらく正しくない。第一章で指摘したように、GDP推計のための方法とデータが古くなればなるだけ、所得が過小評価される可能性は高まるのである。

経済成長に関する結果もまた、予測されたものとは正反対だった。ほとんどの国が、国民経済計算を作成するのに主として行政データに依存したため、衰退は過大評価された。国家が物品の売買に直接関与することが少なく、物や人を輸送することも少なく、サービス提供も少なく、一般に国家による介入を小さくする政策をとっていた場合、経済の衰退の比率をカバーできる有効データも少なかった。後で示すように、非公式部門の調査が経済のこの成長しつつある部分をカバーし始めるまで、所得と成長は過小評価されていたのである。さらに、構造調整後の成長の過大評価がこれに続いた。この点は第三章で論じる。

一九六〇年代から一九七〇年代という早い時期の成長についてはどうだろうか。これは、私たちが最善のデータを持っている時期である。多くの国が独立後新しい推計を作成し、それはかなり包括的で広範にわたるものだった。この点から、初期の成長が著しく過大評価されていたという可能性は低いといえる。経済活動を貨幣化し公式化するプロセスはすでに植民地時代に進行しており、独立直後も続いていた。独立後のデータの信頼性に影響を与えた最も重要な出来事は、一九七〇年代後半の経済活動の非公式化であった。それは、今日のアフリカ経済の富と発展を比較することの大きな妨げとなっている。

これは、データが利用不可能だということを意味するのだろうか。各国経済を順位付けるのに利用できないことは明らかである。そして、同様に、最新の成長データは独立したデータ推計ではなく交渉による予測の結果であるということも容易に理解できる。最後に、一九六〇年から二〇一〇年までの間の長期時系列データあるいはこの枠内の成長期の分析は、一次データへの細心の注意なしには行えない。こう言ったからといって、ダウンロードできるデータセットの統計的検定をしろというのではない。時系列データの実際の評価のことを言っているのである。それには、国家レベルの知識と、統計がいかにして作成されるかに精通していることが関係してくる。

一九九〇年代半ば以降の開発経済学の傾向として、クロス・カントリー回帰を伴った大規模研究への大きな流れがあるが(86)、そこにはデータの問題への理解は全くなかった(87)。このことは、独立後のアフリカの不正確な経済史につながるナンセンスな、あるいは誤解を招くような研究成果を生み出すことになった。現在、アフリカ諸国の国民経済計算のデータの把握には各国間で大きなギャップがある。このギャップは時と共に広がったり、減少したりしてきた。こうした変化は、価値中立的ではない[88]。それには、国家や非公式部門、農業部門の重要性についての理解の変化が伴ってきた。アフリカ諸国の統計能力の再構築については第四章で議論するが、再構築はこのことの認識から始める必要がある。それは、だれがこれらの数字を作り、何がこれらに算入されるべきかについての合意のプロセスの問題である。

第三章　事実、仮定、そして論争

データセットから学ぶこと

データの質の問題を提示されたとき、エコノミストの示す反応は「それは重要なことですか?」というものだ。答えはイエスである。本章は、データの質がなぜ、どのように問題なのかを示すいくつかの事例研究を見ていく。ここで示す事例では、二つあるいはそれ以上のデータセット、または同じデータセットのいくつかの版が直接対立するが、額面上は、あるデータセットが他のものに対し優位性をもつ明確な理由はない。事例はさらに、データセットが、相反する政治的意味を持つ、競合する学問的解釈を支えていることをも示す。

事例研究は、アフリカ諸国の経済分析、社会分析にとって間違いなく最も重要な三つの変数、つまり総人口、農業生産、国民所得の変化に関して、驚くべき、そして十分立証された不一致があることから選ばれた。各事例は互いに関連性があるだけでなく、一般的問題を代表しており、測定はたんに技術官僚の職務遂行ではないという主張に数値的証拠を提供している。「事実」が組み込まれた政治経済学が問題なのである。

第一のケースは、ナイジェリアの国勢調査についてである。それは、おそらく国家の政策立案者にとって最も重要なデータである総人口のデータについての政治的論争が、いかにデータの利用を困難にしているかを示している。第二のケースもまたナイジェリアに関係しているが、こちらは、一九八〇年代以降の農業生産の推計をめぐる論争である。第三のケースは、タンザニアに焦点を当て、構造改革後の経済成長の測定を問題にしている。これら三つの事例研究は、データがいかに融通の利くものか、そして政治的状況や測定方法の変化がいかにデータに影響を与えるかを示している。利用者たちは、どのデータを使うべきかの判断を委ねられている。あるいはもっと悪い場合は、同じデータ・ポイントについての相反する版の存在を知らないで、あるいは認めないで、一組のデータを選ぶのである。

ナイジェリア　人口を数える

総所得あるいは成長の傾向を推計するための基本的出発点は、人口を数えることである。サハラ以南アフリカの国民経済計算担当部署の標準的方法では、人口データを、定期的にデータを収集できない経済部門の測定のための乗数として使っている[1]。非公式部門や自給自足生産では、これらの部門の国民経済への貢献を計算するのに、一人当たりの量を使って推計が作られているかもしれない。加えて、これらおよび他の部門で、経済成長はしばしば人口増加に比例すると考えられている。人口データはもちろん、開発に関する従来型の測定——実質一人当たり所得——において中心的要素であり、正確な計算なしには、教育や保健における一人当たりの傾向について何を言っても意味がない。このように、人口についてのデータは開発の測定や実践にとって不可欠なのである。人口推計はさらに、政治にも関係しており、国勢調査は選挙の選出議員数や財政支出にも直接影響する。そのため、人口の計算は、とくに権力が激しく争われている国や、国の監視能力が弱いところでは議論の的となりやすい。

残念ながら、ナイジェリアの総人口計算のプロセスは、きわめて多くの問題と困難を含んでいる。今日私たちは、ナイジェリアの総人口の大きさを推量することしかできない。とりわけ人口増加率についてはほとんど知ることができない。ナイジェリアの国勢調査の歴史は、サハラ以南アフリカで起こりうる測定の問題の教訓的な例を示している。それはまた、ナイジェリアの植民地時代および独立後の国家の正当性を鮮明に映し出す鏡でもある。

最初の国勢調査は一八六六年に植民地当局によって行われたが、その対象となったのはラゴスだけだった。続いて国勢調査は一八七一年、一八八一年、一八九一年、一九〇一年と行われたが、やはりラゴスとその周辺地域だけが対象だった。一九一一年の調査では、それに加えて南ナイジェリア地域（一九〇六年にラゴス植民地と統合された）をも対象とした。一九二一年に、理論的には今日ナイジェリアといわれる領域の全体をカバーする初めての国勢調査が行われた。だが、実際上は、南部および北部の都市の外部での調査は厳密なものではなかった[2]。

北部でのイナゴの大量発生と南東部（アバ、オニチャ、オウェリ）での税をめぐる暴動によって、一九三一年の国勢調査の完成は妨げられた。実際に調査が行われたのはラゴスと五つのタウンシップ、北ナイジェリアの二〇一の村だけだった。最終的な人口推計は、税の記録を利用して作られた。[3] ヒルは、一九三一年の推計はおよそ七五パーセント低すぎると主張している。彼女は、実際には北部の人口は国勢調査が算出した一一〇〇万ではなく約二〇〇〇万人だったと示唆している。[4]

当時の測定や分析にとって最も深刻な問題は、植民地支配から独立への移行をめぐる不連続に関連して生まれた。一九五三年に植民地当局によって実施された国勢調査と一九六二年に行われた調査との間の時期に、ナイジェリアは独立を勝ち取った。一九五三年には、ナイジェリアの人口調査が税の徴収額を推計するための基礎となることがわかっていた。したがって、私たちは一九五三年の国勢調査には下向きのバイアスがあると確実に推測することができる。一九六二年には、状況は逆であり、ここでもナイジェリア人たちは状況を正しく理解していただろう。一九六二年の国勢調査は、連邦の開発費や投資のための土台を提供するものになるはずだった。最も重要なのは、調査が将来の投票や、連邦議会の議員数の配分の基礎となるということだった。

結果は、北部と南部の両方で、一九五三年の国勢調査と比べて高い人口を記録した。そのため、北部と南部の政治的権力争いは激しさを増した。[5] 北部人民会議が率いる政府は一九六二年の国勢調査の受け入れを拒否し、翌年別の国勢調査を行うよう指示した。一九六三年に公表された人口はまたしても激しい反発を呼んだ。今度は南部の政治家たち（ナイジェリア・カメルーン国民評議会に代表される）からであった。歴史家トーイン・ファローラによれば、その数字は粉飾されたものだと多くの人から思われていた。[6] 一九七三年の国勢調査の結果も同様に拒絶され、正当性がないとみなされた。[7] 一九八〇年代の軍政下では、国勢調査は行われなかった。一般に、独立後の一九六三年の数値が計画立案のために使われ、一九六三年をベースとした二・五パーセントという人口増加率が、一九七六年に三・二パーセントへと修正されるまで採用されていた。[8]

新たな国勢調査が、民政移管の一部として、ババンギダ政権によって一九九一年に計画された。[9] この調査の前には広報キャンペーンが行われ、外国のドナーから豊富な資金を獲得していた。[10] 結果として出た数字は、総人口が八八〇〇万人しかないことを示した。これは、一九六三年あるいは一九七三年のデータを基準年として使った場合、独立後の時期は人口増加率がひじょうに低かったということを意味する。世界銀行はこの低い推計を受け入れず、世界開発指標はいまだに一九九一年の人口を九九九〇万人と報告している。

最新の国勢調査は二〇〇一年に計画された（ナイジェリア憲法は調査を一〇年ごとに行うよう定めている）が、軍政から民政への移管のために、調査は二〇〇六年まで延期された。二〇〇六年の国勢調査のための準備は綿密に行われた。国勢調査に関する意識調査が行われたが、そこでは人口の約三分の一の人たちが、国勢調査で出された数字を信用しないということが示された。南部地域ではとくに、北部ではヤギや牛も家族の一員として数えられるのではないかという懸念が示されたが、これは、北部の政治的指導者たちは国勢調査の数字を改ざんするという広く行き渡った疑惑を反映していた。[11]

予想される否定的反応に対処するために、国家人口委員会（ＮＰＣ）は連邦レベルで国勢調査への支持を生み出すための宣伝活動を行った。NPCのメンバーは大臣や国民会議の議員たちに国勢調査の重要性を説明し、NPC委員長は州知事たちを訪問し、下位レベルのNPC委員たちは地方自治体や他の伝統的、政治的指導者たちに接触して、二〇〇六年の国勢調査についての情報を提供し、その重要性を宣伝したのである。NPCは国勢調査の相対的成功の原因をこの広報活動と、相対的に良好だった政治情勢、そして「二〇〇六年と一九九一年の国勢調査は（以前の調査と比べて）より科学的だった。両方とも最善のやり方で実施された。より正確に、よりきちんと行われた」ことにあると考えた。[12]

NPCによるこうした努力にもかかわらず、二〇〇六年の国勢調査は問題なしに行われたわけではなかった。NPCの委員長は、ナイジェリア大統領への報告のなかで、「今回の調査の期間中に、国の一部の地域で、委員会が派遣した調査員が殺害された事件があった。暴行を受けたり、追い払われたりした例もあった」と述べている。[13] 調査の結果は、またしても激しい論争を呼んだ。これに対してナイジェリア大統領オルシェグン・オバサンジョは、調査の結果に異議を唱える人たちを「混乱主義者」と呼び、彼らは国勢調査が国をバラバラにしないのを見たときには混乱を引き起こそうとするだろう、と付け加えた。そして「もしそうしたいなら調査の結果を使えばいいし、したくないなら放っておけばいい」と言って、この問題から手を引いた。[14] 二〇世紀のナイジェリアの人口規模とその増加の記録を解釈しようとする、この国勢調査の学術的利用者に対して、同様の皮肉な忠告を与えたくもなる。しかし、ナイジェリアの正確な人口規模とその増加を確認することは、

表3・1　ナイジェリアの国勢調査年の人口（単位は100万）

	1911	1921	1931	1952/53	1962	1963	1973	1991	2006
北部	8.12	10.56	11.44	16.84	22.01	29.78	51.38	47.37	n.a.
南部	7.93	8.16	8.62	13.58	23.28	25.88	28.38	41.62	n.a.
総計	16.05	18.72	20.06	30.42	45.29	55.66	79.76	88.99	140

Source: R. T. I Suberu, *Federalism and Ethnic Conflict in Nigeria*（Wachington, DC: Institute of Peace Press 2001）, 169. Adapted from R. K. Udo, "Geography and Population Censuses in Nigeria," in *Fifty Years of Geography in Nigeria: The Ibadan Story*, edited by Olusegun Areola and Stanley I. Okafor（Ibadan: Ibadan University Press, 1998）, 356; and "Report of Nigeria's National Population Commission in the 2006 Census," *Population and Development Review* 33, no. 1（2007）: 206-10.

皮肉な忠告で済ませるにはあまりに重要な問題である。表3・1は一九一一年から二〇〇六年までの国勢調査の公式の結果を示している。データは驚くほど変化しており、データが政治的理由で激しく争われてきたことから、人口水準と増加の妥当性に関して合意に達することは、ひじょうに困難である。

表3・2は、人口の黙示的年間増加率を示している。一九五三年から一九六二年または一九六三年にかけての黙示的増加率は、ともに信じられないほど高い。これがどこまで独立後の不正行為によるのか、あるいは植民地時代の値が過小だったせいなのかを正確に解明することは困難である。一方で、一九七三年から一九九一年にかけての増加率は信じられないほど低い。これは、一九六二年または一九六三年、そして一九七三年の調査での値が過大だったことを示すものと解釈できる。世界銀行は、一九九一年の国勢調査が低く見積もりすぎていると考えている。

これらの国勢調査の相対的正確さについて、ポリー・ヒル

表3・2 ナイジェリアの人口増加率の推計（単位：%）

開始年	1911	1921	1931	1953	1953	1963	1973	1991	1911	1953	1963
終了年	1921	1931	1953	1962	1963	1973	1991	2006	2006	2006	2006
成長率	1.55	0.69	1.91	4.52	6.23	3.66	0.61	2.31	2.31	2.92	2.17

Source: 表3・1のデータに基づく私自身の計算。国勢調査年の人口から複合的に計算して増加率を算出した。

は、一九五二年（一九五三年）の調査はカノの人口を三〇〇万人と見積もっているが、ヒルの見解では実際は四五〇万人に近かったことから、五〇パーセント低く見積もりすぎていると報告している。[15] 一九六三年の国勢調査はカノの人口を五〇〇万人と集計しているが、この数字は真実に近いと思われる。この解釈はコールドウェルとオカンジョの一九六二年国勢調査の読み方と合致する。彼らは「東ナイジェリアのいくつかの地域で、人口の数字の膨張があったと考えられる。だが、記録された人口増加の大きさは、おそらく一九六二年の過大申告よりも一九五三年の過小集計が原因であろう」と主張している。[16] アーサー・ルイスはこれに賛成し、もし一九五三年の結果が二〇パーセントの過小集計であったとすれば、それは一九六二年の四五〇〇万人という数字と一致する（したがって、一九六二年国勢調査の信ぴょう性が増す）と示唆している。[17] しかし、他の研究者たちは一九六二年国勢調査の誤りを発見した。一五－一九歳のグループよりも二〇－二四歳のグループの方に男性が多いことが分かったのである。これは、ありそうもないことであるが、ウモーは一つの興味をそそる説明を行った。二〇歳以上の男性は自動的に、翌年に予定されていた選挙の投票者として登録されるというのである。このことは、総人口の集計は正しいかもしれないが、選挙の投票者の資格を得るために、多くの人間が実際よりも上の年齢で報告されているということを示唆している。[18]

今日にいたっても、国家人口委員会（NPC）は悪評に悩まされている。国立統計局[19]と国家人口委員会は別組織のままであり、双方の組織の広報官へのインタビューによれば、連邦統計局（FOS）は、それでなくとも脆弱な自分たちの信頼性を台無しにすることを恐れて、NPCと合体することを望んでいない。NPCはこれに不満で、彼らは「姉妹組織」なのだから、分離しているのは「恥だ」と言っていた。[20]

この事例には二つの結論がある。一つは前向きなものであり、もう一つは否定的とはいわないまでも中立的な趣のものである。ナイジェリアの最近の国勢調査は、NPCやその他の連邦国家機関の正当性が増していると思われるような状況下で実施された。一九九一年と二〇〇六年の国勢調査は問題を含んではいたが、相対的にみれば、小さな成功とみなすことができる。これはおそらくNPCや連邦当局の意図的な努力によるものだろうが、透明性と民主主義に向けたナイジェリア国内の全般的な動きもまた、この展開に寄与していると思われる。否定的な見方としては、人口増加を推計する目的にとって、この証拠を額面通りに受け取ることはできないということである。総人口と人口増加は最も利用される変数のうちの二つであるから、これはどんな開発統計の有効性に対しても影響を与えることになる。これがあてにならないとすると、いかなる言明も――それが貧困線以下の人口であれ、一人当たりの医師数であれ――当て推量になってしまう。政策立案者たちにとっての意味も極めて大きい。どれだけの予防接種や学校が必要とされているのか、どれだけの人がそれらを受け取っているのかについて推測するのはひじょうに困難になる。

測定はたんに技術官僚の職務遂行ではない。「事実」が組み込まれた政治経済学が問題なのである。ナイジェリアの国勢調査には、植民地時代における調査の回避の問題から独立後の争いを含め、非連続性という明白な傾向がある。それはまた、「水準」をきちんとすることの重要性と困難さに気付かせるものであり、さらに、変化の測定は水準が偏っている場合にはひどくゆがめられるということにも気づかせるものである。

ナイジェリア　作物を数える

『でたらめな計画』という一九六六年に出版されたナイジェリアの開発計画についての著作の中で、ウィリアム・F・ストルパーは、「自給自足生産の無視は、開発のプロセスの深刻な誤解へ、したがって開発を加速させるのに不適切な政策や計画へとつながりかねない」と述べている。[21] 問題はいうまでもなく、この部門（とりわけ農業生産性）に関する情報が不十分、あるいは全くないということである。

それから二〇年以上経った一九八八年に、ポール・コリアーは、ナイジェリアの食糧生産の入手可能なデータを検証した。その出発点は、一九七〇年代、一九八〇年代に「複雑な出来事と弱いデータの結合」が矛盾した分析を生み出したというところにあった。この国の食用作物に関するデータは、当時四つの情報源から提供されていた。もちろん、実地調査に直接基づいた唯一の情報源は、連邦統計局が公表したデータだった。しかし、コリアーは、これらの時系列データは「高い頻度で信じがたい」ものであり、とりわけ、これらはしばしば農業開発プロジェクトからのデータと矛盾すると指摘している。[22]

ナイジェリア中央銀行が提供したデータも同じ情報源からのものだが、より高い生産量を報告している。コリアーの指摘によれば、それは中央銀行が「連邦統計局の商品作物についての時系列データを、連邦統計局の推計が下方に偏っていると信じて、恣意的に三〇パーセントも増加させている」からである。[23] コリアーが分析した当時の、残り二つの情報源は、国連食糧農業機関（FAO）と米国農務省（USDA）が公表したものだが、どちらのデータも間接的な推計であり、「需要と輸入の認知された傾向を考慮に入れ、生産を残余とみなしていた」。データは「実際の生産にしっかり基づいているものではない」にもかかわらず、正当な理由もなしに、コリアーは「……これらの時系列データは食糧生産における長期的傾向の最良の指針を提供している」と結論づけている。[24]

表3・3の時系列データ間の差異は驚くほどである。一般に、FAOとUSDAの時系列データはより積極的である。連邦統計局の時系列データは、ヤシ油を除くすべての作物でマイナス成長を示している。ひじょうに重要な二大食用作物であるキャッサバとトウモロコシの増加率は、一〇年の間に総収穫量が半減したことを意味している。FAOの時系列データによれば、増加は二〜三パーセントであり、同じ時期の人口増加率の標準的な推定と足並みをそろえている。

表3・3　ナイジェリアの主要食用作物生産の年間増加率
1970－1982年（単位：%）

	FOS[1]	CBN[2]	USDA[3]	FAO[4]
ソルガム	－0.9	1.3	－0.5	－0.5
ヤムイモ	－3.5	－1.3	1.6	n.a.
キビ	－0.1	2.1	－0.1	0.0
キャッサバ	－8.5	－6.5	0.0	2.1
ヤシ油	2.4	2.4	2.4	2.4
トウモロコシ	－6.3	－4.3	2.5	2.5
米	－0.1	2.1	6.9	5.1

[1] 連邦統計局
[2] ナイジェリア中央銀行
[3] 米国農務省
[4] 食糧農業機関
Source: P. Collier, "Oil Shocks and Food Security in Nigeria," *International Labour Review* 127, no. 6（1988）: 764. According to Collier, the data are from the World Bank, 1985.

ナイジェリアの農業部門の成長率と傾向の両方が議論の的となってきた。「でたらめな政策決定」という一九九二年に出版された構造調整政策についての論文――題名はほぼ三〇年前に出版されたストルパーの著作をもじっている――のなかで、ポール・モズリーは、データの欠如は「むしろひどくなっている」と述べている(25)。

実地調査に基づき、連邦統計局の承認を得た、農業生産に関するあるデータセットによれば、構造調整プログラムの後、ナイジェリアの食糧生産にはマイナス成長が見られる。FAOとナイジェリア中央銀行の承認を得た他のデータセットでは、食糧生産の急速な成長が見られる。これらのデータを表3・4と表3・5で示した。これら二つの異なったデータセットのもつ政策的意味はまさに正反対である。最初のデータ

表3・4　ナイジェリアの食用作物総生産高の増加率 1981－1990年

（単位：%）

	1981	1982	1983	1984	1985	1986	1987	1988	1989	1990
CBN[1]	—	—	—	—	—	—	14.8	1.6	9.4	1.3
FAO[2]	1.1	4.6	－19.5	29.9	6.7	7.0	－8.0	0.7	60.0	—
FOS[3]	－0.4	9.1	10.6	－10.9	47.9	15.9	－35.4	41.4	5.7	—

[1] ナイジェリア中央銀行
[2] 食糧農業機関
[3] 連邦統計局

表3・5　ナイジェリアの換金作物総生産高の増加率 1981－1990年

（単位：%）

	1981	1982	1983	1984	1985	1986	1987	1988	1989	1990
CBN[1]	—	—	—	—	—	－6.4	9.0	30.1	2.4	8.8
FAO[2]	－1.7	－2.2	－22.4	14.9	7.6	－2.1	18.8	17.7	－1.6	－

[1] ナイジェリア中央銀行
[2] 食糧農業機関
Source: P. Mosley, "Policy-Making without Facts: A Note on the Assessment of Structural Adjustment Policies in Nigeria, 1985-1990," *African Affairs* 91（1992）: 227-40.

セットは構造調整が機能しなかったことを意味し、二番目のデータセットは構造調整が実に効果的だったことを意味している。問題がさらに複雑なのは、どちらの結論も異なった解釈を通じて理論的にはつじつまが合うからである。一方では、国内食糧価格の自由化と輸入品の競争を減らしたことが相まって積極的な供給をもたらしたと、もっともらしく主張することができる。他方では、肥料への補助金を撤廃したことが生産の減少をもたらしたと、同じようにもっともらしく解釈することができるのである。

　モズリーとコリアーによる八〇年代の研究は、作物生産、とりわけ食

表3・6　ナイジェリアの主要農作物の推計生産高 1993－1994年

（単位：千トン）

	SA 95[1]	SA 99[2]	%Change
キビ	3,595	4,738	31.8
ギニア・コーン	5,413	6,145	13.5
落花生	2,008	893	－55.5
豆類	1,946	1,463	－24.8
ヤムイモ	15,861	22,709	43.2
綿花	263	214	－18.6
トウモロコシ	4,505	6,816	51.3
キャッサバ	17,261	31,005	79.6
米	1,303	2,943	125.9
メロン	490	108	－78.0
ココヤム	2,100	1,164	－44.6

[1] 統計摘要1995年のデータ
[2] 統計摘要1999年のデータ
Source: Federal Republic of Nigeria, *Annual Abstract of Statistics 1995*（Abuja: Federal Office of Statistics, 1995）; Federal Republic of Nigeria, *Annual Abstract of Statistics 1999*（Abuja: Federal Office of Statistics, 1999）.

用作物のデータに関して、かなりの疑問があることを明らかにした。これらの問題はいまだに解決していない。このナイジェリアについてのデータセットをまとめていた時、私は公表された作物の統計に大きな差異があることを発見した。一九九五年の統計摘要に報告されているデータと一九九九年の統計摘要に報告されたデータの比較を表3・6で示した。[26] これを見ると、データソースによって違いがあるだけでなく、同じ機関が一九九三－九四年という同じ年について全く異なったデータを報告していることがわかる。

　これらの食い違いは総体としての国民所得推計に重大な影響を与えるものではないかもしれないが、差異は物理的に莫大である。キャッサバ一四〇〇万トンとヤムイモ七〇〇万トンという差異は、人々の食生活はもちろんのこと、この国の輸送、流通、小売り部門にかなりの影響をもったはずである。

連邦統計局は、独立以来、作物生産についてのデータを供給してきた。データは各年の収穫面積推計と収量推定値との積に基づいているが、伝えられるところではこれらは年ごとの標本調査に基礎を置いている。一九九五年と一九九九年の統計摘要の公表の間の時期に、表3・6に見られるような生産高データの上方修正があった。興味深いことに、収量と面積データはそれに応じて調整されてはいない。実際には、収穫面積は同じにとどまっているが収量は下方に調整され、したがって総計だけが上方修正されているのである。面積と掛け合わせた収量は一九九五年の統計摘要では総計と一致しているが、一九九九年の摘要では真実からは程遠くなっている。すべての作物の物的生産の総量は、四二・八パーセント上方修正された。これは二三〇〇万トン以上にもおよぶ大幅な加算である。すでに指摘したように、測定するのが困難なので悪名高いヤムイモとキャッサバが、この増加の九〇パーセントを占めていた。

タンザニア　構造調整を算定する

入手可能な国際データセットはどれも、統計機関が提供する国民経済計算ファイルを出発点としている。推計を国際価格によって表し、異なった一次データソースを使うことは、所得水準に関して混乱を生み出す。このことは、成長推計に影響を与える。この節ではタンザニアを例にとって、

表3・7　タンザニアの年間成長率についての相関行列 1961－2001年

	タンザニア	PWT[1]	マディソン
タンザニア	1.00	0.23	0.75
PWT[1]	0.23	1.00	0.26
マディソン	0.75	0.26	1.00

[1] ペン・ワールド・テーブル

Source: National Account Files of Tanzania; World Development Indicators, 2003; Alan Heston, Robert Summers, and Bettina Aten, Real GDP per Capita (Constant Prices: Chain Series), Penn World Table Version 6.2, Center for International Comparisons of Production, Income and Prices, University of Pennsylvania, 2006; Angus Maddison, Historical Statistics of the World Economy: 1-2006 AD, 2009.

いかにして異なった基準年による成長の時系列データを調整することが、幻の成長を生み出しているかを示そう。国家の統計機関が提供する不変価格による成長の時系列データはときに改訂を行うが、これが成長率に影響を与える。さらに、異なった基準年によるさまざまな公式の時系列データが同じ年をカバーしている。

こういったやり方が報告された成長率にどのように影響しているかを検証するために、私はタンザニアの公式データ、ペン・ワールド・テーブル、マディソン・データセットの一九六一年から二〇〇一年までの年間成長率データから、相関行列を作成した。その結果は表3・7に示されている。世界銀行の最新のデータセットが一九八七年以前の成長統計を報告していないので、世界開発指数（WDI）のデータはこの検証から除外されている。タンザニアの公式時系列データはすべての時期をカバーしてはいないが、異なった不変価格データからの成長率を使って時系列データを作成することができる。相関行列は通常、諸変数が体系的に一緒に動くかど

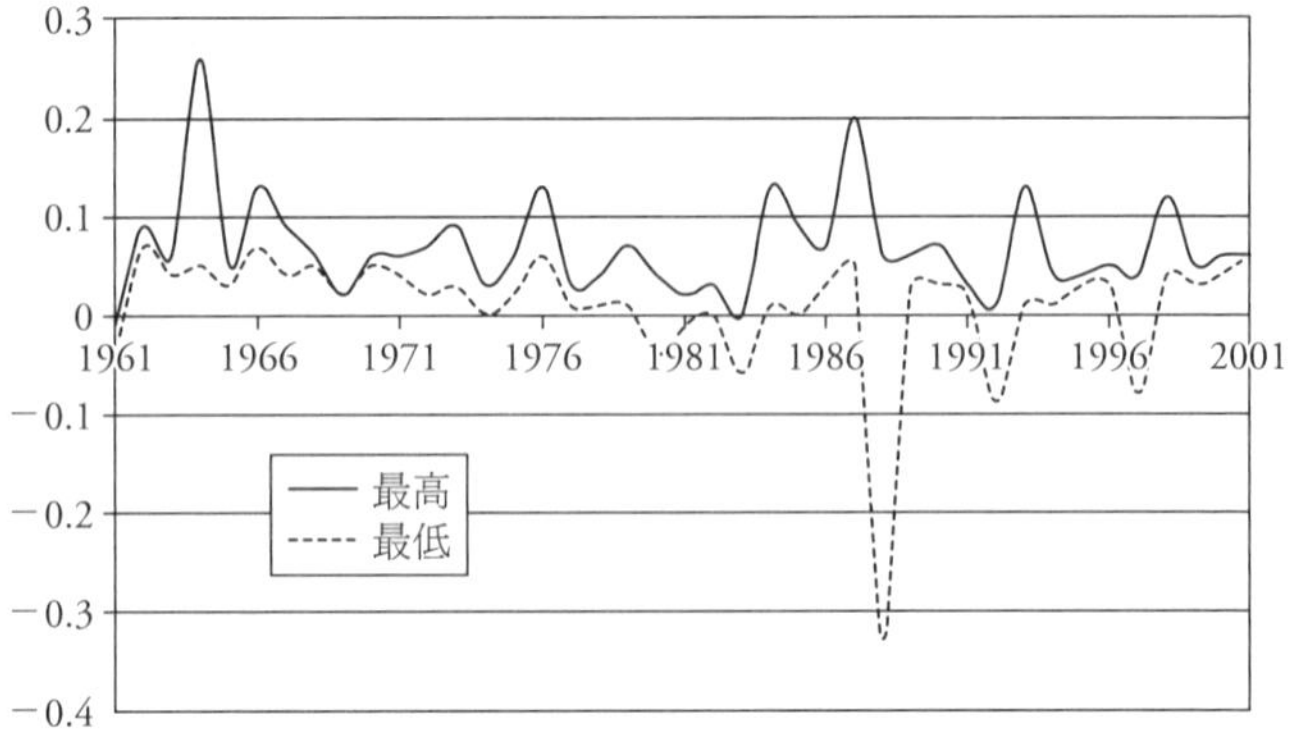

図3・1　タンザニア、GDP 年間成長率の相違の幅 1961−2001 年

Source: Tanzania National Account Files; World Development Indicators 2003; Alan Heston, Robert Summers, and Bettina Aten, Penn World Table Version 6.2, Center for International Comparisons of Production, Income and Prices, University of Pennsylvania, 2006; Angus Maddison, Historical Statistics of the World Economy: 1-2006 AD, copyright Angus Maddison 2009.

うかを見るために使われる。表3・7は、同じ国の同じ年の年間成長率を比べている。私たちは高度の、あるいは完全な一致を期待するが、それは各情報源の間での一または一に近い値の相関で示される。

各情報源の間での年間成長率の不一致は著しい。ペン・ワールド・テーブルとタンザニア統計局との成長率があまりに一致していないので、これら二つのデータセットは（おそらく同じ現象を同じ方法を使って叙述しているのだが）お互いに何の関係もないと言わざるをえない。同様に、マディソンのデータとペン・ワールド・テーブルも互いに関係がないように思われる。マディソンとタンザニア統計局の公式統計との呼応はましではあるが、説得的というには程遠い。変化のパターンを詳細に見るために、三つ

表3・8　タンザニア、各データソースによる平均年間成長率 1961－2000年

	WDI	タンザニア	PWT	マディソン
1961－1965	—	3.4	8.4	4.6
1966－1970	—	6.0	5.8	6.0
1971－1975	—	4.6	3.8	4.2
1976－1980	—	3.2	4.4	3.0
1981－1985	—	0.8	4.2	0.4
1986－1990	—	5.6	0.2	3.8
1991－1995	1.8	2.2	2.2	2.0
1996－2000	4.2	4.6	3.2	3.0
1961－1979	—	4.3	6.1	4.6
1980－2000	—	3.3	2.1	2.2
1961－2000	—	3.8	4.0	3.4

Source: World Development Indicators（WDI）2003; Tanzania National Account Files; Alan Heston, Robert Summers, and Bettina Aten, Penn World Table, Version 6.2, Center for International Comparisons of Production, Income and Prices at the University of Pennsylvania, 2006; Angus Maddison, Historical Statistics of the World Economy: 1-2006 AD, Copyright Angus Maddison 2009.

のデータソースで見つけた最高年間成長率と最低年間成長率を図3・1にまとめた。報告された成長率の最高値と最低値は各年のデータソース間の相違の幅を示している。

一九六一年から二〇〇一年までの年間の相違は平均すると六パーセントである。それは、均等に分布してはいない。一九八〇年代、一九九〇年代のタンザニアの成長に関しては、深刻な不一致が存在する。ペン・ワールド・テーブルによれば、タンザニアの経済は一九八七年に二〇パーセント成長した。翌年、ペン・ワールド・テーブルは三三パーセントのマイナス成長を記録した。表3・8は、さまざまな時期について平均を計算した場合、これらの

差異がどのようにまとめられるかを示している。この表で、私は異なったデータソースに従って、異なった時期の年間成長率の平均を計算した。平均を出す際に、不確実なデータを完全には除去できていない。すべてのデータソースがタンザニア経済は急速に成長していると認めた一九七〇年代を除いて、データソース間の相違は大きい。実際、タンザニアが一九六一年の独立後の時期に停滞を経験したと理解するか、それとも急速に成長したと理解するかは、もっぱらその人が参照したデータソースにかかっている。一九八〇年代が穏やかな成長の時期だったのか、停滞、あるいは完全な後退を示したのかについては、さまざまな解釈が可能となっている。

異なったデータソース間のこの相違は、タンザニアの経済成長について、各データセットの編纂者が成長についての時系列データを調整するために、さまざまな版の公式データを入手できるということに起因する。タンザニアの独立後の公式成長記録は、四つの不変価格時系列データでカバーされている。最初の時系列データは一九六四年の価格に基づいていて、一九八二年まで続いた。二番目の時系列データは一九七六年の価格に基づき、一九七六年から一九九三年をカバーしている。三番目の時系列データは一九八五年の価格に基づき、一九六一年から一九九五年までのすべての年を含んでいる。四番目の時系列データは一九九二年の価格に基づき、一九八七年から二〇〇一年をカバーしている。[27]

図3・2はタンザニア中央統計局が公表した四つの異なった時系列データに従って、総成長率をまとめたものである。この図は、タンザニアの経済成長時系列データの異なった版を調整すること

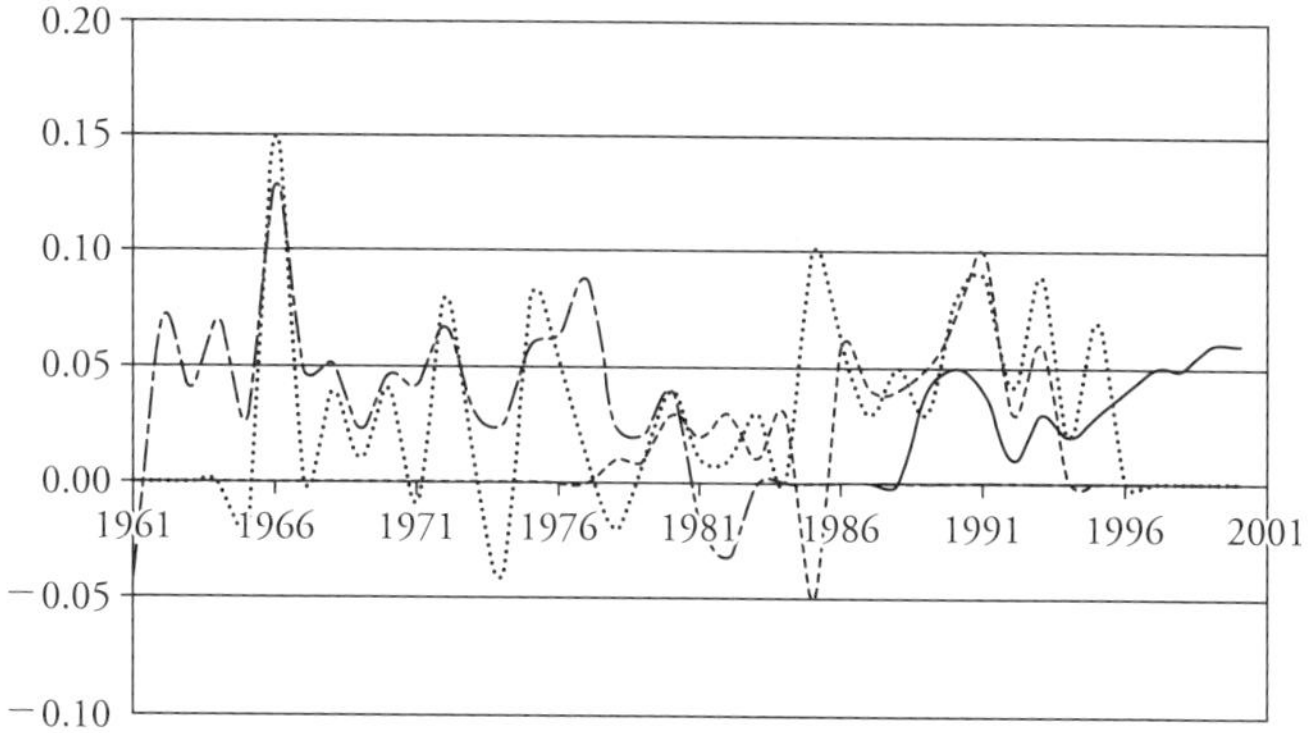

図3・2　タンザニア、不変価格でのGDP成長率 1961−2001年

Source: National Accounts Tanzania（various editions）.

がいかに困難かを示している。とりわけ一九七〇年代後半からの経済実績に関して、そう言える。この時期の推計間の差異は、公式ルートの外で市場に出された農業生産高を考慮に入れる際の異なったやり方に由来する。一方、一九八〇年代後半から一九九〇年代前半の成長回復期における推計の差異は、公式・非公式の市場ルートでの生産高の不適切な記録を訂正するために、どのような仮定が行われたかによる。非公式の市場が拡大していたことは知られていて、それぞれの時系列データがこの間違いを異なった方法で訂正した。さらに、一九七〇年代の衰退の広がりとそのタイミングの「捉え方の」違いが、時を越えたタンザニアの経済実績の比較を不確かなものにした。

タンザニアは、サハラ以南アフリカの中で最も集中的に研究されている国の一つである。とりわけ、経済開発に関心をもつ研究者によって取り上げられている。(28) タンザニアの初代大統領であったムワリム（先生という意味）ジュリウス・ニエレレの際立ったカリスマ性と彼の考え、とりわけウジャマー（連帯あるいはアフリカ社会主義）という考え方の魅力のために、一九六〇年代以降、ダルエスサラームは開発研究者たちの知的拠点であった。同様に、一九七〇年代、一九八〇代には、タンザニアのドナーに対する要請が、タンザニアへの援助と経済開発政策の有効性に焦点を当てた研究を促した。ニエレレ後のタンザニアは、いくつかの理由から研究者の注目を維持したが、その理由の中には経済改革、政治改革への期待や、研究者とドナーとの既得権利が含まれていた。研究者たちのタンザニアへの関心の程度を示す例として、タンザニアの非公式経済に関して二つの研究論文が出版されていることが挙げられる。(29) この主題に関して、アフリカの他の国については研究もデータもほとんどない。これらのことから、タンザニア独立以来の成長と開発の記録はかなり充実していると、人は期待するかもしれない。しかし、本章の表や図が示しているように、それは事実ではない。

一九六七年のアルーシャ宣言に続く一九七〇年代、タンザニアの経済活動はしだいに、国家が直接的に、あるいは半官半民の補助機関を通じてコントロールするようになった。その結果、一九七六年の国民経済計算の改訂版では、商業、金融、工業についてのデータのほとんどは半官半民の企業から集められた。一方、農産物のデータは主に国のマーケティング・ボードから集められた。国家は外的ショックによって打撃を受け、公的収入や支出は抑制され、国家の農業生産物のマーケティングをコントロールする力は弱まった。公的価格の設定は低すぎたので、農民たちは代替市場に向かった。最初のうち、国家は並行市場や非公式市場の成長に強く抵抗した。[30] ドナーやIMF、世界銀行からの圧力で構造調整政策による改革が行われたが、これはタンザニアの政治的姿勢を市場の方へ転換させ、自由化への流れを引き起こすことになった。その結果、公式活動から非公式活動への大きな構造的変化が生まれたが、これは政権が資金に困窮した時期と重なった。統計局とデータベースの集計者たちは、選択を迫られた。公式部門が衰退したことによる経済活動全体での劇的な減少を報告するか、それとも非公式部門での増加が公式活動の減少を埋め合わせると想定するかのどちらかであった。一九九七年まで、タンザニアの統計サービスには、こうした新しい経済的現実に適応するためのデータもなければ資金もなかった。

こういう事情で、並行／非公式市場の成長効果は、一九九七年版以前の公式統計ではほとんど欠落している。コリアーらは次のように報告している。「この国の非公式経済は、主に小規模農民からなる農業部門の生産のほとんどを占めている。農民は輸出用の非食用作物から自分たちの自給自足や地域の非公式の取引のための食用作物へと生産を変えていったと思われる」。[31] トリップは、同じ時期に都市の非公式経済の成長があったことを強調した。[32] 一方で、マリヤムコノとバガチュワは、一九九〇年には、記録されていない経済は「公式GDPのほぼ三〇パーセントに達していた」と推計している。[33]

一九九七年に、GDPの推計に使われる方法とデータの完全な改訂が行われた。新しい時系列データは一九九二年の価格を基準として、一九九三年の国民経済計算体系の方法論を利用した。この版の統計担当者たちは、公式経済の衰退と非公式経済の成長がそれまでの統計には反映されていないこと、したがってそれまでの総付加価値の推計は低く見積もられていることを指摘している。「この欠陥の大きさは、GDPの三〇パーセントから二〇〇パーセントにまで及ぶと推計される」[34]。新しい推計は、運輸、商業、建設部門の新たな調査も含んでいる。報告書は、それまでの時系列データでは、「民間部門はあまりカバーされておらず、ときには全くカバーされていなかったし、成長しつつある非公式部門は全般的に算入されていなかった」と指摘している[35]。新しい時系列データは非公式部門を算入し、それによってより高いGDPを記録した。

世界銀行の出版物が、タンザニアの国民経済計算方法が一九九五年に修正され、改訂された時系列データが一九九七年に公表されたことを記録しているのは注目に値する[36]。先に指摘した通り、これらの改訂は一九八七年までしか遡っていない。したがって、世界銀行はそれ以前の時期については成長データを記録しないことに決めたのである。すべてのデータ編纂者が二つの時系列データの調整という問題に気付いたわけではない。ペン・ワールド・テーブルが対立する時系列データを調整しようとしたとき、どういうわけか、彼らの時系列データの一九八八年の年間成長率に大きなマイナスの値（マイナス三三パーセント）が記録された。これが、データ利用者を間違った結論に導いた。『経済成長ハンドブック』でダーラウフらは、「マイナス生産高ショック」は低所得国家の典型的な現象であると主張した[37]。「生産高ショック」が純粋に統計的な人工物であることに気付かず、彼らはタンザニアの一九八七年から一九九〇年の時期を生産崩壊の「トップテン・リスト」に入れてい

表3・9　タンザニアの年間経済成長率 1985－1995 年（単位：%）

	1985	1986	1987	1988	1989	1990	1991	1992	1993	1994	1995	平均
PWT 6.1	9	6	20	－33	5	3	3	－9	13	1	3	1.9
PWT 改訂版	9	6	20	—	5	3	3	－9	13	1	3	5.4
マディソン	0	3	5	4	3	4	2	1	1	2	4	2.6
国のデータ 1976 年版	－3	3	5	4	4	5	6	4	4	—	—	3.6
国のデータ 1985 年版	7	7	6	6	2	7	6	4	4	3	5	5.2
国のデータ 1992 年版	—	—	—	4	3	6	3	2	0	1	4	2.9

る。経済開発の専門家がその国の専門家ではないとき、事実からフィクションへの道は短いと言えるだろう。

最近出版された『アフリカ経済成長の政治経済学一九六〇－二〇〇〇』はこれまでのアフリカ経済成長の研究のなかで最も包括的で技術的に洗練されたものである。[38] 国の専門家の手によって、タンザニアの成長がより入念に取り扱われることが期待される。ムワゼとンドゥルはタンザニアの改訂についてよく知っており、計量経済分析のための図への脚注に「一九八八年は記録の欠落として扱う。なぜなら時系列データはその年に間違った大幅な下方修正を示しているからである」と記している。[39] しかしながら、一九八八年のデータをたんに拒絶することは、ペン・ワールド・テーブルの時系列データの問題を解決することにはならない。それは、実のところ、問題を悪化させるのである。

表3・9に示したように、誤った下方修正は結果として、改革期の成長が急速に回復したという仮説を誤って支える。一九八七年に、ペン・ワールド・テーブルでは大幅な成長が

見られるが、この増加は他のどの成長統計からも支持されていない。結果的に、ペン・ワールド・テーブルの改訂された時系列データは、タンザニアの構造調整後の成長を著しく過大評価している。一九八八年のデータを否定する以前には、時系列データは一九八五年から一九九五年までの成長率を年平均二パーセント以下と測定していた。一九八八年を無効とした後では、年平均成長率は五・四パーセントに跳ね上がった。一九八七年について、ペン・ワールド・テーブルは二〇パーセントの成長を記録しているが、マディソンと公式データは五パーセントと報告している。

ここで提供した証拠が証明しているように、タンザニアの成長記録に関しては、かなりの不確実性と誤った解釈の余地がある。独立後のタンザニアの経済成長の分析は、信頼性のないデータに悩まされており、政策の変化と経済成長の時期との因果関係の主張は、細心の注意をもって扱われるべきである。さらに、この事例研究の結果が意味するのは、この一国の個別事例の範囲を越える問題である。

データ論争の教訓

私は、競合するデータセットに関する議論について、三つの事例研究を選んだ。なぜなら、それらは特に十分に立証された、人目を引く事例だからである。それらは広い関連性を持っている。この節では、それらが他の国の同じような状況とどう関係しているかを議論する。さらに、それぞれのデータセットが異なった学術的結論を支え、相反する政策的意味を持つことに光を当てていく。

人口

ナイジェリアの事例は、植民地時代と独立後の非連続性の明確なパターン、より一般的には政治経済の変化が国の統計にいかに反映されるかという問題に光を当てた。もっと具体的に言えば、国勢調査に関して、ナイジェリアの事例は、植民地時代には徴税を逃れるために数えられるのを避けようとしたことと、独立後は調査に含められようと争ったこととの間の明確な違いを説明している。この事例は、水準を正しくすることの重要性と困難さを厳しく思い起こさせるものであり、さらに、変化の測定は水準が偏っているとひどく歪められるということを示している。この問題は、アフリカ大陸の各国で実施される国勢調査で、程度の差はあれ、常に生じるものである。

ナイジェリアの国勢調査をめぐる議論が特に注目に値するのは、ナイジェリアはおそらくアフリカで最も人口の多い国（おそらくというのは重要な意味をもつ）だからである。だが、この議論が重要なのは、政治的・民族的分裂が、植民地時代以来の連邦政治体制の中でひじょうに顕著であり続けているからでもある。植民地時代の人口の過小推計と独立後の過大推計は、サハラ以南アフリカで全般的に見られる問題である。これまで、報告された人口増加率の検証に焦点を当てた研究はあまりに少なかった。いくつかの植民地人口推計は五〇パーセントも低すぎる可能性があると言われているが[40]、これが一九五〇年代から一九六〇年代に記録された急速な人口増加にどのように影響しているかは、まだ解明されていない。

最近のケニアの例は、国勢調査を行うことがいかに争いを呼ぶものであるかを示している。ケニアの最新の国勢調査は二〇〇九年の八月後半に実施され、その結果は二〇一〇年八月に発表された[41]。質問調査は、民族対立に根差した選挙後の暴動など、相対的に不安定な政治情勢の中で行われた。質問表に部族の項目を含めたことは、危険なほど扇動的とはいわないまでも、対立を招くのではないかと危惧された[42]。さらに、実際の調査に先立つ時期に、いくつかのグループがその延期を要求し始めた。故意に数字をゆがめることや、人口統計を人工的に水増ししようとして「外部者」を地域に移入することを懸念したためである[43]。国勢調査の結果は、最近改正された憲法で規定された新しい選挙区の線引きと[44]、政府の選挙区開発資金からの一四〇億ケニア・シリングをどう分配するかの決定に使われた[45]。資金は、開発プロジェクトを支えるものだったが、各選挙区の人口と二〇〇五－二〇〇六年の貧困指数を組み合わせた基準にしたがって分配される[46]。第二の政府資金である地方自治体譲渡資金も同様に、国勢調査の結果に基づいて分けられることになっていた[47]。

国勢調査の結果の公表期間に、計画大臣ウィクリフ・オパーニャを代表とする政府は、水増しされた人口が報告されたとして八つの地区の調査結果の無効を宣言した[48]。問題となった地区はすべて、ケニア北部に位置していた。マンデラ中央、マンデラ東、マンデラ西、ラグデラ、ワジール東、トゥルカナ中央、トゥルカナ南、トゥルカナ北である[49]。計画大臣は、家族の規模の調査結果が人口水準と一致しないと主張した。「もし人口が増加したなら、世帯数も増加するだろう。ところが、一世帯当たりの人数がとても多く、世帯数はひじょうに少ない[50]」。トゥルカナ地区の住民を代表して、副大臣ジョセファント・ナノクは無効宣言を「違法、違憲で、悪意に満ち、有害で差別的であり、不誠実だ」と非難した[51]。トゥルカナ地区の人々の主張の中心は、誤りは政府が一九九九年の国勢調査の過小に計算された結果に基づいた予測に依拠しているせいだというものだった。「だれもが知る通り、一九九九年の国勢調査は急ごしらえの調査であり、人里離れた土地を移動する遊牧生活を送っていたトゥルカナの羊飼い集団のすべての人口を把握することはできなかった。したがって、この国勢調査の結果は不正確だっただけでなく、物議を醸すものだった」と副大臣は語っている[52]。

ケニアでの数字の不一致は、ナイジェリアの例よりも小規模だとしても、同じくらい大問題であり、議論を呼んだ。問題となった地域の人口は一四〇〇万人と推定されていた。国勢調査は、この地域の人口が二三〇〇万人であると報告した[53]。また、議論の対象となっている人口グループの一つは移牧と家畜の飼育に従事しているといわれている。トゥルカナの報道官の主張によれば、国勢調査のやり方には、常住地主義と現在地主義の二種類ある。後者では、調査人は「この世帯には何人が暮らしていますか」という質問への回答を記録する。前者では、調査の当日、あるいはその前日からの夜、何人がそこにいたかを記録する。つまり、「昨晩この世帯では何人が一夜を過ごしましたか」という質問への回答を記録するのである[54]。後者の質問を使うことは、牧畜者の数を過少に数えることにつながり、前者の質問は回答者の誤った報告を許すことになる。トゥルカナの報道官の主張は、しかしながら、誤解を与えるものである。一九九九年も二〇〇九年も、調査は現在地主義の方法を使ったからである。

ここでの基本的な問題は、数値への信頼の欠如である。公的機関が提供した数値の妥当性——したがって国家の力——が疑問視されているのである。機関の弱さは、モニタリングおよび記録の弱さに表れている。国勢調査は、理論と実践との間の距離を露呈しうるのである。理論上は、人口を数えることは直接的な活動である。実践上は、誰が数えられるべきかについてさまざまな個別の決断が必要であり、所属の分類は激しい論争を呼ぶ。民族の問題は、サハラ以南アフリカに関して盛んに論じられている。[55] しかし、ここで示したように、経済的分類や地理的所属もまた争いの対象となっているのである。[56]

データ提供者の正当性についての社会的、政治的懸念が、彼らの公表する数字の正確性への声高な疑問へと姿を変える。[57] すでに述べたように、マニングは、サハラ以南アフリカの植民地化以前の人口は一八五〇年には一億五〇〇〇万人に達していたであろうと主張している。これに対し、ほとんどのデータセットは一億人という数字を使っている。過去の人口の修正は、人口増加（あるいは人口爆発とさえ呼ばれる）[58] というよく知られた説がきわめて貧弱な統計に基づいているということ、多くの場合、独立後の人口増加の加速はデータセットで誇張されているものだということを意味する可能性がある。[59] こうした集計の問題は、政策的意味をもっているだけでなく、直接政治に結びついており、当該国家の正当性の問題に関連している。[60]

作物

作物統計をめぐる争いは、政治経済に関する基本的な問題、「だれが利益を得るのか」がいかに重要であるかを示している。先に論じたナイジェリアの例では、論点となっていたのは肥料の補助金だった。基本的な問題は、肥料の補助金の撤廃が農業生産高の低減の原因となったのか、それとも価格の自由化が供給の好反応をもたらしたのか、ということだった。どちらの解釈も、その主張を実証するデータセットを持っていた。この事例は、農作物の統計が政治に敏感であることを示している。総生産高の正確なデータは入手可能ではないが、集計のさまざまな方法を使って算出することはできる。それらの方法は、時間、空間によって変化する仮定に依拠している。標準化された方法がなければ、不確実性と自由裁量の余地がかなり存在することになり、利害関係者に自分たちの政治的目的に適合する方策の採用を強要する機会を与えることになる。

ナイジェリアの事例は、大いに喧伝されたマラウイの二〇〇六年からの肥料補助金導入の事例と時代的な関連性を持つ。[61] 最近（二〇一〇年）公表されたマラウイの農業センサスが報告したデータは、それまでに農業省が公表した高い生産を示すデータと対立するものだった。最近の農業センサス（二〇〇六／二〇〇七）ではトウモロコシの生産は二一〇万トンだったが、農業省の数字は三四〇万トンだった。[62] マラウイが報告した目覚ましい成長のデータは、農業省が収集し、マラウイ年間経済報告のなかで公表された作物のデータによって支えられている。報告された作物データは、一九九二／九三年に実施されたセンサスに基づいており、農業生産高の年間見積もりは、作付面積と農業指導員たちの作柄観察を掛け合わせることによって出された。[63]

国による農業および家畜のセンサスは二〇〇六／二〇〇七年に行われたが、報告書は二〇一〇年まで公表されなかった。センサスはノルウェー開発協力局が資金を提供し、マラウイの国立統計局が実施した。遅れは懸念を呼んだが、[64] ようやくセンサスが公表されたとき、農業省はその結果を受け入れなかった。問題は、すべての作物の総生産高について農業センサスが示した数値が、主力のトウモロコシを含め、同じ年に農業省が出した数値と比べてはるかに低かったからである。特に、センサスで報告されたトウモロコシの数値は国の食糧必要量にかなり近かったのに対し、二〇〇六／二〇〇七年の農業省の公式の数値は、トウモロコシの膨大な備蓄が国中に積み上がっているか、国民の大多数が肥満状態になっているかのどちらかであることを意味したが、どちらもありえないことだった。実際、公式の数字をカロリーに換算すると、通常一日のカロリー消費量は一五〇〇から二〇〇〇カロリーなのに対して、マラウイ人は平均して一日に四〇〇〇カロリー以上を消費していることになる。[65]

二つの報告書からの平均収穫量を比較すると、わずかな相違しかない。大きな違いは、データの集計の仕方から来ている。不一致の問題は農業世帯数にある。農業省はセンサスが使った数値よりも一〇〇万近くも多い数値を使っている。統計局の役人はそつなく、これは使われた世帯の定義が異なっていたためだろうと言明した。[66] 他の場所では、補助金をもらう資格を得るために、農民がでっち上げられたかもしれないとほのめかされた。こうした「幽霊農民」がどのようにして作り出されたかは明らかではない。農業指導員も農民たちも、補助金の資格を得るために農民の数をふくらます動機をもっていた。農業補助金は、補助を受けた肥料と交換できる引換券として与えられていた。したがって、こうした引換券には価値があったのである。(67)

改ざんの直接的証拠は存在しないが、それを暗示するものは強力であり、動機も同様である。大統領や大臣たちは、選挙民に農業開発戦略は機能していると納得させ続けるために、農業部門での良好で安定した実績の証拠を強く欲していた。おそらくより重要だったのは、ドナーに彼らの肥料や種子のプログラムが機能していることを示し、次の財政援助を確保する必要があったことである。肥料補助金プログラムは二〇〇八／二〇〇九年のGDPの四・六パーセント、そしてこの国に流入する援助総額の約三分の一を占めていた。(68) さらに、農民世帯の数を「増加させる」ことは農民や農業指導員たちの利益にもなった。上の人たちを喜ばせるというだけでなく、引換券には市場価値があったからでもある。引換券が正当な受取人に届いておらず、地方の役人たちがそこから利益を得ているといういくつかの証拠があり、懸念が高まっている。(69) これらの懸念は別としても、マラウイの農業データの状況は、行政府から統計局に対し、指導部が必要とする特定のデータを手に入れるよう強い圧力がかけられるという、よくあるパターンと一致している。そうした状況下では、意欲は経済を監視することではなく、成功を確認することに向けられる。(70)

農作物統計の問題は、アフリカだけのものではない。とりわけ十分に立証され、盛んに議論された例として、農業成長の躍進と思われていた、インドのいわゆる緑の革命がある。チェンバーズは、後から考えてみれば、多収性品種種子が公式統計で記録された生産高の大幅な増加を生み出したと信じたのは誤りだったと指摘している。多収性品種に適した地域はひじょうに狭く、総成長率に爆発的な影響を与えることはできなかったはずだというのである。チェンバーの主張によれば、農業指導員たちは、種子や肥料といった緑の革命の投入物の供給に関してひじょうに野心的な目標を与えられていた。そして、指導員たちは「実際には目標からはるかに後れを取っていても、目標を達成したと報告した」。彼はまた、多収性品種が使われた地域の一部の公式統計が三倍から五倍も水増しされていることを示す情報源を提供している。[71] さらに、インドの農業大臣は、統計局が出した作物生産高のデータを、農業省が持っている農業部門の投入物の使用に関するデータを反映していないからといって疑問視した。この十分に裏付けられた話は、一九六〇年代から一九七〇年代に、インドの農業省が投入物の使用に関する彼らの水増しされたデータを反映させることによって、いかに公式統計に干渉したかを証明している。[72] こうして、「緑の革命」は統計上で水増しされただけではなく、実際に起こる前に人工的に創造されたのであった。

モニタリングと記録の問題は、国家の能力を超えた問題である。記録の困難さは、ある場所では他の場所より大きい。多くの著述家が、開発途上国、とりわけアフリカ諸国の農業統計は貧弱だと指摘している。[73] 開発経済学に対する説得力ある「告発」のなかで、ポリー・ヒルは、南半球の貧困国の公式統計がこうした「破滅的な状況」にある主な理由は、統計の方法が南での農業生産の組織形態に適合していないことにあると説明している。[74] 問題は不正確さだけではなく、国民経済計算作成の手順に体系的バイアスがあるのではないかということである。ヒルは国連の食糧農業機関（FAO）のやり方を批評して、一九八〇年の世界農業センサスの指示書には熱帯諸国に特有の問題の取り扱いに関して明確な助言が含まれていないと指摘している。例えば作物の混合という他とは違う技法が、一般に行われているだけでなく、より生産的でもあるという事実を無視しているというのである。[75] ヒルは、抜き取り方式は北半球で行われている近代的で専門化された資本集約的な農業を念頭に開発されたもので、非温帯気候の土地には向かないと主張している。南では、作物当たりの総農業生産性の算出は複雑であり、不適切な方法論に由来する数字は誤解を招きやすい。際立った例としては、キャッサバあるいはマニオクと呼ばれる根茎類とバナナやプランテイン（料理用バナナ）が挙げられる。これらの作物は狭い土地で一緒に育つが、必要になるまで収穫されない（塊根は二日間しか日持ちしない）。FAOはこれらの作物について統計を提供しているが、ヒルは「西アフリカのどの国も、これらが実際にどれだけ生産されているのか全く知らない」と主張する。[76] 農業生産についてのこうしたデータがいかにあてにならないかを考えると、多くの研究がFAOの時系列データを信用して、長期的傾向や短期的変動について大胆な言明をしているのは驚きである。[77]

統計局で使われている方法への無知は、慎重な研究者たちをも道に迷わせる。第一章で、著者たちがデータ問題に懸念を示した研究に言及したが、彼らは測定誤差の大きさやその原因については知らなかった。「測定誤差は大きいようだという主張はしばしばなされるが、残念ながら、私たちは、アフリカの国民所得の測定誤差の大きさを定量化したり、測定誤差が古典的（つまりホワイトノイズ）なのかどうかを確定したりする研究を全く知らない」[78]。著者たちは測定誤差を「コントロール」するために、降雨量のデータを操作変数として使うという手段に訴えるが、降雨量の変動に関連した、あるいは降雨量の変動で説明できるような経済成長の変数しか使わない。このやり方で、食糧生産と、したがって生活水準と結びついた成長を拾い上げることができるだろうと著者たちは期待している。このアプローチは広く影響力を持ち、多くの研究者に模倣され、何人かに批判された[79]。

降雨量を操作変数として使うというやり方は、理論的には成り立つかもしれない。しかし実際上は、最初にこれらの生産データがどのように作られたかを研究すると、ちょっと奇妙だということがわかる。もちろん農業社会では、降雨量は所得の拡大と強く結びついているのは確かである。しかし、測定に関しては、降雨と所得とは独立変数ではない。この場合、両者は仮定によって結び付けられているのである。第二章で指摘したように、自給自足農業（そして自給自足生産者たちはサハラ以南アフリカの労働力の最大の構成要素である）の成長推計では、「生産高は農村人口と同じ率で成長するというのが基本的な仮定とされている」。したがって、これらの成長推計は気候変化の影響を受けないのである。むしろ、生産の一般的傾向からの年次変化は、農業専門家が行う「目視推計」を基礎に作られる[80]。サハラ以南アフリカの統計局で食糧生産の動向を集計するのに、現在使われている主な方法は二つある。［一つ目として］食糧生産は農村人口とともに成長すると仮定されているが、それは統計局職員の主観的判断に基づく降雨量にあわせて「調整」される。［二つ目として］食糧生産は農業気象学者による「作柄予想」に基礎を置く。この方法では、統計担当者はFAOモデルを使うが、それは種まき期の降雨量のレベルに基づいて作物生産量を予想するものである[81]。このデータは調整されるかもしれないが、ほとんどの年には代表坪刈り調査のための資金がない。したがって、ミゲル、サティアナス、セルジェンティが測定誤差をコントロールするために降雨量を使ったとき、彼らは結果的に、最初に農業生産時系列データを作成するために行われたのと同じことをもう一度行っていたのである[82]。

結論を言えば、農業統計の状況は多くの不確実性を残している。学術的に誤った解釈の余地もあり、さらに事例研究が示したように、これらのひじょうに重要なデータをめぐって政治的争いや議論が起こる余地もある。証拠の弱さを考えると、データは影響を受けやすく、農業データについて交渉したり、ひじょうに好都合なデータの傾向を選び取ったりする余地は十分ある。ナイジェリアの政策立案者たちは一九八〇年代に、自分たちの政治的目的に適合した時系列データを選び、一方で、マラウイの過去最高の収穫量のデータはニューヨーク・タイムズの紙面を飾った[83]。

国民所得の改訂

タンザニアの成長統計をめぐる論争は、構造調整後の一九九七年に行われた国民所得推計に使う情報源と方法の完全な改訂に起因する。その年まで、国民所得データは主に国家と半官半民の機関から出され、非公式経済は公式経済に同調して成長あるいは後退すると想定されていた。これに対し、一九八七年を始点とする新しい時系列データは、これとは正反対の原則を使って編集された。公式経済が後退しているとき、非公式経済は成長していると考えたのである。さらに、非公式経済の調査と家計調査からのデータを使って、新しい水準が推計された。その結果、「新しい経済」はそれまでの推計よりも六二パーセント高く測定され、内在する成長力学は、それまでの時系列データが示していたものとは全く異なると判断された。

時系列統計の断絶は一九八六年と一九八七年の間に起こった。基本的な問題は「私たちは、これをいかにして一貫した開発物語にまとめあげることができるか」ということである。タンザニアの公式経済は一九七〇年代後半から衰退していた。そして、経済主体が非公式経済へと移ったことを示す十分な補足的証拠が存在している。入手可能なデータは、タンザニア経済が一九八六年まで急速に後退していたが、一九八七年以降、それを上回るレベルの成長があったことを示唆している。この転換のタイミングは、統計局での仮定の変化を反映している。一九八〇年代前半の後退は過大に見積もられ、一九九〇年代の成長の改善も過大評価されていると思われる。タンザニアにおける改訂のひじょうに優れた側面は、文書で十分に裏付けられているということ、それらの文書が二〇年以上後に私が訪れたときにもまだ入手可能だったということである。

構造調整について一般的に論じる中で、ポール・ニュージェントは「構造調整をこれまで評価してきた際に基礎となった統計は、特に問題のあるものである。数字と現実との関係というより大きな問題は別として、アフリカ諸国の政府が信頼できる統計を集める手段を欠いているという単純な事実が存在する」と述べている。[84] タンザニアの事例は広い適用性を持つ。一九七〇年代後半の経済後退とそれに続く一九八〇年代、一九九〇年代の構造調整というのは、サハラ以南アフリカの支配的なパターンである。経済的現実の変化は公式の経済統計には反映されず、改訂の結果は、構造調整プログラムの有効性と、IMFや世界銀行のこれらプログラムの評価への関与について疑問を提起している。この問題については、さらに第四章で詳しく説明する。

この事例はさらに、構造調整政策の評価を超える、もう一つの一般的問題を提示している。第一章で論じたように、単発的な修正をどう扱うかという問題が残っている。ガーナの所得は最近六〇パーセント以上も上方修正された。上方修正は他の諸国でも行われる可能性が高い。おそらく最も驚くべきことは、こういった上方修正が国民経済計算の世界水準に沿っていることである。問題は、多くの国がまだ国民経済計算を改訂していないことにある。いくつかの国は今でも一九六八年の国民経済計算体系の水準に従っているのに対し、他の国はすでに一九九三年あるいは二〇〇八年の水準を導入している。問題は水準にあるのではなく、それらがデータの入手可能性とデータの質に応じて地域レベルで不均等に採用されていることにある。現在の推計が不適切なことを示すデータが出てきた場合、統計担当者が実際に改訂を開始するまでには多くの障害が待ち受けている。最初の障害は技術官僚である。ヘストンは一九九四年の国民所得問題の研究で次のように示唆している。「しばしば、成長の目的のために国民経済計算を使う役人たちは、……生産高の推計レベルの改善に抵抗する。なぜなら、それは国民経済計算の時系列に断絶を導入することになるからである[85]」。

統計局はこの種の改訂を行う際に、ドナーからの特別資金に頼るが、これは不幸な状況である。政府自身が資金を入手できるようにすれば状況は改善されるかもしれないが、新しい推計の最終的承認は、IMFと世界銀行のデータ部門のどちらか、または両方との調整を必要とする。ガーナでは、改訂のプロセスは一〇年前に始まったが、技術顧問との意見の不一致と彼らの不在によって中断されてしまった。(86) 同様の問題はザンビアでも指摘されている。ザンビアについては、国民経済計算の改訂のための資金の申請を、世界銀行が処理しなかった。(87)

ナイジェリアの統計局長は二〇一一年一一月にGDPが五〇パーセント上昇するだろうと発表したが、(88) 二〇一二年の春に私が世界銀行とIMFのデータ部門と情報交換したとき、技術顧問はまだリベースを監督するためにアブジャに行ってはいなかった。私が二〇一〇年にアブジャの統計局への訪問で収集した情報では、不変価格の時系列の基準年はいまだに一九九〇年で、一九九三年の国連国民経済計算体系はまだ導入されていなかった。これは、修正が全く行われなかったことを意味するのではない。基本データの最近の修正は、IMFとの協力で、二〇〇四年に着手されていた。「私たちは大量のデータを編集し、それを二〇〇三年の推計と比較した。二〇〇三年から二〇〇四年の間に、大きな飛躍があった」。(89) 国民経済計算の担当者たちはIMFのコンサルタントから、時系列の断絶を受け入れないで、その代わりに遡及的に上方修正を挿入するよう助言された。この助言に従って、連邦統計局の時系列データは、二〇〇四年までの時期に正当化できないような成長があったという印象を与えるものとなった。これらのデータが元の時系列データに付け加えられた、あるいは挿入されたということを確認するような報告は存在しない。このように、推計を修正する方法は非公式であり、全く透明性を欠くものだった。(20)

こうした修正の成長効果を扱う方法に関しては、取り決めがない。私が訪問した他の国の国民所得計算担当者は、ＩＭＦの代表者たちが国民所得推計の大幅な上方修正を勧めたと報告している。ナイジェリアの事例と同じく、ＩＭＦのコンサルタントは他のアフリカ諸国の統計専門家たちに、遡及的に増加を「挿入」することを勧め、こうして最近の経済成長の偽りの加速が作り出されたのである。基本的にこれが意味するのは、ある一年に四〇パーセントあるいは六〇パーセントにものぼる大幅な増加を加える代わりに、増加を別々の部分に分割し、先立つ数年間の推計を水増ししたということである。

国際的なデータベースを通じて供給されるデータは、異なった成長率を示す時系列データを継ぎ合わせた結果である。その最終結果は、時を超えて、あるいは各国の間で成長を比較した場合に起こる混乱である。(21)そのため、開発を査定するのに利用されるデータはあてにならないものとなっている。これについて、何をすることができるだろうか。次の章では、開発のよりよい測定に向けた具体的な取り組みを提案する。

第四章　開発のためのデータ　アフリカ統計の利用と改善

本章では、サハラ以南アフリカ諸国の統計局が現在置かれている状況の概観を示す。それは開発コミュニティのメンバーに、彼らがよりよいデータ利用者になるための重要な洞察を提供する。また、国際的データが供給される際の問題点を挙げ、開発に関するよりよいデータの作成能力を形成するために、どのような政策が考えられるかを論ずる。

本章は主に、二〇〇七年から二〇一〇年の間に訪問したガーナ、ナイジェリア、ウガンダ、ケニア、タンザニア、ザンビア、マラウイの統計局でのインタビューに基づいている。これらのインタビューの主要な目的は、国民経済計算部門の現状を理解することであった。この目的を果たすために、私はさらに、例えば中央銀行やシンクタンクの代表といった中央の利害関係者や、独立した研究者らに対してもインタビューを行った。さらに、援助国の派遣団やIMF、世界銀行からのアドバイザーとも話をした。これらの半構造化面接を、大陸全体の状況を示すために、Eメールによる調査で補完した。(1)

開発統計の質の不均等性、統計局の資金不足、そして他のもっと具体的な問題は、国によってかなり異なっているように思われる。国民経済計算の世界水準をどの国にも同じように適用するのは難しい。国の統計局の最終成果がその地域の基準とみなされるべきなのはこのためである。地域の適応は、財源と地域の統計局が持っている能力次第であるし、さらにそれは国内の、そして国際的な政治的・経済的優先事項によって形作られる。本章は、第二章、第三章で得られた結果を検証し、最終成果の地域による違いについて体系的に考える方法を提示する。

データの質は政策決定者にとって問題なのか

開発統計をめぐる問題は、知識問題であると同時にガバナンスの問題でもある。統計はアフリカの開発について、私たちが考えているよりもわずかなことしか語っていない。方法とデータソースにおける時空を超えた不一致はとても大きいので、ほとんどの量的分析（それが単純な記述統計学に依拠するにせよ、より高度の推測統計学に依拠するにせよ）を危ういものにしている。この知識問題は、研究者の仕事だけでなく、国際的あるいは国内的政策評価にも影響を与え、その政策評価はガバナンスの問題に直接影響を与える。この知識の欠如は特に驚くべきものと思われるかもしれない。しかし、私たちは驚くべきなのだろうか？　そうではないという正当な理由がある。それは私たちが国の政策立案者や国際的開発機関にどのような期待をしているかによる。

開発経済学の権威筋の学者のほとんどは、アフリカ諸国の政府を、腐敗して無能で、問題を解決するどころか、むしろ問題の一部であるとみなしている。[2] 実際、一九八〇年代以降、これは間違いなく支配的な見方だった。とりわけロバート・ベイツの著作と、合理的選択の視点をアフリカ諸国やその指導者たちの行動分析に適用するやり方は、きわめて影響力が大きかった。[3] このやり方で理解すると、指導者たち、したがって国家は、[4] 利己的な合理的アクターである。彼らは自分自身の政治生命と権力とに関心を持っているのであって、開発自体を追求する技術官僚とは違う。[5] このように見れば、データの正確性は、ほとんどの場合、政治家たちにとってひじょうに優先順位の低いものとなる。私たちはアフリカ国家に「開発的」であることを期待する場合、その国が開発を測定することに関心を持つことをも期待している。しかし、アフリカ国家の政治的優先順位が、私たちが「新世襲主義」国家に期待するものに近いとしたら、統計の優先性についての予測は楽観的というわけにはいかなくなる。

一般に、政治的優先事項は統計的優先事項を示唆するものである。政治的優先事項を経験的に観察することは難しいが、データの入手可能性は政治的関与のよい指標となる。農業開発に真剣に取り組む国は、農業統計に本気で投資する可能性が高い。したがって、もし農業開発の優先順位が高ければ、それは農業調査のデータの頻度と範囲に反映される。この点は、研究者やシンクタンクのメンバー、多くの国の中央銀行の幹部たちとの会合で頻繁に、そして説得力を持って指摘されてきた。政治的関与はしばしば、入手可能なデータのタイプに映し出されるというのである。

残念ながら、政策目標はしばしば空疎な政治的約束に終わる。もし多くの国の政治指導者が表明しているように、非公式部門での雇用が本当の政治目標だったら、労働市場調査が実施されることを期待するのは理にかなっているだろう。しかし、この部門のデータは概して手に入らなかったり、とても古いものだったりする。つまり、多くの政治指導者が雇用機会を改善するという約束で選挙運動を行うのは、事実上労働市場のデータが全く存在しないからなのである。(6) 多くの場合、統治上の決定を行うための知識基盤はほとんど、あるいは全く存在しない。データの収集はしばしば統治上の要請に基づいて行われる。統計は、特定の政策議題を促進するために収集され、編纂される。逆に言えば、データの不足は、何もしないことの合図であり、それを助長する。この結びつきは、本書で分析した期間の全体を通じて強いものだった。

農業統計は、植民地時代の後期から独立後の早い時期に農業普及事業が始まるまでは収集されなかった。工業統計が取られるようになったのは、工業開発に向けた戦略の開始と同時期であった。これと同様に、統計能力のパターンはアフリカ経済の大きな動向を追っている。典型的な「門番」国家はデータ収集を、国境で徴収する関税の記録に限っている。一方、開発国家は、集めるデータの範囲に関して、しばしばより野心的である。統計を収集する能力――国勢調査のプロセスで最も明確に実証される――はまた、国家の権力をも反映している。ポーターは、「妥当な」数値についての合意に至るプロセスは政治的な争いの影響を受けるから、「有効な数値を定めるためには社会的権力の圧倒的な行使が必要とされる」と指摘している。(7) さらに、経済活動を算定することは、権威による承認のしるしと読み取ることができ、こうした算定が行われるかどうかは、私たちが「公式」経済と「非公式」経済とをどのように区別するかということに関係している。生産を測定する範囲の境界の拡大は、どの経済活動が経済的に、そして政治的に重要とみなされているかを指し示す重要な標識である。

第一章で、自分の料理人と結婚した例を使って、生産境界の重要性と、非貨幣経済や記録されない経済の扱い方について説明した。この例では、結婚は国民所得の減少を意味する。なぜなら、食べ物の調理というサービスが生産境界の外へ移動するからである。この筋書きはさらなる意味をもっている。前料理人で現在は妻である人間は社会サービスの対象外となり、納税の義務がなくなる。このように、先進諸国で目に見えなくされているのは、第一に女性の経済への貢献なのである。これが、GDPの測定において、無報酬の家事労働への正しい評価が求められている理由である。[8]国連国民経済計算体系は、非貨幣的活動を多く含める方向に、徐々に修正されてきた。一九五二年には規定されたものはごくわずかだったが、一九六八年版では道路建設、開墾、住宅建設といった農村での重要な活動が含まれている。[9]一九九三年と二〇〇八年の版では、水の運搬など、より多くの非貨幣的活動を含めるようになった。[10]しかし、これらの規定の地域への適用は、さまざまな地域的要因によって制約を受ける。数えられる人間にとって、生産境界の内に公式に含まれることは、金銭的な利益だけではなく、政治的に評価されていることを示しているのである。

所得水準や経済成長率の高さは、その国の統計サービスの質を確実に決定しているのだろうか？因果関係は両方向に働いている。高所得水準は、多くの要因によって条件づけられている。所得水準や経済成長率の推計は、それ自体、統計局で利用される方法に左右される。例えば、基準年を新しくすれば、所得の測定値は高くなる。[11] 同様に、他のすべてが同じだとした場合、より豊かな国はよりよい統計能力を持つことが期待される。データ作成に使われた方法についての詳細な情報がない限り、高成長率や高所得は本当に開発実績が良いことを意味するのか、それとも高い測定値は統計に起因するものかを判断するのは難しい。政府や開発担当の役人が、推計の数値をある方向に向けて変えるために、統計担当者に圧力を掛けたり、データと統計作成者の使う方法の両方に異議を唱えたりする余地や機会は十分にある。第三章で見たマラウイの農業統計をめぐる議論は、その一例である。そこでは、肥料の補助金が農民と政治家の両方に、数字を水増し操作する機会と動機を生んだ。国民経済計算部門の職員たちとのインタビューから、高い数字を報告するように相当な圧力がかかっていることが明らかになった。このことはよく知られていたので、マラウイ準備銀行とＩＭＦは数字を経済成長の正確な推計とはみなさなかった。[12]

しかし、よりよい数字はより高い数字であるということを示すいくつかの証拠も存在する。ウガンダは初めての農業センサスを完了したところだが、それによって、これまで使用していた畜産業の数値が六〇パーセント低すぎたことがわかった。[13] より高い数値は他の数値にも二次的効果をもたらす。それは、資本形成のデータが低すぎたこと（畜牛の増加は投資とみなされる）[14]、肉やミルクの消費水準がそれまで思われていたよりもかなり高かったことを意味する。この畜産経済の価値の上昇は、農業センサスに資金を回したことの直接的結果である。この資金がなければ、畜産は今でも、国家経済に実際に付加している価値の四〇パーセントの寄与しかしていないとみなされていただろう。しかし、ウガンダの情報のレベルは改善されてきたとはいえ、こうした情報が将来も信頼性を持ち続けるという保証はない。二〇一〇年に、ムワンガ＝ジークは、ウガンダには「毎年の農業統計を定期的に収集するシステムがまだ存在しない」と指摘している。(15)

農業部門でよりよい方法がより高い数値を生み出すこと、データ収集の方法が重要であることを示す他の証拠もある。原理的には、統計局では多くの測定手段を利用することができる。その一方の端にあるのは基本的な推測と代用である。多くの国が依存している代用に作柄予測データがある。こうした代用は農村人口と総作付面積の推計を使った定期的な予測の結果であり、気象データによって補完される。つまり、降雨量に合わせて調整されるのである。坪刈り調査も時折行われる。これは一エーカー当たりの収穫高を推計するために、統計局の役人が作物を刈って標本を測定するものである。これらの収穫高推計は、既存の抽出枠を使って集計される。家計調査は面接に基礎を置いている。面接で得られた情報の主な問題点は、それが記憶に基づくということである。言い換えれば、世帯調査は回答者自身の過去の消費と生産（これらを回答者は普段記録していない）を正確に推計する能力に基礎を置いているのである。

クラウス・ダイニンガーと共著者たちは、農業生産を測定するためのさまざまな方法の利用について議論している。(16) 彼らは、ウガンダの農民が毎日収穫したすべての作物を日記に記録した場合、生産の数値は記憶に基づく数値よりはるかに高いことを発見した。これは、日々の必要性に応じてほぼ毎日収穫される塊茎、根菜、野菜、果物にとりわけ当てはまった。日記からのデータは、全国世帯調査への回答を使ったものより六〇パーセント高い生産価値を生み出した。[17] もしこうした測定手段が定期的に小さな規模で利用されたら、国家は小自作農の国富への貢献が現在は過小評価されているということに気付くだろう。

独立後、サハラ以南アフリカのそこかしこに出現した開発国家は開発計画に依拠していたが、その開発計画は統計に依拠していた。これらの開発国家への批判の一つに、彼らが自分たちの能力を過大評価しているというものがある。世界銀行は、しばしばバーグ報告書と呼ばれる一九八一年の報告書でこの点を強調した。[18] この報告書は、世界銀行とＩＭＦが一九八〇年代から一九九〇年代にかけて資金援助し、推進した構造調整改革の正当化の根拠を提供したことで有名である。構造調整の目標は、経済成長の加速を期待して、国家の関与を制限し、農産物の市場を自由化することであった。改革の必要性の主たる証拠は、成長が減速していることと、とりわけ食糧生産が停滞していることであった。バーグは、彼が報告書で使った統計は、統計資金の欠如のために、概算でしかないことを認識していた。[19] 彼はさらに、食糧生産を推計する能力の弱さを指摘している。[20]

自由化に関するバーグの一般的政策提言は実行に移されたが、統計の能力についての議論は見たところ無視されたようで、少なくとも政策介入は報告されていない。報告書はアフリカ諸国がよい開発プロジェクトを実施したり監視したりする能力を欠くと述べ、とりわけデータ収集と分析が長期にわたって必要とされると述べていた。バーグは、専門家による短期的な査定は、経済開発のより大きな問題に取り組むという目的のためには、多くの場合十分ではないと主張した。[21] 報告書はさらに、ドナー（援助供与者）は統計分析やデータ収集のためにより多くの資金とインフラストラクチャーを提供すべきだと提言した。さらに、国際的専門家は地元のアナリストとペアを組むべきだと提案した。報告書は、世界銀行がその点で大きな役割を果たせることを示唆した[22]。

報告書で勧告された改革を通じて国家の統計能力を改善することは行われず、統計局の活動はむしろ縮小された。包括的な国家計画といったものはアフリカ大陸ではほぼ過去の物であり、統計局は今日、少数の例外を除いて、三〇、四〇、五〇年前よりも悪い状況に置かれている。それと同時に、国家の役割の削減は、公的機関が情報に接する機会の減少を意味する。こうした国家には行政データの必要性も少ないという主張がされるかもしれないが、それは間違いである。開発についてのデータは、国内政治だけでなく国際レベルでも、政治的説明責任の中核をなすものである。国家は今でも、開発援助者との意思疎通の上で重要な役割を持っている。よい統治は説明責任と透明性として定義されるが、それは意思決定に寄与する知識の質と入手可能性にかかっている。

しかし、データの質は、国際的開発機関にとって重要なものなのだろうか。バナジーは、ドナーや援助コミュニティの間での一般的問題を「知識への抵抗」と表現している[23]。彼は「援助の思考は怠惰な思考」と述べ[24]、それは援助を配る方が、書類に必要事項を書き込んで何が本当に役に立つのかを見つけ出すよりも満足感があるからだと主張している。社会科学と国際開発に関する著書の中で、パッカードとクーパーはこう述べている。「人類学における実地調査の地位に相当する『実地経済学』という概念は存在しない。そのため、エコノミストたちは国家の収集装置の介在を経たデータと、十分に検討されていないカテゴリーを使って仕事をしている」[25]。これは一〇年前だったら正しい発言だったかもしれないが、今日ではそう簡単には妥当しない。どのような開発政策が機能するかを決定するために、ランダム化比較試験を活用することを好む開発経済学者のグループが台頭してきている[26]。この潮流はマクロ・データの問題を全面的に回避し、ワクチン接種、教科書、学校給食、制服などの提供が教育的達成に前向きな結果をもたらすかどうか、さらにこうした介入の中のどれが最も費用効果が高いかを見つけ出すためにミクロ・レベルのテストに依拠する。

一例として、エスター・デュフロ、マイケル・クレマー、ジョナサン・ロビンソンの、ケニアにおける肥料補助金の有効性の研究がある。この研究ではいくつかの実証実験を行ったが、その試験区と対照区とは無作為に選ばれた。予想通り、研究は「肥料が適量使われた場合は、ひじょうに有益である」ことを明らかにした[27]。こうして、この研究は「肥料の使用は有益か」という問いに有用な解答を出したのである。さらに、この問いへの答えは、肥料補助金は正当化されるのか、必要なのかを判断する際の指針となり、どれだけの肥料に補助金が出されるべきかを指示することにもつながる。この種のランダム化された実験室的な研究は多くの注目を集め、しだいに支持されるようになってきたが、肥料を提供することの政治的側面が農業生産にどのように影響するか、あるいは肥料の使用による収益はどのように分配されるのかといった問題については、この種の研究は何も明らかにしない。こうした投資の収益について考えるのは有益であるが、政府やドナーにとって、研究者や実際に重要なのはマクロ的問題なのである。これらの問題を実験室的に研究することは、政策立案者たちを誤った方向に導くかもしれない。間違いなく最も重要なのは、政治経済学と実験室の間の類似性ではなく、差異なのである。

ランダム化試験はある程度の適用性を持ち、開発研究におけるこまごまとした知識問題の一部を解決するかもしれない。しかしながら、こうしたミクロ・レベルの実験は、マクロ経済的データの代わりになることはできないし、そうなるべきではない。中央銀行、財務省、政策立案者、その他の利害関係者たちは、データベースがどれほど混乱し、制限されたものであったとしても、マクロ経済的状況に関して政策選択を行う必要がある。(28) これはたんに技術官僚の問題ではない。国民経済に対する説明責任は、政府の説明責任の基本である。信頼できるマクロ・データなしには、政治的透明性は考えられない。

ウガンダの財政支出についての一例は、この点をひじょうに明確に示している。レイニッカとスヴェンソンは、一九九一年から一九九五年にかけて、ウガンダ中央政府の小学校への支出を調査したところ、配分された資金の一三パーセントしか実際に学校に届いていないことが分かったと報告した。これに応えて、地域の新聞に、どれだけの公的資金が学校に配分されているかを発表するキャンペーンが始まり、地域の学校は配分金と実際に受け取った金額とを比較できるようになった。この介入のおかげで、不正利得が大幅に減り、一九九九年には資金の九〇パーセントが送り先に届くようになった。(29) データの作成と発信の質は、説明責任にとって決定的に重要である。サハラ以南アフリカで統計局がこの役割を演じるのに必要な資金と政治的支援を手に入れる見込みは、どれほどあるだろうか。

政策サークルの中での統計局

すでに述べたように、サハラ以南アフリカの統計局はどこも劣悪な条件下にある。周りの組織と比較しても、統計局はとくに見捨てられた状況にある。おそらく最も顕著なのは、経済政策のもう一つの重要な利害関係者で、はるかに大きな基本財産を持つ中央銀行との違いであろう。ガーナ、マラウイ、ナイジェリア、ケニア、タンザニア、ザンビアで見られたように、統計局の事務所がおんぼろで、しばしばコンピュータの設備にも事欠くのに対し、これらの国の中央銀行の建物は近代的な設備の整った新しい高層ビルである。中央銀行への就職は高い俸給と名声が得られるものであり、中央銀行の職員は、政策立案者に時宜を得た有益な助言を提供するという、象徴的な意味でも実質的にも、よりよい地位に置かれている。

政策立案のプロセスにはさまざまなグループの代表者たちが関わる。これらの関係者はプロセスの間中、物理的にそこにいるわけではないかもしれないが、少なくとも彼らの意見を求められる。(30) 公式の意思決定をするのは政府の行政機関からの代表である。大統領、財政大臣（あるいはこれに相当する大臣）、関係省庁（産業省、農業省など）からの専門家などがこれにあたる。このプロセスで統計局が演じる役割は、新しいターゲットや目標を決めるのに必要な情報や事実を提供することと、それまでの政策の有効性を評価することである。こうした事実は統計局だけでなく中央銀行からも提供され、各省庁が独自のデータ収集や調査能力を持っている場合もある。最終的な主役はしばしばドナー・コミュニティの代表であり、ときにはＩＭＦの技術顧問、世界銀行のエコノミスト、個別国の使節団の代表だったりする。多くの場合、当該のプロジェクトの資金を提供するドナーの使節団は、自国のエコノミストを使い、自分たち自身のデータ収集の資金を出す。

各国の統計局、とりわけ国民経済計算部門は、物的資源、スタッフ、基礎データに関して大きな制約を受けている。担当者は経済の大部分について情報をほとんどあるいは全く持っておらず、「非観測経済」については仮定や憶測に依拠せざるをえない。ＯＥＣＤ（経済協力開発機構）は非観測経済を測定するための指針を示した手引書を出版したが、そこにはこうした活動を定義し算定する方法も含まれている。[31] この手引書は、経済活動の分類の仕方、経済活動を記録するための測定手段の使い方、一定のデータ・ポイントが存在する場合に推計を三角測量する方法について、ガイドラインを提供している。これらのガイドラインは、実際にそれを実行に移すための資金が入手できる場合、そしてもっとはっきり言えば、データが実際に存在する場合にのみ役立つものである。

データの不足と、裁量の余地を大きく残したガイドラインを前にして、国民経済計算担当官たちは、データ作成のプロセスで弱い立場に置かれている。サハラ以南アフリカでは、統計局の公式の法的独立性は国によって異なっている。ウガンダ、ナイジェリア、ガーナの統計局は法的に財務省から分離されている。とはいえ、もちろん公的資金に依拠していることに変わりはない。ケニア、タンザニア、マラウイ、ザンビアでは、統計局は半自治と自称している。統計局は財務・計画省の部局として、公式にはこの省の監督下にある。これとは対照的に、これらの国で中央銀行の独立性は保証されている。[32]最終的に、自立性は法的、財政的規定だけでなく、作成される数字の質や作成プロセスの標準化にも関係している。

統計局が独立していようが半自治であろうが、最終的なGDPの数値の公表と承認は主に四つの関係者の協議によって行われる。それは統計局、財務省あるいは行政府、中央銀行、技術的支援を行う国際組織の代表である。これらの関係者は、数値の最終的な公表までのプロセスで、公式にあるいは非公式に会合を行う。しばしば私にも関係したことだが、統計局の役人は政治的圧力から自分たちを守るために、早い段階で国際的組織と協議することを好む。[33]そうでない場合には、中央銀行、財務省、統計局はIMFの代表と会う前に、三者で会う。そうすれば、メモを比較して、概算見積もりについて協議できるからである。こうした会合では、データと基礎的な前提とが議論の対象となり、[34]かなりの規模の変更が行われることがある。財務省や行政府が統計局に大きな圧力をかける場合、この会合で最終的な数字について激しい交渉が行われる。[35]国の数字がどのように出されるかに関係なく、たいていの場合、世界銀行はその国の統計局が報告したものとは異なる数字を発信する。

世界銀行は一九九六年に自らを「知識銀行」と呼称するようになって以来、「知識」の生産と普及にかなりの資金を投資している。[36]デヴェシュ・カプールは、世界銀行は予算を知識の生産よりも融資に使うことを考えるべきだと主張した。[37]一部のアナリストはカプールの意見に反対である。クリストファー・ギルバートとその共著者たちは、世界銀行は理想的には開発における知識の仲介者と位置づけられるべきだと主張している。[38] しかし、ロバート・ウェイドは、世界銀行の知識仲介者としての役割に危険性を見て、それをフィリップ・モリスがタバコの健康リスクの研究に仲介者として演じた役割になぞらえた。[39] ウィリアム・イースタリーは、世界銀行は知識を獲得することよりも知識を分配することの方がはるかに得意であると指摘した。[40] この点を詳細に論じて、デイヴィッド・エラーマンは、世界銀行が情報の発信を強調することはそのパワーと関係していると主張した。権威を維持するためには、世界銀行は一つにまとまっているように見えることが重要である。この戦略は、銀行が顧客から学ぶことに携われる範囲を実際上制約する。[41] 国際的開発コミュニティとレソトとの相互関係についての研究の中で、ジェームズ・ファーガソンは、世界銀行などの国際的「開発」プロジェクトは標準化されたプロセスであり、その中で地域的諸条件は無視され、経験的現実は見過ごされていると、力強く説得力を持って主張した。[42] これらの解釈は、世界銀行が使用する数字の作成プロセスについての私の考察と一致している。重要視されるのは数字についての合意であり、マイケル・ウォードがいうように、測定は二の次なのである。[43]

この一方通行のコミュニケーションのパターンは、国民経済計算の担当者がＩＭＦや世界銀行から派遣された技術顧問とどのように交流を持つかについて私が得た印象ともぴったり一致する。担当者たちはこれらのコンサルタントたちから学んだ技術的スキルへの感謝を口にしながらも、ある種の失望をも表明するのである。国際的専門家との「協議」はしばしば、専門家が地域の統計担当者に対し、どうしたら課題が達成できるかを示すことも彼らの直面している困難への理解もなく、ただ行うべきことのリストを手渡すだけで終わる。[44] 一部の国際的コンサルタントは、統計担当者に対して現在行われている訓練を有害だと述べてさえいる。[45] 他のコンサルタントたちは、国民経済計算担当者は週末のセミナーや研修コースへの参加資格を得て、それに伴う日当を手に入れるために、無知を装っているのではないかと疑っていた。[46]

国際水準とソフトウェア・パッケージに向けて調整された協議や訓練の影響としてしばしば見られるのは、地域の統計担当者たちがおびえ、自分は無力だと感じることである。私に情報を提供してくれた人たちによれば、国民経済計算担当者は一年に平均三つの訓練コースに参加している。そこで教えられるのは高度なソフトウェアの操作の仕方が中心である。残念ながら、欠如した、あるいは不十分なデータの取り扱い方という本当の課題は、こうしたコースでは取り上げられることはない。[47] 例えばマラウイでは、ノルウェーの援助団体の資金による三年間のプログラムで、ノルウェーとドイツで使われているのと同じソフトウェアを使えるまでに国民経済計算システムを向上させることに成功した。しかし、国民経済計算部門では離職率が高いので、もし訓練を受けた人間が退職したら、統計事務所には誰も使い方を知らないソフトウェア・システムだけが残ることになるかもしれない。[48] この能力開発プログラムは、政策立案者たちのためのよりよいマクロ・モデリング・ツールの開発にも力を入れていた。モデリングの試みは、マラウイの中央銀行の代表たちからは、二つの理由で懐疑的に見られていた。第一に、それは財務省のほとんどの職員が理解したり使用したりするのにはあまりに複雑だということ、第二に、モデルのデータ・ニーズは、マラウイ経済についてのデータ入手可能性を過大評価していて、そのためモデルは仮定された関係に大きく依拠しすぎているので役に立たないということである(49)。

一九八〇年代の構造調整プログラムの後、IMFと世界銀行は焦点を「貧困削減プログラム」と呼ばれる再設計された政策改革プログラムに移した。これらのプログラムの政策目標は、各国に関する貧困削減戦略文書(PRSP)に示されている。その動機となったのは、改革対象国を政策策定プロセスに関与させること(世界銀行とIMFはこれを「オーナーシップ」と呼ぶ)、そして構造調整プログラムの運営にあたる人々からの、貧困者への悪影響を指摘する批判に応えることであった。貧困削減プログラムの批判者たちは、プロセスと内容の両方で実際の変更はごくわずかしかないと指摘したが(50)、統計局にとっては実際に違いがあった。貧困に関するデータという新たな需要が生み出されたのである(51)。

デイヴィッド・ブースとヘンリー・ルーカスは、貧困削減プログラムが世帯調査データの質と入手可能性に改善をもたらしたと主張する。彼らによれば、このデータ収集のレベルの持続可能性には深刻な懸念が残るが、少なくとも世帯調査に関する課題の重要性への認識は高まった(52)。彼らはまた、データの入手可能性の問題が貧困削減戦略文書で議論されている一方、各国のデータ分析および収集の能力の問題は放置されている、と指摘している(53)。新しい開発アジェンダは情報への新しい需要を生み出したものの、この需要をいかにして満たすかについての明確な戦略は持っていなかったのである。貧困のモニタリングはこの欠陥によって困難になり、既存の時系列データは、ミレニアム開発目標の第一目標である貧困削減に向けた進展を評価するのに必要であるにもかかわらず、一貫性のない、したがって信頼性を欠くデータに依存するしかない状態に置かれている。[54]

国際的開発コミュニティは現在、「証拠に基づく政策」という考え方を採用している。この新しい考え方には「結果重視マネジメント」の原理が関係している。これが開発コミュニティに、国連のミレニアム開発目標のような定量化可能なターゲットを設定するよう動機づけたのである。[55]これはさらに、貧困国の統計的能力の問題を政策課題に位置付けた。八つのミレニアム開発目標は一八［現在では二一］のターゲットと四八［現在では六〇］の指標によって支えられているが、それらは経済開発のほとんどの側面を網羅している。興味深いことに、政治的ガバナンスの指標は定量化可能なターゲットには含まれていない。このことは国連開発計画（ＵＮＤＰ）の報告書で、貧困国の統計的能力に負担をかけすぎるということを理由の一つにして正当化されている。国連開発計画は、ガバナンスの指標は国内および国際レベルで支持を受けているが、統計担当者たちはデータの欠如、おそらくは経験の欠如、そしてこの企画の政治的微妙さのために、この指標の測定を避けてきたと主張している。[56]この言明は、各国の統計局が置かれた不安定な状況を浮き彫りにし、次のような疑問を抱かせる。もしこうした懸念がガバナンスの指標に当てはまるとしたら、ミレニアム開発目標の各国統計局に対するデータ需要の影響はどのようなものになるのだろうか。

国民経済計算部門、統計局、国際および国内の利害関係者からの反応は明確である。統計局は、ミレニアム開発目標が彼らにかけた負担に対応する能力をまだ持っていない。ゴンサロ・ドゥエニャス・アルバレスたちによる討議資料は、一九九〇年から二〇〇九年の期間のサハラ以南アフリカ各国について、ミレニアム開発目標の一二のターゲットに関するすべての入手可能なデータのリストを提供している。[57] データ入手可能性は国によってさまざまである。九カ国は、二〇〇五年については一つを除くすべてのターゲットに関するデータを持っている（リベリアはすべてのターゲットについて最近のデータを持っている唯一の国である）。ほとんどの国が、一つのターゲットを除いて、長期にわたる少なくともいくつかのデータを持っている。ソマリアとスーダンは全くデータを持っていない。貧困データに関する指標は、最も長い間観察が行われていないものである。これはおそらく、貧困を測定するのに使われる調査手段が、費用が多くかかるデータ収集と分析を含んでいるためであろう。[58] この研究はミレニアム開発目標の一二の指標の一部しか扱っていないことに注意する必要がある。四八の指標全体のデータ入手可能性の状況は、もっと悲観的な様相を示すだろう。最新のミレニアム開発目標の中間報告はデータ入手可能性の問題に簡単に触れているが、統計能力の問題が評価にどう影響するかについては議論していない。[59] ヤン・ファンデモールテレは、ミレニアム開発目標に関して、統計が成功の証拠をねつ造するために悪用されてきたと主張している。彼はさらに、量的ターゲットの使用が開発についての皮相な見方を助長し、このプロセスが「金銭を基準とした、援助者中心の開発観」を強化したと主張する。[60] ディミトリ・サンガはミレニアム開発目標について、「大きな弱点は、データが入手可能だという前提にある。各国は必要なデータを収集し、処理し、発信する能力を形成しようと悪戦苦闘してきた」と語っている。[61]

いくつかの事例では、ミレニアム開発目標のモニタリングの需要は、各国の統計局にとって棚ぼたの経済的資源を意味した。国民経済計算担当者からは、これが意味するのは、すでに不足している国民経済計算部門の人員がミレニアム開発目標指標のデータ収集を行う部門に異動させられてしまうことだという不満の声が聞かれた。中央銀行など国内の利害関係者は、重要な経済成長データの質が低下しているのではないかと語った。統計局で私が参加した会議でしばしば指摘されたのは、より多くの資金がデータ収集に割り当てられるため、分析と発信がしわよせを受けているということだった。こうした憂慮は、ＩＭＦや世界銀行の代表たちからも聞こえてくる。統計局の限られた能力は、ミレニアム開発目標のアジェンダによってさらに制約を受けているのではないかというのである。

統計局の能力と制約

データ利用者は、どのデータセットが他のセットより優れているかを判断するための基準を予め持っているわけではない。経験豊かなその国の専門家だけが、その国のデータの質を合理的に判断することができる。データ利用者は、自分たちが依拠しているデータセットが、その国について別の方法で知られるものとどこまで一致するかを知るべきである。そうすることで、データ上の大きな変動は経済的変化を反映したものか、それとも統計誤差なのかを判断することが可能になるだろう。データ利用者はさらに、ある特定の国のデータの質を他の国のデータの質とどのように比較できるかを知ることに関心を持つべきである。ガーナが国民所得を六〇パーセント上方修正したのを見たデータ利用者は、ガーナの所得をコートジボワールあるいはナイジェリアの所得と比較するのにためらいを感じるかもしれない。データ利用者はどのようにしてデータベースを使いこなしたらよいのだろうか。

そのための情報はメタデータと呼ばれる。この情報は、理想をいえば、時系列統計に添付されるべきである。それは、データ利用者が自信を持ってデータを使えるように、定義、情報源、その他の情報を含んでいるべきである。私は二〇一一年一一月の世界銀行データ・グループへのプレゼンテーションでこの点を主張した。彼らが、それ以来データセットに国レベルのよりよいメタデータを使い始めたことは評価に値する。これは、データの質に関する完全な透明性への道の重要な一歩であるが、まだ先は長い。国際的データセットの発信者は、この種の情報をごくわずかしか提供しない。世界銀行のオンライン・データバンクに含まれる唯一のメタデータは以下の定義である。「GDPは経済におけるすべての在住生産者の粗付加価値に、製品の価値に含まれていない製品税を加え、補助金を差し引いた合計額である。それは製造された資産の減価償却や、自然資源の枯渇や劣化を控除することなく計算される」。データバンクは、そのデータが恒常通貨によるのか流通通貨によるのか、現地通貨によるのか国際通貨によるのかについての情報を提供し、基準期間は「国によって異なる」と言う[62]。データ・マニュアルには、データを編集する際に使われる一般的な数式と定義だけしか含まれていない。[63]

二〇〇九年に、私は国民経済計算の時系列データの計算の基礎となるメタデータと生データの入手可能性を問い合わせるために、世界銀行の開発データ・グループと接触した。データ・グループは、「国の統計機関が提供した生データは外部の利用者には入手できないものであり、世界銀行のごく限られた人たちしかアクセスできません」と回答した。[64] 二回目の問い合わせで、私は国連のデータ部門を通じて入手可能なデータファイルがあると知らされた。[65] この時系列データは一九七〇年まで遡って存在し、いくつかの指標についてよりよいメタデータを提供するものだった。しかし、国民経済計算に関しては、記載された情報源と方法は、ごくわずかな情報しか含んでいなかった。国民経済計算に関するメタデータは、データが「公式データ」――国の統計局から直接提供されたもの――なのか、それとも世界開発指標に由来するものなのかをほとんど記述していなかった。これは、私が一周して元のところに戻ったことを意味した。基礎となる国民経済計算ファイルと世界開発指標に使われた情報源と方法についての三回目の問い合わせでも、私は同じような回答を得た。「データ・グループには、あなたが要求したような情報はありません。私たちが受け取った国民経済計算データは、その国の官庁あるいはＩＭＦからの電子ファイルです。国の統計局に直接問い合わせてみたらいかがですか？」。[66]

私はＩＭＦにも接触したが、答えは似たようなものだった。「私たちは統計公報や各国の情報源の刊行物を持っていません。各国当局はデータを電子ファイルで送ってきますが、そのファイルは一般に公表していません」[67]。この循環を断ち切る最後の試みとして、私はペン・ワールド・テーブルの編集者に、基礎となる時系列データへのアクセスについて問い合わせてみたが、答えは「アフリカ諸国については、私たちは国民経済計算データを国連から入手しています」というものだった[68]。こうして私は、世界銀行への最初の問い合わせの時と同じ場所に戻されてしまったのである。国連のデータベースには一九七〇年以降のデータしか含まれていないので、私は、このデータ以前はどの情報源が使われていたのかと質問した。答えは、「一九七〇年以前のデータについては、私たちは失われたデータを推定するために、古い国別データから一九七〇年までの変数の成長率を適用しています。例えばタンザニアについては、私たちはPWT6・2で国民経済計算データを使っていますが、それはPWT6・1の国民経済計算データを使って推定されたものです。PWT6・1以前については、データの一次資料をたどることができません」[69]。

私が各国の統計局に直接接触したとき、より多くの情報を集めることはできたが、すべての国について国民経済計算の歴史をさかのぼることができたわけではなかった。時系列データとメタデータの両方に大きな断絶がある。この透明性の欠如とメタデータの問題について、私はザンビアとタンザニアのデータ・コンサルタントと話をした[70]。彼らと同意できたのは、異なった国の推計の相対的な質や、ある国の国民所得がどの程度低く見積もられているのかを感じ取ることの難しさであった。東アフリカ各国の統計局に技術支援を提供しているIMFの東部アフリカ地域技術支援センター（East AFRITAC）に連絡してみるよう助言を受けたので、私は、東アフリカの統計局の置かれた状況の内側を垣間見ようと、センターのマクロ経済統計アドバイザーに接触した。

情報を得ようとした私の最初の試みに対して言われたのは、アドバイザーはまだこの地域について意見を述べるのに十分な時間を費やしていないということだった。二回目の試みに対して、アドバイザーはこう回答した。「関係する統計局があなたに出した公式回答に、何も付け加えることはできません。私は現在、それらの国に技術支援を提供していて、極秘扱いで提供される情報にアクセスしているので、あなたの要求にお応えする立場にありません」[71]。私は、すでに世界銀行、英国国際開発省、ノルウェー開発協力局、ＩＭＦからこの問題に関する情報を得ることができたと反論し、「この研究の中心目的の一つは、この地域の所得および成長の統計作成の背後にあるプロセスの神秘性を取り除くことです。このプロセスでのＩＭＦの役割は『極秘』だという立場をとることは、問題を解決しないだけでなく、より多くの問題を生むことになるでしょう」と説明した[72]。これへの回答としてＩＭＦの代表はこう書いている。「私がＩＭＦの統計部門で働いていて、各国の統計編纂者に技術支援を直接提供しているということを、あなたは理解する必要があります。彼らの手助けができるよう、私は非公開の情報に接することを許可されています。もし私もしくは同じ立場にある他の技術支援提供者が、全く無関係の第三者に情報を提供したら、それは信頼を裏切る行為であり、将来の技術支援の申し出は受け入れられなくなるでしょう[73]」。

三回目の要求を行ったとき、このＩＭＦ代表は一般的助言をしてくれた。「一般論として、あなたが言及した東アフリカの国すべてに言えるのは、国民経済計算のための原始データを強化する必要があるということです。でも、これらの諸国は貧しく、国民経済計算のための定期的なデータ収集を行う資金を供給するだけの歳入がありません。一般的に、農業、漁業、非公式部門とサービス活動のデータ収集を強化する必要があります。さらに、価格収集（農業、生産者価格）にも改善の余地があります。編集スタッフも資金も予算の関係で制約を受けていて、作成される統計の範囲と質とを制限しています。今いるスタッフは、さらなる訓練と成長が必要です。編集における制約は、限られた発信に反映されています」(74)。

ＩＭＦと世界銀行は、統計サービスの状態についての国レベルの情報を、「国際基準の遵守状況に関する報告書」（ＲＯＳＣ）のなかで提供している。この報告書は、各国がどこまで、民間部門や金融部門の発達と安定性に関して国際的に認められた基準や規準を守っているかについて、概観を示している。この構想は一九九九年に、国内および国際レベルで金融の安定性を改善するための方法として始められた。評価は、調査の対象国の要請により、ＩＭＦと世界銀行によって行われる。ＩＭＦは主にデータの発信と財政の透明性の評価の責任を負うのに対し、世界銀行はコーポレート・ガバナンス、会計および会計監査、破産制度や債権者の権利といった問題で主導権を握っている。報告書は高度に標準化されている。このことは、報告書を読むのを楽にさせたが、具体的な国レベルの情報を締め出すことになった(75)。

一九九九年以降、評価を受けたのは、次の一六カ国だけである。ボツワナ、ブルキナファソ、カメルーン、チャド、ガンビア、ケニア、マラウイ、モーリシャス、モザンビーク、ナミビア、ニジェール、セネガル、南アフリカ、タンザニア、ウガンダ、ザンビア[76]。報告書は一般人には容易に理解できない。それは大量の専門用語や略語を使っていて、開発コミュニティ全体に向けたというよりは、技術官僚の間での配布を意図したという明確な印象を与える。私がＩＭＦや世界銀行の代表たちと最初にやりとりしたころ、データ部門のスタッフは時々これらの報告書に言及したが[77]、最近の問い合わせに際してはこれらに触れることはない。おそらく、そのほとんどが今ではもう古くなっているからであろう。私の印象では、これらの報告書は、各国の統計局や財務省、中央銀行で広く読まれてはいない。私が報告書のハードコピーを見かけたのは、一つの統計局だけだった（二〇〇七年にタンザニアで。二〇一〇年に行ったときには、それは行方不明になっていた）。

統計サービスの一般的状態についての報告書で指摘された最もよく見られる問題は、人的資源、インフラストラクチャー、財源をふくむ資源の不足である。これは、統計能力の改善の持続可能性に関する最大の憂慮としても、しばしば言及されている。いくつかの事例では、大幅な前進があったと報告されているが、タンザニアの例が示すように、国による資源の提供に改善がない限り、この前進は長期的には持続可能ではないだろうと憂慮されている。その他の注目すべき問題として、ボツワナ、カメルーン、ガンビア、モーリシャス、セネガルについての報告書で言及されている、適時性と周期性の問題がある。そして、ウガンダ、セネガル、カメルーンの場合のような、作成された統計の不適切な発信と調整の問題もある。

表4・1は、各国がどの基準を満たしているか、あるいは満たしていないかを示している。ＩＭ

Fの報告書は、各基準の査定に、「認められない not observed (NO)」、「おおむね認められない largely not observed (LNO)」、「おおむね認められる largely observed (LO)」、「認められる observed (O)」という区別を使っている。表4・1では、各項目について報告書で「おおむね認められない」または「認められない」とされたものをXで示した。Xの最も少ない国が最も評価が高いことになる。南アフリカとウガンダは、IMFが設定したすべての基準を満たした（報告書で各基準について「認められる」と「おおむね認められる」で示されている）。一方で、チャドとマラウイはまだ多くの評価で基準に達していない。このことは、これらの国には許容できるレベルの国民経済計算を作成する統計能力がないことを示唆している。

これらの報告書はデータ利用者にとっては興味深い一般的情報を提供しているが、そのメタデータは実際の時系列データと一緒に報告されてはいない。南アフリカとウガンダだけが「正確性と信頼性」（AR）の基準を満たしているというのは目を引く。このことは、他の諸国がGDP推計を算出するのに使っている原始データと統計方法は正確でもなければ信頼できるものでもないということを意味している。利用者が世界銀行のデータベースから時系列データをダウンロードしても、この結果については何の注釈もついていない。

これは、サハラ以南アフリカ諸国の統計局の現状についての私の観察とどう整合するだろうか。私自身の調査によれば、さまざまなばらつきが存在する。私の調査は、二〇〇七年から二〇一〇年にかけてガーナ、ナイジェリア、ウガンダ、ケニア、タンザニア、ザンビア、マラウイの統計局の

表4・1　サハラ以南アフリカ諸国の統計能力に関するIMFと世界銀行のデータのまとめ

順位	国	POQ	AI	MS	AR	S	A
1	南アフリカ						
1	ウガンダ						
2	モーリシャス				x		
3	タンザニア				x		x
4	ボツワナ			x	x	x	
4	ナミビア	x	x		x		
4	セネガル	x	x		x		
4	ケニア	x		x	x		
4	ザンビア	x			x		x
5	ブルキナファソ	x		x	x		x
5	ガンビア	x		x	x		x
5	モザンビーク	x			x	x	x
5	ニジェール	x			x	x	x
6	マラウイ	x		x	x	x	x
6	チャド	x	x	x	x		x

POQ＝質の必須条件。法的枠組み、入手可能な資源、統計プログラムの適切さといった基本的要素を指す。

AI＝整合性の保証。専門性、透明性、倫理基準などの基準を含む。

MS＝方法論の健全性。用語の概念や定義、計画の範囲、システムの区分、記録の仕組みを含む。

AR＝正確性と信頼性。原始データ、統計技術、修正研究、中間データの質についての標準の遵守を指す。

S＝有用性。周期性、適時性、一貫性、データの修正を指す。

A＝接近可能性。データ・メタデータへの接近可能性と利用者への配慮の基準を示す。この情報はカメルーンについては入手できなかった。

Source: IMF country reports.

役人や重要な利害関係者に対して行った非構成的面接に基づいている。私はこれを、ブルンジ、カメルーン、カーボベルデ、ギニア、レソト、マリ、モーリタニア、モーリシャス、ナミビア、モザンビーク、ニジェール、セネガル、セーシェル、シエラレオネ、南アフリカの国民所得計算担当者への調査で補完した。サハラ以南アフリカ四八カ国中二二カ国の統計専門家および／または利害関係者たちと直接接触したのである。残り二六カ国のうち一六カ国については、公式のウェブサイトから要約したデータしか入手できなかった。アンゴラ、コモロ連合、コンゴ民主共和国、エリトリア、リベリア、ソマリア、スワジランド、トーゴ、ジンバブエについては、直接的にも間接的にも全く情報を得ることができなかった。

物差しの一方の端にはウガンダがある。ここでは、他の諸国に比べて高い優先順位が統計局に与えられている。その理由の一部には、この国の固有の歴史が関係している。一九八六年に、ウガンダの国家統計サービスは、内乱の後で壊滅状態だった。[78] この国はこの機会を捉えて、この地域で私が訪問したどの統計局よりも物理的に立派なだけでなく、職員も多く、よりよい最終成果を出す統計局を建設したのである。ウガンダの統計作成が他のアフリカ諸国よりも優れているもう一つの理由は、中央銀行や財務省の指導者たちがよりよい統計を要求し、それを作成するために必要な資源を供給したことにある。[79]

私が訪問した中で、物差しのもう一方の端に位置するのはザンビアである。国の統計局は混乱状態で、国民経済計算部門はひどい人員不足だった。ドナーの派遣団や中央銀行、統計局の職員たちはみな、統計局が作成するデータや使っている方法の欠陥について、とても率直に語ってくれた。一九九〇年代半ば以降、技術支援は全く行われず、統計能力形成という国家戦略は失敗に終わった。内密の話として聞いたところでは、一九九〇年代後半に国の統計局と世界銀行の代表との間に仲たがいがあり、その結果、世界銀行のＳＴＡＴＣＡＰ計画の下での統計局への資金提供に対するザンビアの応募は「却下」されてしまったということである。[80]ＳＴＡＴＣＡＰと言うのは、世界銀行の新しい融資計画で、開発途上国の統計能力形成の支援を目的としている。[81]この原稿を書いている時点では、ブルキナファソ、ケニア、タンザニアが最初の事業評価資料を準備したが、出願手続きを完了しているのはウガンダだけである。コンゴ民主共和国、ガーナ、ナイジェリア、ルワンダでは、予備研究が進行中である。ＳＴＡＴＣＡＰのウェブサイトによれば、このプログラムの論理的根拠は「多くの国の統計システムは、不十分な資源が制約となって統計の質を低下させ、一方で統計の質の悪さが統計への需要を減少させ、したがって資源も減るという悪循環に陥っている」ということである。[82]この悪循環はザンビアの状況をかなりうまく言い表している。しかし、これまでのところ、支援の資格を得るために必要な資料を準備するという困難は克服されていない。

国民経済計算時系列を改訂、リベースすることを望む統計担当者たちは、常に外部のコンサルタントや資金調達に依存している。二〇〇七年以降、ノルウェーの援助を受けた技術支援プログラムは、ノルウェー統計局からの駐在職員の派遣を含んでいたが、このことによって、マラウイで使われている方法（必ずしも生データはそうとは限らないが）はヨーロッパの水準に適合し、マラウイの統計サービスの基準年や統計方法は最新のものであることが保証された。方法は最先端であったとしても、マラウイのより大きな問題は統計サービスの独立性が深刻に憂慮されるということである。[83]ザンビア、ナイジェリア、タンザニア、ケニアはすべて古くなった基準年を持ち、すでにガーナで見られたように、新しい基準推計がこれらの国の所得を増加させるのは時間の問題である。[84]第一章で言及したように、私が調査した二二カ国中、一八カ国の回答者が、自国のGDPは現在、過小評価されていると思うと答えた。回答者たちは、どれほどかを推測するのは気が進まないようだった。私が調査した国民経済計算部局のなかで、最新のGDP改訂時における自国のGDP調整の規模を知っていたのは、たった一〇カ所の代表だけだった。修正は最低五パーセントから最高三五パーセントにまで及んでいた。上方修正の理由は、方法とデータにおける、そして経済構造における一般的変化であると報告されている。非公式部門と電気通信部門の名前が頻繁に挙げられた。私はさらに、統計局は非公式部門と「自給自足」生産について詳しい情報を持っているかと質問したが、固有の非公式調査を行った二、三カ国を除いて、回答者は皆、家計調査が唯一の情報源だと答えた。ここでの重要な教訓は、推計のための基本的データベースの最良の指標は、家計調査がどれほど最近行われたか、そしてどれほど頻繁に行われているかに示されている、ということである。この教訓への警告は、基準年を変更して新しい時系列データを生み出すような改訂なしに、調査で得られた新しい情報をGDP推計に直接加えることは、歪みの原因となるということである。ここで実証されたように、データはときに臨時的なやり方で加えられる。これが開発統計にどのように影響するのか、それがいつ行われるのかについて、データ利用者は当て推量するしかない。なぜなら、メタデータはこうした問題について情報を提供していないからである。

開発のためのデータ　何をすべきか

経済統計の研究のほとんどは、いかに数字が間違っているか、どうしてそれは誤解につながるかを示して、知識問題を論じている。データ利用者は、データ発信者からのもっと多くのメタデータを必要とし、データ作成者は能力形成に助力を必要としているが、それはデータ収集への資金提供の範囲を超えている。データ利用者もデータ作成者も、必要とする支援を受けていない。

統計局がどれだけ独立性を保持しているかは、法律、資金、データの質によって決まる。一部の国では、統計局は自立あるいは半自立しており、一部の国では直接財務省の管轄下にある。統計局が政府や財務省の承認なしに数値を公表する力をもつかどうかは、法制によって決まる。ほとんどの統計局は国家予算から、維持費と基本給をどうにか賄えるだけの資金しか与えられていない。設備やデータ収集の向上は、全面的に国際的な資金に頼っている。一部の国では、このことは、統計局が次第に、特定の注目されるデータ収集のために雇われた代理人になりつつあることを意味する。

データは、指導者がうそをつくために統計を使おうとするほどに、政治的に重要なものだろうか。本書は、国家統計を改ざんする十分な機会があることを立証してきた。ほとんどの場合、統計は、国内政治に関しては、政治指導者たちがデータに影響を与える動機を持つほど重要ではない。指導者たちは、それが政治的目的に適合する場合には、好きなように時系列統計を調整したり選んだりすることができる。経済的リテラシーのレベルが低い場合も、統計を改ざんする動機は減少する。国連アフリカ経済委員会の報告書はこう結論づけている。「先進諸国では、判断を下すことは、客観的な評価をするための統計的知識を持った利用者に任されている。しかしながら、アフリカでは、状況は根本的に違っている。というのは、統計的リテラシーが、政府関係者の間でさえ、まだ初期段階にあるからである[85]」。

どの統計が政治的に重要なのかについての知識が欠如している。これらの国々での統計的リテラシーの程度について、私たちもまた知らな過ぎる。私たちは、どの指標が誰にとって、なぜ重要なのかについて、研究する必要がある。作物と人口統計のいくつかの事例を除いて、経済統計や社会統計は主に開発コミュニティ、とりわけドナーやＩＭＦ、世界銀行が使うために作成されている。

統計局の役人や技術顧問は一般に、統計作成のプロセスで多くの政治的圧力を受けたことを証言してこなかった。もちろん、この圧力は水面下で行われる交渉や協議の場で働くものであり、こうした交渉の参加者は、統計作成の透明性のためには貢献したがらない。最終的な数値について交渉が行われるプロセスと、推計がそれに基づいて作られるひじょうに弱いデータの基礎とが、私たちが手に入れるデータの中身を条件付けているのである。通常、問題はデータの捏造ではない。私への情報提供者によれば、統計担当者たちはしばしば自己検閲している[86]。データが議論を呼ぶようなものを何も示さなければ、統計局の役人は、難しい質問に答えなくてもすむからである。

ミレニアム開発目標は、統計局への政治的圧力を増加させた。ターゲットに向かうプロセスの評価は統計報告に基づいて行われ、ドナーは量的ターゲットの達成の程度に応じて資金を出す。このプロセスの肯定的な成果は、統計局が無視されていた構造調整の時期と比べて、統計局に注意が向けられるようになったことである。現在、統計局は過去三〇年と比べて、より多くの資金を獲得できるようになった。しかし、それは一貫性のないやり方で行われている。概して支援は一時的なものであり、特定のドナーの資金によるプロジェクトと直接に結びついている。このことで、ドナーは統計能力を形成するどころか、データ作成を歪めている。それは現在のスタッフやインフラストラクチャー資源の乱用につながる。統計局員は現地でデータ収集に従事するときは日当で十分な報酬をもらえるが、事務所での分析や発信の活動にはわずかな人員と資金しか残らないということになる。

必要であるにもかかわらず、長いこと延び延びになっているのは、アフリカ経済の新しいベースライン推計である。現在国民所得をまとめるのに使われている方法が国によって異なり、集計とデフレーションに使われる基準年も違っていることから、この必要性は明らかである。個別の事例としては、マラウイがソフトウェアと基準年の方法をヨーロッパの水準に合わせて更新したことや、ガーナが経済推計をより正確な評価ができるようにリベースできたことは朗報である。しかし、データ作成の方法のこうした改善は、ガーナやマラウイを他のアフリカ諸国と比較するときに問題を引き起こす。統計資料だけに基づいた場合、データ利用者にとって、アフリカのどの国が成長しつつあるのか、どの国が他の国よりも経済的に発展しているのかを判断することは難しい。これらの統計の発信者として、国際機関のデータ部門は、ここで情報に関して演ずるべき重要な役割を担っている。しかし、これらの部門は、発信される情報の正確さよりは、明確かつ強力に伝達することの方に重点を置いている。

どのような種類の支援が必要だろうか。最良の方法は、国際的標準化だけではなく地域の条件に基づくべきであり、与えられる助言は、地域の条件への考慮を念頭に置いて読まれるべきである。一般に、それぞれの国にどういったデータの不備があるかを、明確に記録しようとすることが必要である。データの不備に注目することは、それを解決するための第一歩であるだけでなく、開発の研究者や実行者が貧弱な統計から間違った推論を導き出す機会を減らすことにもなるだろう。

特定のプロジェクトのモニタリングには、それに基づいて国の指導者たちが自信を持って統治できるような情報を配信する能力が統計局にあるかどうかの現実的査察が加えられるべきである。ミレニアム開発目標のアジェンダは、植民地の独立時、構造調整の時期、そして最近の貧困削減の時期に犯したのと同じ過ちを犯そうとしている。これらの各時期に、目標とそれに到達するための政策は特定されたが、進展を測定する情報がどこから来るべきかについてはあまり考えられなかった。開発についての重要な問いを反転させてみるのが有益かもしれない。どのような開発を目標とするかと問うのではなく、「どのような開発を私たちはモニターすることができるのか」を問うのである。

私は、国際開発統計では野心は抑えられるべきだと主張したい。経済開発の測定の国際的標準化は、手続きの偏りの原因となってきた。測定の内容に焦点を当てるのではなく、手続きの厳守を目標とする傾向があった。開発の測定は出発点として、地域のデータ入手可能性を考慮に入れるべきであり、統計担当者は、一見したところデータに基づいているように見えるが、実際には根拠の薄弱な予測や推測である集計の報告をやめるべきである。つまり、焦点を公式、標準、手引書、ソフトウェアから他へ移すことが必要なのである。問題なのは、何についての数字が入手でき、それらの数字はどれだけよいものなのか、ということである。時空を超えた比較を可能にするためには、情報を体系化するシステムからではなく、知識の基本入力から始めることが必要なのである。

データ収集には、高い妥当性を追求する傾向、つまりデータの信頼性よりも経済の全体をカバーすることに重点を置く傾向がある。したがって、データの総計を出すことが好まれ、標本調査よりも全数調査（センサス）を行い、変化を測定するよりも水準の推計を行うのである。こうした傾向は、データ利用者に変化について有益な情報を与える、頻繁な調査データを犠牲にすることになる。実際上、このことが意味するのは、大規模な単発のデータ収集プロジェクトに資金が向けられるということである。[87] 統計局も援助者もこの好みでは一致している。統計局はデータ収集への日当に充てられる資金を手にし、ドナーは統計の高度化という世界的に要求されている水準を満たすというわけである。[88]

したがって、統計局への資金提供の構造を変化させることが必要である。必要とされるのはより多くの資金だけではなく、それが信頼できる、頻繁に発信される調査に向けられることである。五〇台のミニバスを毎年調査し、小規模運輸部門の収益と提供されるサービスについての印象を得る方が、三〇年に一度運輸部門のセンサスをして、それ以前と次のセンサスまでの三〇年の変化は国が交付するナンバープレートの数におおよそ従っているだろうと期待するよりも有益である。統計局がデータの発信と分析に対して報酬を受けられるように、資金提供の仕方を変化させることも必要である。これは統計局の独立性とも関係している。独立性は法制から派生するだけでなく、統計局の調査、分析、発信の能力から生まれるものである。より定期的な資金提供が、統計局に、政府あるいはドナーのプロジェクトから独立してデータ収集する能力を与えるであろう。

所得と成長のデータ利用者たちは、現在のところ、データ提供者たちからひじょうにわずかな助力しか受けていない。メタデータ（データ・ファイルに付随する情報）は欠如しているか、不十分なものでしかない。推計の質を正しく判断するためには、利用者は、ベースライン推計の最終改訂がいつ行われたのかを知る必要がある。非公式部門についてのデータの入手可能性は、家計調査が最後に行われたのはいつかということに依存している。最後に、誤解を避けるために、データ利用者は時系列データの構造的中断について情報を提供されるべきである。統計家が「データ自体が物語る」と言うことができるのは、理想の世界での話である。本書は、データは経験に基づいた推測や互いに矛盾する観察、論争の余地のある仮定に基づいていて、その傾向も水準も疑問の余地があるものであり、最終推計は外からの影響を受けやすいものだということを実証している。これが統計専門家の信頼性を損ない、中央の利害関係者との会議において彼らを弱い立場に置いている。報告における透明性、つまり国際的データベースが情報源を明らかにし、メタデータを適正に報告することは、地域の統計局が演じている重要な役割に、開発コミュニティの注意を向けさせる上で役に立つだろう。新しいベースライン推計のグローバル・スタンダードは、開発コミュニティの理論的好みや希望的観測だけでなく、地域への適用性に基づくものでなければならない。

結論　数字による開発

『統計でウソをつく法』(*)というベストセラーが出版されてから五〇年以上が経つ。「相関関係は因果関係を意味しない」というのが、その本の主要テーマの一つだった。幸運なことに、この考え方は人気を博し、広く受け入れられ、しばしば繰り返される決まり文句となった。もちろん、これは社会科学者が cum hoc ergo propter hoc（これとともに、ゆえにこのために）という論理的誤謬を犯すことを妨げるものではないが、少なくとも教養のある統計消費者は、統計の結果を提示されたときに示すべきこの基本的反応を刷り込まれているだろう。

この本が出版されたのとほぼ同時期に、「ゴミを入れれば、ゴミが出てくる」という言葉が作られた。これは、コンピュータあるいはモデルは、どんな基本的入力がプロセスに送り込まれようと、対数処理をし、結果を生み出すという事実を指している。推測統計学は、ゴミ（あるいは統計学者が好む言い方をすればデータの誤差）は結果が無効になるようなバイアスをかける、とこの言葉を弁護する。統計学者はこう言うだろう。「実際、私のデータに対するあなたの反論は見当違いです。もしデータが完全だったら、私の出した結果はもっと強化されたでしょう。悪いデータが私の研究成果を弱めているのです」。これは例えば汚職と経済成長データとの関係、あるいは公的な開発支援と経済成長との関係の研究に適用できる。ここで検討したすべてのデータセットに重大な測定誤差がある。したがって、これらの実環境データを使って統計的関係（もしそれが存在すると仮定しても）を見つけることはできそうにない、というわけである。

この弁明を受け入れるべきでない理由はたくさんある。第一に、もし誤差が不規則にではなく体系的に分布している場合には、もちろんこれは妥当しない。数字に付随する誤差はしばしば体系的であり、したがって私たちは重大な測定バイアスをもつことになる。とくに貧困国で政策問題を扱う場合にこう言える。第二に、最終結果が、分析は関係性を見つけられなかったというものである場合、あるいは分析は間違った関係を見つけたという場合、貧弱な数字は私たちを誤りに導く。関係性が見つからないということは、しばしば結果として公表される。たとえば、公式の開発支援は、クロス・カントリー回帰において、経済成長に対して明確な平均効果を示さなかったという研究結果が公表された(1)。

本書はなによりもまず、推測統計学ではなく記述統計学について語っている。そして、推測統計学で使用されるモデルに入力された数字について調査している(2)。これらの数字をきちんとすること

（＊）Darrell Huff, How to Lie with Statistics (V.Gollancz, 1954). ダレル・ハフ著、高木秀玄訳『統計でウソをつく法――数式を使わない統計学入門』講談社ブルーバックス、一九六八年。

は学問的分析の問題だが、ここで強調してきたように、記述統計学の問題でもある。「ゴミを入れる」ことは実際に最終成果に影響を与えるのであり、数字やその集計は統計モデルへのたんなる入力データではない。それらは意思決定モデルに直接入り込み、政策に直接的影響力を持つのである。それらは国際的あるいは国内政治制度の運営の基礎となる。所得に応じて国を順位づけ、グループ分けすることは、このことが国際舞台で示す最も顕著な例かもしれない。さらに、最近の経済実績に関するデータは、国内舞台での政治、経済に直接的影響を与えている。

今日の学術文献をめぐる状況は、特にアフリカ研究と国際開発に関して、さらにより一般的に社会科学についても、二重の意味でひじょうに問題がある。これまでは、データの質の問題を無視し、したがって額面通りにデータを受け入れてきたか、データは信頼性を欠くものだから意味がないとして退けてきたかのどちらかであった。しかし、数字は無視するのには重要すぎるし、数字の作成と発信を取り巻く問題は、退けるには深刻すぎる。

本書は、この対立的な問題の安定した中間点を探し求め、ついに見つけ出した。基本的に、私が言いたいのは、数字の有用性を評価し、主張するためには質的研究の技術が必要だということである。社会的、経済的、政治的現象の数的表現はすべて、程度の差こそあれ、それ自体が社会的、経済的、政治的現象である。これらの数字が、多くの統計分析が前提としているようなやり方で、それを通じて社会を測定、分析、評価できる、汚染されていない客観的な観察を提供することはめったにない。何が数えられ、どのようなプロセスで数えられるのかについての決定が行われたときに、どこでそれらの観察が行われたのか、どのような条件がその収集に影響を与えたのか、どのような影響因子が優勢だったのかを追跡するに際して、歴史学者、人類学者、政治学者その他の研究者の質的研究の技術は不可欠である。したがって本書は、質的研究を行う人たちに、数字を完全に退けるのではなく、もっと数字に注意を向けてほしいと呼びかける。

アルバート・アインシュタインの「数えられるものすべてが大事なわけではなく、大事なものすべてが数えられるわけではない」という有名な言葉を思い出すことは、もちろん重要である。この言葉の後半部分が、とりわけ教訓的である。なぜなら、統計データは強力なので、本書で議論された基本的な経済的測定基準だけでなく政治的、社会的現象を数値化するために、多くの質的な厳密さが犠牲にされてきたからである。この結論の章では、現存するデータセットの概説を行うところまで範囲を広げる。所得統計に関して私が指摘してきた点の多くが、政治制度を順位付けたり、幸福を数値化したりする他の測定基準にも妥当するのである。

GDPとその他の数字

私たちはGDPを、政策や学問の領域の数字のなかにどう位置づけたらよいのだろうか。これは奇妙な評価基準である。人口を数えたり、輸出総額を算定したりするようなものではない。同時に、その定義は、他の評価基準、例えば政治的自由の定量化可能な定義といったもののように争われることはない。長く続く堅固な理論体系が、統計基準としてのGDPの存在を正当化している。それに加えて、GDP推計の収集は、国内レベルでも国際レベルでも確固とした制度的基盤を持っている。現在、IMFや世界銀行のような機関が国を順位付け、その通貨の相対的重み、したがってその政治的重要性を決定する際に、この測定基準に代わるものは存在しない。

経済学にとってのGDPの重要性は、物理学や自然科学にとっての温度や圧力の測定の重要性になぞらえることができる。経済学は、自然科学が科学であるのと同じ意味で科学でありたいと望んでいる。この野心を実現させるためには、熱力学の諸法則のような一般法則が必要である。経済学の分野には、例えば、ジョン・メイナード・ケインズのマクロ経済学の一般理論がある。GDPは、例えば総需要や総供給を捉える場合に、理論で提示された方程式で中心的な役割を演じる。[3] 経済学と物理科学との重要な相違は、科学者が濃度、圧力、温度の変化を測定するための機器を持っているのに対し、経済学者はGDPの総計の動きを測定する機器を持っていないことである。さらに、何がGDPの変化の原因なのかについて、直接的な合意もない。

しかし、私たちはその構成要素を知っている。人口増加が死亡率、出生率、移住の関数であることを知っているのと同様に、GDPが次の三つの方法で表現されうることを知っている。利潤、賃金、賃料の関数として（所得アプローチ）、経済の全部門の付加価値の総計として（生産アプローチ）、消費と投資への民間および公共支出と、輸出マイナス輸入の総計として（支出アプローチ）である。ある体制の民主主義のレベルを総計するといったことと比べてみれば、これは経済成長あるいは国民所得を定量化するという課題をはるかに直接的に表現している。

しかし、測定値を集計する際に下さなければならない数々の難しい決断は、依然として正当に評価されていない。こうした決断の多くはまた、ひじょうに議論を呼ぶものであり、政治色の強いものである。特定の時と場所における付加価値として、誰が何を数えるのかというのは争いの種になりやすい決断である。本書では、いかにして測定が国家の権力の指標として解釈されるかについて論じてきた。それは、国家が自分自身についてどれだけ知っているかを表現しており、この知る能力とモニターする能力は国家権力の直接的測定基準であり、さらに国家の正当性にも関係してくる。

一部の国々は、自国の経済や国民の活動について、あまり知らない。単純な説明としては、それは政治制度（国家が重要か、それとも市場か）、地理的特徴（人口が密集しているか、それともまばらか）その他の要素、そして開発あるいは貧困の相対的レベルと関係しているだろう。[4] だが、目標は、所得と成長を時間と空間を越えて比較できるような測定基準をまとめあげることである。この目標は、ある国々は他の国々よりも不十分にしか測定されていないという主張に私たちを導く。

貧困国の主要な問題は記録されない経済の規模であるが、これは貧困だけに関係する問題ではない。より先進的な国の所得水準を比較する場合に、ひじょうに複雑な問題の一つとして、不動産部門の評価がある。さまざまな社会的、政治的理由から、借家人と自宅所有者との比率は、国によって大きく異なっている。ＧＤＰを測定する最も単純なやり方は、記録された経済的取引だけを測定するというものである。これは、借家人の住宅への支出だけが数えられることを意味する。したがって、借家人の消費および生産の能力は測定されるが、自宅所有者は除外されることになる。同じような不実表示は、サービスの「市場価格」でも生じる。一部の国では、あるサービスは補助金を受けているのに対し、他の国々では個人の負担で行われる。こうしたサービスには、教育と医療が含まれる。

不変性の原則が意味するのは、データ利用者がその測定を使って生活水準を比較するときに混乱を招かないように、GDPの編纂者は国ごとのシステムの差異を修正するインピュテーション（データの補完）を行う必要があるということである。[5] 政府、大学、NGOの経済専門家たちのグループである「経済パフォーマンスと社会の進歩の測定に関する委員会」の最近の報告書には、家事労働と余暇の価値を従来のGDP測定基準に付け加えることについての啓発的な議論がある。

しかし、インピュテーションは多くの犠牲を伴う。一つはデータの質である。帰属価値は観測値よりも信頼性が低い。もう一つは、国民経済計算の包括性へのインピュテーションの影響である。すべてのインピュテーションが実際の所得に相当するものと人々から認識されるわけではない。その結果は、認知所得の変化と現実の所得の変化との間の不一致となるかもしれない。この問題は、経済活動の範囲を広げて、市場によって媒介されないサービスをも含めた場合に、より深刻になる。家事労働についての推計は、従来の測定によるGDPの三〇パーセントに及ぶ。余暇も含められると、さらに八〇パーセントが加えられることになる。仮定に基づくデータが集計全体に大きく影響することは望ましくない。

これはまさにサハラ以南アフリカ諸国の国民経済計算推計の現状であるということを思い出すべきである。年ごとの推計はインピュテーションに大きく依存している。しかし、不十分な観察から時系列データまでのプロセスが遡及的に考察できることはごく稀である。その滅多にない機会が、ナイジェリア政府によって一九五〇‐一九五七年の国民経済計算の作成を委任されたナイジェリアのエコノミスト、ピウス・オキグボのおかげで与えられた。自分自身が行ったインピュテーションについて、「『数量化』のプロセスの恣意性は誇張のしようがないほどである」と彼は書いている[6]。彼が農業生産の推計を作成したとき、入手できたのは、農業省の役人の主観的な報告に記載された信頼性のない二、三の観察記録だけだった。それらは細かい点では異なっていた。「臨時雇いの役人は、総面積での、前年からの生産の推量をあえて行う。他の役人たちは、面積当たりのパーセント変化で推量を行う。ほとんどの役人は自制して、「平均」「変化なし」「一九五二年プラス」「一九五四年マイナス」あるいは「ひじょうに不足」といった表現にとどめる」[7]。これらのデータに基づいて、オキグボは一九五〇‐一九五七年の時系列データを作成したのである。

オキグボは、この時系列データは生活水準の比較に使われるべきではないと警告している。なぜなら、それは経済の最も重要な部門について、あまりにわずかな情報しか含んでいないからだという[8]。感心なことに、オキグボはさらに、「批判的な調子で終えることは、統計に責任を持つ役人に対して不公正になるだろう」と述べ、「この報告書で示されたギャップの多くは、近い将来埋められる」ことを疑っていないと強調している。しかし、その数年後、本書の第二章で論じたように、ヘライナーは「ナイジェリアの国民経済計算は惨めな状態にある」と述べ、推計の手順の変化が以前との比較を「不適当」にした、と指摘した。この評価について、O・アボヤデ教授の率いるチームが作成した報告書はさらに詳しく説明している。アボヤデは一九八一年にナイジェリアの国民経済計算を改訂した人物である。彼は統計方法の欠陥について、たいへん率直だった。

私たちの経験は、次のことを示した。重みと測定とが混然とした環境、対照的な政治地理が入り混じった状況では、システム・デザイナーや標本理論家たちの洗練された方法よりも、経済人類学者の平凡な基本的アプローチの方が、経済統計を前進させることができるかもしれない。(9)

この学際的なアプローチの勧めは、きわめて思慮に富むものである。開発についての最終判断はもちろん、数量化に内在する限界を理解することで調整されなければならない。ジョン・ハリスが開発研究における学際的な方法に賛成した際に主張したように、開発研究での量的解明の探求は、質的な厳密さによって補強されなければならない。(10)国家はGDPその他の指標を機能させる必要がある。しかし、開発の研究者として、私たちは測定に頼りすぎないよう自分に言い聞かせなければいけない。教訓として言えるのは、GDPは無視するには重要すぎるし、その数字は盲目的に信頼するには貧弱すぎるということである。このことは、開発研究は経済学と統計の利用に限定されることはできないということを意味する。学際的なアプローチが求められているのである。

成長に関連するもの　他の数字による開発

本書の焦点は主にGDPに当てられてきたが、検討の範囲はそれにとどまらなかった。合間に、私は農業統計と人口統計をも見てきたが、サハラ以南アフリカのGDP測定基準のほとんどは、これらと外国貿易から成り立っている。私はさらに、国際的関心が貧困削減へ、より最近はミレニアム開発目標へと移ってきたことによる新しい測定課題にも触れてきた。貧困を測定するためのアプローチとミレニアム開発目標のデザインとは、本書の範囲を超える二つの大きな問題である。[11]この節では、前節よりも少し視野を広げ、他の数字によって開発を議論する。その際、開発の結果としてよりも、むしろ開発を説明する原因として現れる数字にとくに注目していく。

最もGDPの数字に携わっている研究者は、もちろん成長経済学者たちである。成長経済学の初期の時代の基本モデルである成長会計は、ロバート・ソローによって一九五〇年代半ばに導入された。[12]この枠組みでは、成長方程式の左辺は所得の変化、あるいは経済成長を含み、右辺は労働と資本の増分（人口と投資の増加）――経済学者はこれらを生産要素と呼ぶ――を含む。すべての国が同じ生産関数を持つとしたら、この方程式はクロス・カントリー回帰で解くことができる。経済成長で労働と資本の増加によって説明できない変化は残差と呼ばれるが、これは経済成長への説明されない寄与である。[13]

一九八〇年代に、この基本的に新古典派的な成長モデルは新しい成長理論、つまり「内生的成長モデル」と共に展開された。[14]このモデルの目標ははるかに高く、世界中の経済成長に見られる、新古典派モデルでは説明できない大きな差異を説明しようというものだった。それには、説明されない残差を除去するために、労働と資本を超えて経済成長に影響を与えるかもしれない他の要素、例えば制度といったものを数量化することが必要とされた。

バローは、これを試みる中で、影響力の大きい論文を書いた。[15] 彼は一九六〇年以降の一人当たりGDPの成長について、グローバルなデータを使ったクロス・カントリー成長回帰モデルを提示した。[16] 彼の中心的研究成果の一つは、アフリカの大きくて重要なマイナスのダミー変数であった。[17] バローのダミー変数解釈は、分析がまだアフリカ大陸の「典型国家」の特徴を十分にとらえきれていないというものだった。[18]

その後一〇年以上の間、アフリカの一見したところ異常に遅い成長を説明できるような定量化可能な変数を見つけることによって世界の経済成長方程式を「解く」ために、さまざまな努力が試みられた。直接の焦点は、資本の入手可能性や労働の質といった成長の要因に当てられていたが、これらの新しい成長モデルは、インフレ率、闇市場のプレミアム、制度の質の代理変数など、政策を捉えるための測定も含んでいた。新しいモデルは、統計上重要な一四五の説明変数を特定した。この方法が生み出した膨大な数の文献は「成長回帰産業」と呼ばれた。[19] しだいに、特定の政策選択や制度の質の問題は説明を必要とするものだということが認識されるようになった。[20] 独立後のアフリカの成長の慢性的失敗は、広く認められた事実となった。[21] 説明が必要なのは成長率そのものではなく、失敗した政策や成長の永続的な不足に伴う結果であった。この仮定によれば、過去の成長の不足は今日の低所得として現れる。したがって、成長の研究は、過去の一人当たりの成長の観測ではなく、今日の一人当たりの所得によって測定される、クロス・カントリーの不平等の説明に焦点を移した。こうして成長経済学者たちは、現在の開発における諸困難を説明する際に、歴史と制度の重要性に焦点を当てるようになったのである。[22]このことは、社会科学における数量化の拡大を意味した。経済方程式の右辺の新しい諸カテゴリーは新しいデータセットを要求し、それはさらに数値による開発という問題を、一層の緊急性をもって提起しているのである。

このアフリカ開発統計の研究で確認された数の問題は、社会科学のはるかに大きな、そして差し迫った問題と関係している。過去二〇年の間に、政治的発展、社会福祉、紛争を測定しランク付けする数々のグローバルなデータセットが広く利用されるようになった。この量的研究の急成長は、社会経済の発展や政治的発展の研究に多くの積極的貢献をもたらしたが、多くの深刻な欠陥が、こうした方法の妥当性と適用性に限界を与えている。問題は、データの収集の仕方から、概念化、集計の方法にまで及ぶ。これらのデータセットは主に民間で作成され、発信される。それは、これらが、国家が概して記録することを望まないような問題、例えば汚職とか戦死者についての情報を収集するからである。

まさにこれらのデータが公式でないために、そして、ほとんどの開発統計と違って多くの国家にまたがっていないために、これらのデータの妥当性は疑問視されやすい。このことは、時として活発な議論を呼ぶ。本書で私は、同じ現象を測定するのに同じ方法と同じソースが使われた場合でさえ、所得統計の結果はひじょうに異なったものになるということを示した。こうした議論が最も明確に言明されている領域の一つは、戦争や紛争を測定するデータである。ここでの主要な問題は、何人の損耗人員が出れば戦争と言えるのかという線引きを確定することであるが、これが恣意的な決定となることは不可避である。さらに、国境を越えた内戦と国際的戦争の区別をするのも、本質的に難しい問題である。[23] このように、多くの結果は測定プロセスでの決定に敏感である。[24] さらに、これらのデータセットが公表の前に査読されないという問題も指摘されている。[25] 戦争研究で使われるデータセットの数の多さは確かに混乱を招いているが、大体の場合、こうした競争が、基本的データについて正しい質問がされていることを保証するのである。[26]

GDP統計だけでなく、多くの統計に関連する問題として、一般に情報源と方法が透明性を欠くということがある。メタデータが少なすぎ、集計方法は公表されていない。この問題はとりわけ民間で作成されたデータセットによく見られる。[27] 概念レベルで不一致があった場合には問題は複雑化するし、データセットが経済的・政治的ガバナンスの指標のために作成された場合には、問題はとくに急を要する。「経済成長」あるいは「戦争」さえもがひじょうに直接的な現象であるのに対し、ガバナンスとなると多くの競合する定義が存在する。政治的指標、とりわけ民主主義を測定する指標は、おそらく最も議論を呼ぶものであろう。問題は概念レベルから始まる。定義はさまざまである。最もよく利用される二つのデータセット、[28] ポリティⅣとフリーダム・ハウスは、次の点で異なっている。ポリティが民主主義は第一に体制のタイプと制度的変化の問題だと考えるのに対し、フリーダム・ハウスは政治的権利と市民的自由に焦点を当てている。その結果として、データセットの傾向が異なってくるのである。(29)

国連開発計画のある報告書では、さまざまな方法で汚職を捉えた七つのデータセットについて検討している。トランスペアレンシー・インターナショナルの腐敗認識指数、世界ガバナンス指標、イブラヒム・アフリカ統治指数、グローバル・インテグリティ報告とグローバル・インテグリティ指数、予算公開指数、業績測定フレームワーク、世界銀行ガバナンスおよび反汚職診断である。(30) このリストは包括的なものではない。スティーヴン・ナックは以下の六つを付け加えている。ビジネス環境および企業業績調査、世界経済フォーラムによる経営幹部意見調査、国際経営開発研究所の調査、世界価値観調査、国際犯罪被害実態調査、アフリカ・ガバナンス指標である。(31) 他の研究者たちはこれらすべてのデータセットおよび他の汚職の測定を、主観的であり、汚職の事実を客観的に記録していないから信頼できないとして退ける。汚職を記録する研究は、それぞれ独自の問題を抱えている。とりわけ、面接調査された人は自分自身の汚職の経験を過少申告するものと考えるのが合理的であるし、とくに贈収賄に積極的に関与していた場合はそうであろう。そしてもちろん、こうした研究は、認知ベースの指標に比べて、低い水準の汚職を示す。それぞれの方向に明らかに偏ったデータセット間の相違をどう解釈したらよいかは明確にされていない。(32)

これらのデータセットのほとんどには、これは認知を取り上げたものであるから内生的であり、したがって因果説明には向かないという警告が添えられている。言い換えれば、現在の貧弱なガバナンスの認知は貧弱な経済パフォーマンスの認知と関係しているであろうが、それは片方がもう一方の原因となっていることを意味しないということである。こうした警告にもかかわらず、データセットはしばしば実証的検定に使われている。指標の多くも、基本的データはこれらの測定基準を基にした各国のランク付けを正当化するものではないと警告している。もちろん、それはデータ利用者がランク付けを行うことを阻止するものではない[33]。これらのよく知られた主観性の問題や、次々と結果を比較することの問題性にもかかわらず、例えば世界価値観調査、アフロバロメーター、ユーロバロメーター、ラテンバロメーター、アジアバロメーターといった調査で収集されたデータは、しばしば個々の国の政治的・社会的状況についての一般的認識を作り上げるのに利用される。異なった質問が異なったやり方で、異なった社会的・政治的文脈のなかで理解されるのであるから、デザインや意味論的、文化的影響が原因となって、測定誤差が生じるであろう[34]。認知ベースの研究と結びついた古典的な測定の問題には、研究参加者の正確に情報を思い出す能力、研究成果の長期的適用性(認識は現実よりもゆっくりと変化する)、そして代表サンプルの獲得の問題が含まれる[35]。さらに、腐敗の程度にしたがって国々をランク付けした結果の公表は、たんなる現実の状況が生み出したものという以上の意味を持つかもしれない。それは、将来のランキングを形作る認知に影響を与える可能性を持つのである[36]。

これらの数字は、主に開発経済学で成長に関連するものとして使われ、他の学問分野でも結果として利用されているが、これらは明らかな問題を含んでいる。歴史家にとって、これらのセットの多くは「データ」セットではない[37]。それらは認知の収集、あるいは学者がデータセットを作り上げるために変数をコード化した結果の収集であり、したがって観察ではない。そこには共通のテーマがある。集計の方法は説明されず、データの情報源は曖昧であり、時に世間の目から隠されている。多くの場合こうしたことがデータ利用者を誤った方向に導く結果になる。さらにこの上なく明らかなのは、警告が添えられているとはいえ、データセットは銃のようなものだということである。出しっぱなしにしておくと、誰かがそれを使うだろう。同じものを表していると思われる異なったデータセットが、異なった解釈を裏付けるために使われるということが繰り返し行われている。誤差は無作為ではない。測定の標準が、異なったセッティングでの系統的バイアスにつながるのである。これらの数字に共通する最後の点は、研究者は概念の定義に大きな注意を払い、現象の存在を理論化するために大きな努力を払うが、それらを表すはずの数字を批判的に精査することには比較的わずかな時間しか費やさないということである。

結論

サハラ以南アフリカの国民所得と経済成長のデータが一般に不信を持たれているのは、当然である。一部の人たちは測定基準を「乱数」と呼んだが[38]、本書で私は、誤差やバイアスの体系的差異を特定した。だが、どこまで数字が現実と合致しているのかについて確信が持てない、という一般的な知識問題は残ったままである。データの妥当性を測定する物差しとなるべき標準は、実際には計測不可能であるため、集計された経済的観察がどこまで不正確であるかも曖昧なままである。そして、データ利用者はしばしば間違った思い込みをする。責任の一部はデータセットが提供される不透明なやり方にあり、一部はデータを消費する際の無批判なやり方にある。研究者たちは、研究結果と向き合ったときに発するのと同じ質問を、数字と向き合った時に自分に問う必要がある。「どうやってこの結果に到達したのか」と。

サラ・ベリーがアフリカの農業統計を全体として退けたのは正しかった。彼女は「データは、農業生産物の国内の（大陸についてはいうまでもない）傾向について、明確なあるいは確固とした結論を保証するのには全く不十分だ」と語っている。[39] ポリー・ヒルが、キャッサバその他の塊根類についての公表された統計があるにもかかわらず「西アフリカのどの国も、これらが実際にどれだけ生産されているのか全く知らない」と主張したこともまた正しい。[40] ロイ・カーヒルは、サハラ以南アフリカの社会状況についての現在の知識を次のように適切に要約している。「評価は入手できる時系列統計に決定的に左右される。……それらはあまりに信頼できないので、集計されたある時系列データで変化がモニターされうるとしても、一人当たりの社会動向に関して何らかの結論を引き出すことはほとんど不可能である」。[41] これらの懸念は、ここで示された研究によって、十分に立証された。[42] 私たちはもっとうまくやる必要がある。学問がその助けになるだろう。南アジアの農業統計の研究や、ヨーロッパの人口統計の研究には、アフリカ研究よりも多くの人たちが従事している。

自然のままであれランダム化されたものであれ、実験を通じて信頼性のある有効なデータを手に入れるというやり方は、社会科学で、そしてアフリカの経済開発についての学問で、ひじょうに流行している。こうした方法がすべてに適用可能ではないというのは、社会科学研究の特質である。「人口はどれだけ多かったのか」「自給自足経済はどれほど重要だったのか」あるいは「私有財産権のような制度は、生産技術の選択にいかに影響を与えたか」といった問いに答えるとき、正確さは、ときに数量化に限界を認めることで弱められる。「どんな（量的）データでも、ないよりはまし」と常にいえるわけではない。しばしば研究者は、出所の疑わしい、わずかしかない観察に依存する。証拠の質を考えるときには――それが質的であれ、量的であれ、口述によるものであれ、あるいはどのような性格のものであれ――気を付けなければならない。このことは、国家の収集装置を通じて、あるいは外部の観察者の目を通じて媒介されたデータに依拠する研究者にとっては、とりわけ重要である。私たちはすでに、一部の研究者が、開発について集計された公式統計の不足や質の悪さに幻滅したことについて議論した。代替的情報源はいくつかの問題には役に立つだろう。しかしこうした方法は十分なものとは思えないし、完全に公式統計の代わりになることはできない。

本書は、開発の最も基本的な測定基準であるGDPが、客観的な数字として扱われるべきではなく、むしろ多くの恣意性と議論を呼ぶ仮定を含んだプロセスの産物である数字として扱われるべきだということを示した。したがって、この測定基準は最大限の注意をもって利用されるべきである。数字の質は統計を作成するシステムの状態に依存するが、そのシステムは多くの貧困国では不完全なものである。このことの政策的含意は、数字を無視すべきだということではない。開発の知識にとっての含意は、数字を解釈するのに統計以外の技術が必要だということである。開発の実践にとっての含意は、私たちは数字を使うとき、もっとうまくやるべきであり、こうした重要な数字を生み出すのを支えているはずの戦略を考え直す必要があるということである。開発能力は統計能力と強く結びついていて、そこには好循環も悪循環も働いている。国家が合理的な政策決定をすることができるためには、マクロレベルのデータが必要である。数字は、問題を確認し、モニターし、問題の解決策を評価するためには絶対不可欠である。したがって、統計、統計局、開発における知識問題（数字がどれだけあてになるかということ）は、将来の開発政策において、より中心的な位置を占める必要がある。

本書が最後に言いたいことは、これからの学問への励ましである。これは序文で表明した心情を反映している。開発の歴史は、これらの数字を使って書かれている。決定はこれらの数字に基づいて行われる。学問と政策の両方での数字の使われ方に対してすでに批判的な考えをもつ研究者は、その批判的技術を、数字へのさらなる関与に利用すべきである。数字は、開発の研究と実践にとって重要であり続けるべきだし、あり続けるであろう。何を測定するか、誰が数えるか、誰の権威で最終的な数字が選ばれるか、についての決定が問題である。私たちがこうした決定に参加するという責務を引き受ける態勢を整えるために、本書が役立つことを願っている。

付録A　ＧＤＰの世界開発指標による推計と各国推計との比較

この付録は、第一章の表1・2にまとめた、世界開発指標（ＷＤＩ）によるＧＤＰ推計とサハラ以南アフリカ地域の各国統計局によるＧＤＰ推計との比較の出典を示したものである。最初の比較は、世界開発指標データバンクから二〇一一年七月一六日にダウンロードしたものと、直接の接触あるいは政府の公式ウェブサイトを通じて入手した各国の推計から、二〇一一年七月末に作成された。この情報は、二〇一一年一一月二二日にＷＤＩデータバンクからダウンロードしたデータによって更新された。各国推計のデータは、以下の「国ごとの比較」の節で示されている。

ＷＤＩのＧＤＰ指標（現地通貨単位）については、二〇一一年七月と一一月にダウンロードしたデータの両方を使った。各国推計については、入手できた最新の公式推計を使用した。それらは特に言及しない限り、予備推計あるいは当初予測ではない。私はさらに、各国の基準年に関する情報と世界開発機関（World Development Institute）のＧＤＰデフレーター指標（基準年は国によって異なっている）とを使って、基準年の比較を行った。基準年のデータは二〇一一年七月一六日に収集し、二〇一一年一一月二四日に再度確認した。

この分析ではサハラ以南アフリカの全国家をカバーすることを意図していたが、データの入手可能性の問題とデータ間の不一致のために、すべての国を分析に加えることは不可能だった。スーダンとエチオピアの推計は異なった通貨単位で報告されており、ウェブのリンクが切れていたり、その他の不一致があったりしたため、私はこれら二カ国を各国推計に含めなかった。さらに、ジブチはWDIデータバンクでカバーされていなかったため除外した。アンゴラ、コモロ連合、コンゴ民主共和国、エリトリア、リベリア、マリ、ソマリア、スワジランド、トーゴ、ジンバブエについては、直接の接触や徹底的なインターネット検索で情報を得ようと試みたが、国による推計を見つけることができなかった。

各国の情報源から、予備的推計と公式推計とを区別することはかなり困難だったという点に注意する必要がある。その推計が公式のものであることを確認できた場合には、それらを使って比較を行った。もう一つの困難は、各国とWDIの両方のデータセットが次々と更新されたり改訂されたりしていることである。これは、二〇一一年七月に見つけたデータが二〇一一年一一月には変えられているということを意味する。それが本当にデータの更新であると確認できた場合には、二〇一一年七月に収集したデータではなく二〇一一年一一月の更新されたデータを使用した。また、二〇一二年八月、原稿の整理中に記載項目の二重チェックをしたとき、WDIはまたしてもいくつかの国について新たに更新したデータを発表していた。しかし、私はこれらの変化を反映して表を更新してはいない。なぜなら、それをすると、絶え間ない更新の果てしないプロセスに身を置くことになるからである。二〇一二年にＷＤＩはこれらすべての国について二〇一一年の推計を報告しようとしていたが、表1・2とこの付録で報告されているデータは、二〇一一年一一月の時点で入手できたものを使った。

すべての推計は、一〇億現地通貨単位で表されている。

国ごとの比較

ベナン

二〇一一年七月、オンラインで入手できた最新の推計は二〇〇五年のもので、二三〇九・一ＣＦＡフランだった。二〇一一年七月一六日、ＷＤＩの推計は二二六一・五ＣＦＡフランだった。しかし、二〇一一年一一月二二日には、ベナンの最新の公式推計は二〇〇七年の二六四一・七ＣＦＡフランであり、二〇一一年一一月二二日現在でＷＤＩの二〇〇七年の推計は二六五八・一ＣＦＡフランであった。

国レベルの情報源：Institute National de la Statistique et de l'Analyse Economique, "Chapitre 11: Comptes Nationaux," in *Annuaire, 2005-2007* (Benin, 2007).

国による基準年：データなし

ＷＤＩの基準年：一九八五年

ボツワナ

二〇〇九年のボツワナの予備推計は八三・二プラである。これは、同年のＷＤＩ推計八三・三プラにほぼ等しい。しかし、二〇〇五－二〇〇九年の国による推計は暫定的なものである。最新の公式推計は二〇〇四年の四七・一六プラである。同年のＷＤＩ推計は、二〇一一年一一月二二日現在、これとまったく同額である。

国レベルの情報源：Central Statistics Office, "Quarterly National Accounts Statistics Report-2009," Central Statistics Office, Gaborone, Botswana, December 2010.

国による基準年：データなし

ＷＤＩの基準年：一九九四年

ブルキナファソ

二〇一一年七月、国による二〇〇五年のＧＤＰ推計は二八八一・四ＣＦＡフランであった。ＷＤＩデータバンクはＧＤＰを二八六二・八ＣＦＡフランと報告している。これらの数字は二〇一一年一一月二二日に確認された。

国レベルの情報源：Burkina Faso, Institut National de la statistique et de la démographie, http://www.insd.

bf/fr/

国による基準年：一九九九年

WDIの基準年：一九九九年

ブルンジ

二〇一一年七月、国による二〇〇七年のGDP推計は一、四〇三ブルンジ・フランであった。WDIデータバンクはGDPを一〇六〇ブルンジ・フランと報告している。これらの数字は二〇一一年一一月二二日に確認され、変化はなかった。

国レベルの情報源：E-mail, Institut de Statistiques et d'Études Économiques, Bujumbura, Burundi, February 9, 2011.

国による基準年：二〇〇六年

WDIの基準年：一九八〇年

カメルーン

国による二〇〇九年の推計、一一〇四〇・三CFAフランは、二〇一一年一一月二二日にオンラインで確かめられた。同年のWDI推計は二〇一一年一一月二二日に確かめたところでは一〇四七四CFAフランだった。

国レベルの情報源：E-mail, Institut National de la Statistique, May 9, 2011.
国の報告：National Institute of Statistics, *Les Comptes Nationaux, 2009* (Yaoundé: Institut National de la Statisticue, August 2010).
国による基準年：二〇〇二年
ＷＤＩの基準年：二〇〇〇年

カーボベルデ

国による二〇〇七年の公式推計は一〇七・二五カーボベルデ・エスクードである。この情報を私は直接の接触によって二〇一一年五月二六日に入手し、二〇一一年一一月二三日にオンライン検索によって確認した。ＷＤＩは二〇一一年一一月二二日現在、同額の一〇七・二五カーボベルデ・エスクードを報告している。
国レベルの情報源：E-mail, Instituto Nacional de Estatistica
国の報告：Banco de Cape Verde, "Capitulo 1: Evolucao Economica Monetaria," in *Relatorio Annual de 2009* (Cidad de Praia: Instituto Nacional de Estatistica, 2010).
国による基準年：一九八〇年
ＷＤＩの基準年：データなし

中央アフリカ共和国

二〇一一年一一月二二日現在、国による二〇〇五年の推計は六七〇・一ＣＦＡフランであった。ＷＤＩデータベースは同年の推計として六六二・一ＣＦＡフランを報告している。

国レベルの情報源：http://www.stat-centrafrique.com/

国による基準年：一九八五年

ＷＤＩの基準年：二〇〇〇年

チャド

ＷＤＩは二〇〇九年の推計として三二二八ＣＦＡフランを報告している。国による同年の推計は二〇一一年一一月二二日現在、三六二二ＣＦＡフランと確認されている。

国レベルの情報源：Secretariat General, Ministere de l'Economie, du Plan et de la Cooperation, Institut National de la Statistique, des Etudes Economiques et Demographiques, "Note to Cadrage Macroeconomique: Previsions Macroeconomiques, 2006-2009," Republique du Chad, Juin 2006.

国による基準年：データなし

ＷＤＩの基準年：一九九五年

コンゴ共和国

二〇一一年一一月二二日に確認した限りでは、国は二〇〇九年の推計を三八六九・八ＣＦＡフランとし、これに対応するＷＤＩの推計は四五二三・四ＣＦＡフランであった。

国レベルの情報源：Ministere de l'Economie, du Plan, de l'Amenagement du Territoire et de l'Integration, Centre National de la Statistique et des Etudes Economiques（CNSEE), *Annuaire Statistique du Congo, 2009* (Brazzaville: CNSEE, Juin 2011).

国による基準年：一九九〇年

ＷＤＩの基準年：一九七八年

コートジボワール

二〇一一年一一月二三日に、国による二〇〇五年の公式推計九〇一二ＣＦＡフランという情報を入手した。ＷＤＩによる同年の推計は八六三一・一九ＣＦＡフランであった。

国レベルの情報源：Institut National de la Statistique, "Tableau 27: Agrégats de la nation, selon le SCN 93 (en millards de f.cfa)," http://www.ins.ci/stats/Tableaux/TAB27.htm

国による基準年：一九九六年

ＷＤＩの基準年：一九九六年

赤道ギニア

国は二〇〇四年の予備推計を二三八九・五ＣＦＡフランと報告している。最新の公式推計は二〇〇二年の一五七二ＣＦＡフランである。ＷＤＩは二〇〇二年については一四九六・三ＣＦＡフラン、二〇〇五年については四三三四・三ＣＦＡフランと報告している。表１・２では、二〇〇二年の推計について比較を行っている。

国レベルの情報源：Ministerio de Planficación, Desarrollo Económico e Inversions Públicas, http://www.dgecnstat-ge.org/

国による基準年：一九八五年

ＷＤＩの基準年：二〇〇〇年

ガボン

二〇一一年一一月二二日に確認したところでは、国による二〇〇八年の推計は七〇三二・八六ＣＦＡフランであり、これに対応するＷＤＩの推計は六五〇八・七七ＣＦＡフランであった。

国レベルの情報源：Direction Generale des Statistiques, Ministere de l'Economie, du Commerce de l'Industrie et du Tourisme, "Les Comptes Rapides du Gabon, 2006-2008," Republique Gabonaise, Juin 2010.

国による基準年：二〇〇一年

ＷＤＩの基準年：一九九一年

ガンビア

二〇一一年一一月二二日に確認したところでは、国による二〇〇八年の推計は二三ダラシであり、これに対応するWDIの推計は一八・二四ダラシであった。

国レベルの情報源：Gambia Bureau of Statistics, www.gbos.gm

国による基準年：二〇〇四年

WDIの基準年：一九八七年

ガーナ

私が二〇一一年七月に表を編集したとき、国の公式推計とWDIの推計は共に二〇〇九年の三六・九ガーナ・セディであった。

国レベルの情報源：Ghana Statistical Service, Statistics for Development and Progress, "Revised Gross Domestic Product 2010," in *National Accounts Statistics* (Accra, May 2011); and a research visit in February 2010.

国による基準年：二〇〇六年

WDIの基準年：二〇〇六年

ギニア

国による二〇〇八年の推計二〇九八二ギニア・フランは二〇一一年一一月二三日にオンラインで確

認された。ＷＤＩは同年について二〇七七八ギニア・フランと報告している。
国レベルの情報源：Ministere du Plan, Division de Statistiques Economiques et Sociales, Institute National de la Statistique, "Annuaire Statistique, 2011," Republique du Guinee, 2011.
国による基準年：二〇〇三年
ＷＤＩの基準年：一九九六年

ギニアビサウ

国による二〇〇六年の公式推計一七二・三ＣＦＡフランは二〇一一年一一月二二日に確認された。二〇一一年七月一六日にダウンロードした、ＷＤＩによる二〇〇六年の推計は三一一・一ＣＦＡフランであった。一一月のＷＤＩのデータは三〇二・五ＣＦＡフランだったので、値は七月以降に更新されたと思われる。
国レベルの情報源：Excel file entitled "Contas Nacionais," http://www.stat-guinebissau.com/dados_estrutural/dados_estrutural.htm
国による基準年：一九八六年
ＷＤＩの基準年：二〇〇五年

ケニア

国による二〇〇九年の公式推計二三六五・四五ケニア・シリングは二〇一一年一一月二二日に確認された。同日にＷＤＩが報告していた推計は二二七三・六九ケニア・シリングであった。

国レベルの情報源：Kenya National Bureau of Statistics website, http://www.knbs.or.ke; and a research visit in October 2010.

国による基準年：二〇〇一年

ＷＤＩの基準年：二〇〇一年

レソト

二〇一一年五月九日の直接的接触によれば、国による最新の公式推計は二〇〇九年の一四・五八マロチであった。二〇一一年七月一六日の時点で、ＷＤＩは二〇〇九年の推計を一三・七六マロチとしていた。この推計は二〇一一年一一月二二日には一四・五八マロチへと更新されていた。二〇〇九年についての公式推計は二〇一一年一一月現在、国のウェブサイトを検索しても見つからない（最新のものは二〇〇八年）。ここでは、直接的接触で得られた数値を使用した。

国レベルの情報源：E-mail, Bureau of Statistics, May 9, 2011; and a country report for the 2008 estimate: Bureau of Statistics, Ministry of Finance and Development Planning, *Statistical Yearbook, 2010* (Maseru: Bureau of Statistics, 2010).

国による基準年：二〇〇四年
WDIの基準年：一九九五年

マダガスカル

私の記録では、二〇一一年七月の時点での国の推計は一六八〇二マダガスカル・アリアリだった。その後マダガスカル統計局は小幅の修正を行い、二〇一一年一一月二二日には一六八〇三マダガスカル・アリアリになっていた。WDIの推計も七月一六日の一六八〇二・九五マダガスカル・アリアリから二〇一一年一一月二二日の一六六〇四・二五マダガスカル・アリアリへとわずかに変化していた。

国レベルの情報源：Direction Generale, Institut National de la Statistique, "Tableau de Bord de l'Economie de Madagascar," Institut National de la statistique de Madagascar, April 2011.
国による基準年：一九八四年
WDIの基準年：一九八四年

マラウイ

二〇一一年七月に私が記録した国の推計二〇〇七年の五一〇・五四クワチャと、これに対応するWDIの推計四八四・〇二クワチャを、二〇一一年一一月二二日に確認した。

国レベルの情報源：National Statistical Office of Malawi, http://www.nso.malawi.net/index.php?option=com_content; and a research visit in November 2010.
国による基準年：二〇〇七年
ＷＤＩの基準年：一九九四年

モーリタニア

二〇一一年一一月二三日にオンラインで確認した国の公式推計は、二〇〇七年の九一四・七四ウギアであった。ＷＤＩが更新した二〇〇七年の推計七三三・七四ウギアを二〇一一年一一月二二日に確認した。
国レベルの情報源：E-mail, Office National de la Statistique, July 3, 2011; and Office National de la Statistique, Ministere des Affaires Economiques et du Developpment, *Annuaire Statistique 2008* (Nouakchott: Office National de la Statistique, August 2009).
国による基準年：二〇〇五年
ＷＤＩの基準年：一九九八年

モーリシャス

二〇一一年三月に直接的接触によって得た二〇一〇年の二九九・五モーリシャス・ルピーという数

値を、二〇一一年一一月二三日にオンラインで確認した。二〇一一年七月にはＷＤＩは二〇一〇年の推計を発表していなかった。そこで、代わりに二〇〇九年の二七四・五モーリシャス・ルピーを記録した。二〇一一年一一月二二日に、私はこれをＷＤＩによる二〇一〇年の推計二九九・五モーリシャス・ルピーへと更新した。

国レベルの情報源：E-mail, Central Statistics Office, March 2011.

国の報告：Central Statistics Office, Ministry of Finance and Economic Development, *National Accounts of Mauritius, 2010* (Port Luis: Central Statistics Office, June 2011).

国による基準年：二〇〇七年

ＷＤＩの基準年：二〇〇六年

モザンビーク

私は二〇一一年三月一日に直接的接触によって、国の二〇〇九年の推計二六六・二二メティカルという数値を得た。この数値は一一月にオンラインで確認された。ＷＤＩの推計は二六三・二六メティカルで、二〇一一年一一月二三日現在変わっていない。

国レベルの情報源：E-mail, Instituto Nacional de Estatistica

国による基準年：二〇〇三年

ＷＤＩの基準年：二〇〇三年

ナミビア

七月の検索で、国の二〇〇八年の推計七二・九ナミビア・ドルという数値を得た。ナミビア統計局はその後この数値を更新し、二〇一一年一一月二三日の検索では二〇〇八年の八一・五ナミビア・ドルという数値になっていた。ＷＤＩの推計は二〇〇八年の七四ナミビア・ドルで変わっていない。

国レベルの情報源：E-mail, National Planning Commission, Windhoek; Central Bureau of Statistics, National Planning Commission, "National Accounts 2000-2010," Central Bureau of Statistics, September 2011.

国による基準年：二〇〇四年

ＷＤＩの基準年：二〇〇四年

ニジェール

私は直接的接触によって得た二〇一〇年の二七四八・二ＣＦＡフランという推計値を二〇一一年一一月二三日にオンラインで確認した。二〇一一年七月にはＷＤＩは二〇一〇年の推計を発表していなかった。そこで、二〇〇九年の二五四二ＣＦＡフランを代わりに記録した。二〇一一年一一月二二日に、私はこれをＷＤＩによる二〇一〇年の推計二七四八・二ＣＦＡフランへと更新した。

国レベルの情報源：E-mail, Institut National de la Statistique, July 14, 2011; and Institut National de la Statistique, "Comptes Economiques de la Nation," Niamey, Institut National de la Statistique, November 2010.

国による基準年：二〇〇六年
WDIの基準年：一九八七年

ナイジェリア

私はEメールで、国による二〇〇九年の推計二四七九四・二ナイラを確認した。最新の国の公式推計は二〇〇八年のもので、二四六六五・二四ナイラである。私はこれを二〇一一年一一月二三日にオンラインで確認した。その後、二〇〇九年の二九二〇五・七八ナイラという暫定的推計を発見した。WDIの二〇〇九年の推計二五七六〇・五八ナイラは二〇一一年一一月二二日に確認された。

国レベルの情報源：Online research; National Bureau of Statistics, "Gross Domestic Product for Nigeria," Abuja, Nigeria, November 2011; and a research visit in February 2010.

国による基準年：一九九〇年
WDIの基準年：二〇〇二年

ルワンダ

私が二〇一一年七月にオンラインで見つけた二〇一〇年の三二六二ルワンダ・フランという推計値は、二〇一一年一一月二三にオンライン検索で確認された。二〇一一年七月にはWDIは二〇一〇年の推計を発表していなかった。そこで、代わりに二〇〇九年の二九六四・〇七ルワンダ・フランを記録した。二〇一一年一一月二二日に、私はこれをＷＤＩによる二〇一〇年の推計三二八一・六七ルワンダ・フランへと更新した。

国レベルの情報源：National Institute of statistics, Rwanda, "GDP Annual Estimates (2010)," Kigali, Rwanda, October 2011.

国による基準年：二〇〇六年

ＷＤＩの基準年：一九九五年

サントメ・プリンシペ

私が二〇一一年七月に記録した、国による二〇〇六年の推計一四四四・六ドブラとこれに対応するＷＤＩの推計一五五〇・一五ドブラは二〇一一年一一月二二日に確認された。

国レベルの情報源：Instituto Nacional de Estatística, Democratic Republic of São Tomé and Principe, http://www.ine.st/economia/economia.html

国による基準年：二〇〇一年

ＷＤＩの基準年：二〇〇一年

セネガル

私は二〇一一年五月一日の直接的接触と二〇一一年七月のオンライン検索によって、国による二〇〇九年の推計六〇二三ＣＦＡフランを記録したが、二〇一一年一一月の検索で、これが暫定的推計であることがわかった。最新の検索で更新された情報では、六〇二九ＣＦＡフランという推計が「半定値」と分類されている。私はこの数値を使用した。ＷＤＩの二〇〇九年推計は、七月の時点で六〇三七・八八ＣＦＡフランであった。二〇一一年一一月二二日には六〇二三・二一ＣＦＡフランに更新されていた。

国レベルの情報源：Ministere de l'Economie et des Finances, "Note d'Analyse des Comptes Nationaux Definitifs 2008, Semi-Definitifs 2009 et Provisoires 2010," Republique du Senegal, September 2011.

国による基準年：一九九九年

ＷＤＩの基準年：一九九九年

セーシェル

私が二〇一一年七月に記録した二〇〇九年の一〇・七五セーシェル・ルピーという推計は、二〇一一年一一月の検索で暫定的なものであることがわかった。その時点で最新の推計は二〇〇八年の九・一セーシェル・ルピーであった。私は二〇一一年四月二九日に直接的接触をしたが、私の情報源から推計を得ることはできなかった。ＷＤＩの推計は二〇一一年一一月二二日現在、二〇〇八年の八・七六セーシェル・ルピーである。

国レベルの情報源：E-mail, National Bureau of Statistics, April 29, 2011; and National Bureau of Statistics,

"Statistical Abstract 2009," National Bureau of Statistics, Republic of Seychelles, 2010.

国による基準年：二〇〇六年

ＷＤＩの基準年：一九八六年

シエラレオネ

記録された二〇〇九年の七八六八・八レオンは、Ｅメールのやりとりを通じて提供された。私が発見した最新の公式推計は二〇〇七年の五八二九・〇一レオンだった。この年のＷＤＩの推計は二〇一一年一一月二二日現在、四九六六・四七レオンである。

国レベルの情報源：E-mail, Statistics Sierra Leone, November 2010; and Sierra Leone, Official Statistics Online, http://www.statistics.sl/gdp_archives.htm

国による基準年：二〇〇一年

ＷＤＩの基準年：一九九〇年

南アフリカ

私は三月に提供された二〇一〇年の推計二六六二・八ランドを二〇一一年一一月二三日にオンライン検索で確認した。二〇一一年七月にはＷＤＩは二〇一〇年の推計を発表していなかった。そこで、代わりに二〇〇九年の二四〇七・六九ランドを記録した。二〇一一年一一月二二日に、これを二〇一〇年の推計二六六二・七六ランドに更新した。興味深いことに、ＷＤＩが報告している二〇〇九年の推計は国の二〇一〇年の基準価格による公式推計と等しい。

国レベルの情報源：E-mail, March 2011; Excel file available at Statistics Africa, http://www.statssa.gov.za/

国による基準年：二〇〇五年

ＷＤＩの基準年：二〇〇五年

タンザニア

二〇一一年七月に二〇一〇年の三二二九三・五タンザニア・シリングという国による推計が、国家統計局のウェブサイトで入手できた。その月にはＷＤＩは二〇一〇年の推計を発表していなかった。そこで、代わりに二〇〇九年の二八二一二・六五タンザニア・シリングを記録し、これを国による同年の推計二八二一三タンザニア・シリングと比較した。二〇一一年一一月二二日にＷＤＩの二〇一〇年の推計三二四九二・八七タンザニア・シリングが入手できたので、表1・2ではこれを使った。

国レベルの情報源：National Bureau of Statistics, Ministry of Finance, *Tanzania in Figures 2010* (Dar es Salaam: National Bureau of Statistics, June 2011); and a research visit in October 2010.

国による基準年：二〇〇一年

ＷＤＩの基準年：一九七八年

ウガンダ

二〇一一年七月にオンラインで見つけた二〇一〇年の三四一六六ウガンダ・シリングという推計を、二〇一一年一一月二三日にオンライン検索で確認した。二〇一一年七月にはＷＤＩは二〇一〇年の推計を発表していなかった。そこで私は、代わりに二〇〇九年の三〇五五六・八ウガンダ・シリングという推計を記録した。二〇一一年一一月二二日にこれをＷＤＩの二〇一〇年の推計三〇一〇〇・九三ウガンダ・シリングへと更新した。

国レベルの情報源：Summary of GDP at Market Prices, 2000-2009 found online at: http://www.ubos.org/; and a research visit in October 2010.

国による基準年：二〇〇二年

ＷＤＩの基準年：二〇〇三年

ザンビア

二〇一一年七月に私が記録した、国による二〇〇八年の推計五五二一〇・六ザンビア・クワチャと、これに対応するＷＤＩの推計五三八六九・六ザンビア・クワチャを二〇一一年一一月二二日に確認した。

国レベルの情報源：Central Statistical Office website, www.zamstats.gov.zm; and a research visit in November 2010.

国による基準年：一九九四年
WDIの基準年：一九九四年

付録B　インタビューと質問表の詳細

私がすべての国に対して行った最初の調査では、次の質問を行った。

質問一a：現在、国連国民計算体系（SNA）のどの版に従っていますか。
質問一b：方法に何か逸脱がありますか。
質問一c：統計局は方法と情報源を公表していますか。
質問二：最新のGDP推計はどれですか（年と現地の時価での価値）
質問二a：不変価格での統計の基準年として何年を使っていますか。
質問二b：以前の不変価格での統計ではどの年が使われていましたか。
質問二c：次回のリベースはいつを予定していますか。
質問三：前回のGDPの改訂（基準年）はいつでしたか。
質問四：時価での推計は、新しい方法とデータによってどのくらい上方修正されましたか。
質問五：この上方修正の主な情報源は何でしたか。

質問六：　今日、ＧＤＰは過小評価されていると思いますか。
質問七：　自給自足生産と非公式部門の推計を行うのに、どのような方法を使っていますか。

特に興味深い回答や不明確な答えがあった場合、私は電話で追加の質問をしてさらに詳しく調べた。ブルンジ、カメルーン、カーポベルデ、ギニア、レソト、マリ、モーリタニア、モーリシャス、モロッコ、ナミビア、モザンビーク、ニジェール、セネガル、セーシェル、南アフリカに対して追加の質問を行った。Ｅメールによる調査は二〇一一年の春と夏に行われた。

また、二〇一〇年の春と秋には対面面接を行った。ガーナ、ケニア、マラウイ、ナイジェリア、タンザニア、ウガンダ、ジンバブエでのインタビューに際し、会話を開始するために、私はこの質問表の拡張版を使用した。

要請により、技術顧問その他の人々の名前は秘密にしている。本書でも、彼らへの直接的な言及は避けた。

注

まえがき、謝辞

（1） Sally Engle Merry, "Measuring the World: Indicators, Human Rights, and Global Governance," *Current Anthropology* 52, no. 3 (2011): S85.

（2） 調査した国は、ガーナ、ナイジェリア、ウガンダ、ケニア、タンザニア、ザンビア、マラウイ、ブルンジ、カメルーン、カーボベルデ、ギニア、レソト、マリ、モーリタニア、モーリシャス、ナミビア、モザンビーク、ニジェール、セネガル、セーシェル、シエラレオネ、南アフリカであった。調査の詳細は付録Bを参照。

（3） したがって、情報は二つの仕方で偏っているといえる。第一に、状況が悪いところ、つまり紛争地帯や紛争後の地帯については情報が入らない。国家統計局のスタッフへのインタビューは、西アフリカでは二カ国しかできなかった。したがって、地理的焦点は東アフリカや南、中央アフリカへと少し狭まっているかもしれない。フランス語圏やポルトガル語圏のアフリカに関する情報は少ない。構造化調査データやこれら地域の各国について知識を持つ専門家との議論によって、程度の差こそあれ、同じ問題がこれらの地域にも当てはまることがわかった。国レベルのさまざまな問題については、第四章で詳細に論じられる。

（4） 第三章と第四章で、議論は人口統計、農業統計、社会統計まで広げられる。少し古くなったが今でもすべてのタイプの統計の研究に関連するものとして、以下を参照。R. A. Carr-Hill, *Social Conditions in Sub-Saharan Africa* (Basingstoke: Macmillan, 1990); and G. M. K. Kpedekpo and P. L. Arya, *Social and Economic Statistics for Africa: Their Source and Reliability* (London: Allen & Unwin, 1981).

（5） 開発経済学者ポール・コリアー、ジェフリー・サックス、ウィリアム・イースタリーの研究に対してピーター・ローレンスが最近示した反応にそれが表れている。Peter Lawrence, “Development by Numbers,” *New Left Review* 62 (2010); or in Mike McGovern, “Popular Development Economics—An Anthropologist among the Mandarins,” *Perspectives on Politics* 9, no. 2 (2011): 345–55.

（6） Shanta Devarajan, “Africa’s Statistical Tragedy,” Africa Can ... End Poverty blog, October 6, 2011, http://blogs.worldbank.org/africacan/africa-s-statistical-tragedy, accessed March 18, 2012.

序文

（1） Roger C. Riddell, ed., *Manufacturing Africa: Performance and Prospects in Seven Countries in Sub-Saharan Africa* (London: James Currey, 1990), 10.

（2） 「アフリカ」がなぜ、そしていかに問題はあるが重要な標識なのかについては次を参照。James Ferguson, *Global Shadows: Africa in the Neoliberal World Order* (Durham, NC: Duke University Press, 2006), 25–49.

（3） ジョエル・ベストによれば、この言葉はイギリスの政治家ベンジャミン・ディズレーリのものだと、マーク・トウェインが自伝で述べている。Joel Best, *Damned Lies and Statistics: Untangling Numbers from the Media, Politicians, and Activists* (Berkeley, CA: University of California Press, 2001).

（4） 経済統計の不正確さの古典的扱い方については、次を参照。Oskar Morgenstern, *On the Accuracy of Economic Observations* (Princeton, NJ: Princeton University Press, 1963). オスカー・モルゲンシュテルン著、浜崎敬治・山下邦男・是永純弘訳『経済観測の科学——経済統計の正確性』法政大学出版局、一九六八年。社会科学における数値の一般的利用に関する問題については、次を参照。Theodore M. Porter, *Trust in Numbers: The Pursuit of Objectivity in Science and Public Life* (Princeton, NJ: Princeton University Press, 1995). セオドア・M・ポーター著、藤垣裕子訳『数値と客観性——科学と社会における信頼の獲得』みすず書房、二〇一三年。

（5） Gareth Austin, “Resources, Techniques and Strategies South of the Sahara: Revising the Factor Endowments Perspective on

African Economic Development, 1500–2000," *Economic History Review* 61, no. 3 (2008): 587–624.

(6) Sara Berry, "Debating the Land Question in Africa," *Comparative Studies in Society and History* 44 (2002): 638–68.

(7) Jeffrey I. Herbst, *States and Power in Africa: Comparative Lessons in Authority and Control* (Princeton, NJ: Princeton University Press, 2000).

(8) Frederick Cooper, *Africa since 1940: The Past of the Present* (New York: Cambridge University Press, 2002).

(9) 構造調整が、外国の援助への依存を高めることによって、いかにしてこのパターンを増幅させたかについては、次を参照。Nicolas van de Walle, *African Economies and the Politics of Permanent Crisis, 1979–1999* (New York: Cambridge University Press, 2001). 天然資源の利益と他の税外収入に関しては次を参照。Kevin M. Morrison, "Oil, Nontax Revenue, and the Redistributional Foundations of Regime Stability," *International Organization* 63, no. 1 (2009): 107–138. 国家の能力と課税との歴史的関連を強調した最近の研究には以下のものがある。Morten Jerven, "African Growth Recurring: An Economic History Perspective on African Growth Episodes, 1690–2010," *Economic History of Developing Regions* 25, no. 2 (2010): 127–154; and Deborah A. Brautigam, Odd-Helge Fjeldstad, and Mick Moore, eds., *Taxation and State Building in Developing Countries: Capacity and Consent* (New York: Cambridge University Press, 2008).

(10) Porter, *Trust in Numbers*, 33. ポーター、前掲書五七頁。

(11) このことは、私たちが国際的あるいはグローバルなものとして参照するデータセットは、マイケル・ウォードが「ポリスタティスト」polystatist と呼んだものであることを意味する。この言葉は、国家がこれらのデータのほとんどを収集し、生み出しているという事実を反映している。Michael Ward, *Quantifying the World: UN Ideas and Statistics* (Bloomington, IN: Indiana University Press, 2004), 62, 245–52.

(12) Charles Tilly, *Contention and Democracy in Europe, 1650–2000* (New York: Cambridge University Press, 2004), 15.

(13) Peter Andreas and Kelly M. Greenhill, eds., *Sex, Drugs, and Body Counts: The Politics of Numbers in Global Crime and Conflict* (Ithaca: Cornell University Press, 2010), 7.

(14) Ibid., 7.

(15) Sally Engle Merry, "Measuring the World: Indicators, Human Rights, and Global Governance," *Current Anthropology* 52, no. 3 (2011): S84.

(16) メリーは、ポーターの『数値と客観性』での研究の後を追う理論的洞察を導き出している。

(17) 標準の重要性については次を参照。Martha Lampland and Susan Leigh Star, eds., *Standards and Their Stories: How Quantifying, Classifying and Formalizing Practices Shape Everyday Life* (Ithaca: Cornell University Press, 2009).

(18) 政策と数字との関係についての有益な入門書として、次を参照。Deborah Stone, *Policy Paradox: The Art of Political Decision Making* (New York: Norton, 2002), esp. Chapter 7.

(19) 国際機関にとって数字がなぜそれほど重要なのか、ということの基本的な概説として、次のものがある。Michael N. Barnett and Martha Finnemore, *Rules for the World: International Organizations in Global Politics* (Ithaca: Cornell University Press, 2004). 著者たちは、分類の必要性を強調し(31–32)、数値化がどのように意思決定の客観性と結びつくかについて論じている(68–71)。

第1章

(1) 後に経済協力開発機構(OECD)へと名称を変更した。

(2) ガイドラインの変化についての基本的な概説は次を参照。Francios Lequiller and Derek Blades, *Understanding National Accounts* (Paris: OECD Publishing, 2007), Chapter 15.

(3) Michael Ward, *Quantifying the World: UN Ideas and Statistics* (Bloomington: Indiana University Press, 2004), 45.

(4) Yoshiko M. Herrera, *Mirrors of the Economy: National Accounts and International Norms in Russia and Beyond* (Ithaca: Cornell University Press, 2010), xi.

(5) Oskar Morgenstern, *On the Accuracy of Economic Observations* (Princeton, NJ: Princeton University Press, 1963). オスカー・モルゲンシュテルン著、浜崎敬治・山下邦男・是永純弘訳『経済観測の科学——経済統計の正確性』法政大学出版局、一九六八年。

(6) Dudley Seers, "The Political Economy of National Accounting," in *Employment, Income Distribution and Development Strategy: Problems of the Developing Countries*, edited by A. Cairncross and M. Puri (New York: Holmes & Meier Publishers, 1976).

(7) Brian van Arkadie, "National Accounting and Development Planning: A Review of Some Issues," *Development and Change* 4, no. 2 (1972–73): 15–31, 15.

(8) まえがきに記した注意を再び付け加えるべきだろう。私はフランス語圏およびポルトガル語圏では現地調査を行っていないので、アフリカ大陸の他の地域とのギャップを埋めるために二次情報やEメールでの調査の結果に依拠せざるを得なかった。私が直接調査した諸国は、質的区分で中位にある。一部の諸国は他より貧しく、戦争で荒廃した国々は他より深刻な問題を抱えている。同時に、フランス語圏の国々は国民経済計算の報告や統計の訓練の点で標準化が進んでいる（彼らは同じソフトウエアを使い、これらの国々のほとんどの統計専門家はアビジャンで訓練を受けている）ということも付け加えるべきだろう。

(9) Republic of Kenya, Ministry of Economic Planning and Development, *Economic Survey 1967* (Nairobi: Ministry of Economic Planning and Development, 1968).

(10) Annexes to Provisional Estimates, Consolidated National Accounts 1973–1978, Lusaka, Zambia, App. 2.1.2, Central Statistical Office, Lusaka, Zambia.

(11) この部門は重要であるにもかかわらず、たいてい測定は不十分である。Owiti A K'Akumu, "Construction Statistics Review for Kenya," *Construction Management and Economics* 25, no. 3 (2007): 315–26.

(12) Charles H. Feinstein, *Making History Count: A Primer in Quantitative Methods for Historians* (Cambridge: Cambridge University Press, 2002), Appendix B4.

(13) もちろん私は、この言葉の社会的意味と政治的意味とが異なることをすでに指摘した。国民国家のような強力な機関が事実（ファクト）として使用するときに、数字は重要性あるいは妥当性を獲得しうる。

(14) これは測定の徹底性と呼ばれる。例えば、次を参照。Adriaan M. Bloem and Manik L. Shrestha, "Exhaustive Measures of GDP and the Unrecorded Economy," International Monetary Fund Working Paper, Draft, October 2000.

（15）世界開発指標のデータセットは一人当たりGDP（一九九五年の米ドル不変価格で）を使っている。ペン・ワールド・テーブルでこれに相当するのは一九九六年の国際ゲアリー＝ケーミス・ドルによる一人当たり実質GDPである。マディソンのデータセットは一九九〇年の国際ゲアリー＝ケーミス・ドルによる一人当たりGDPを使っている。OECDやユーロスタット（EU統計局）のデータセットなど、他にも情報源は存在するが、学術研究で最もよく使われているのはこれら三つである。

（16）世界開発指標が扱った指標は一九七〇年代から一九九七年まで、世界銀行の「世界開発報告」の統計索引で公表されていた。その後、世界開発指標はそれ自体で公表されるようになった。一九九七年の最初の報告は一九七〇年から一九九五年の期間の四〇〇の指標（CD-ROM版では八〇〇）を扱い、一五〇カ国近くをカバーしていた。世界銀行は一九六〇年から一九九四年までのデータを「世界データ1995」と題するCD－ROMで公表した。ミレニアム開発目標が設定されてからは、世界開発指標は発展を追跡するためのデータソースとして使われてきた。

（17）したがって、アルジェリア、エジプト、リビア、モロッコ、チュニジアは除外されている。さらに、世界開発指標はジブチ、マヨット、レユニオン、ソマリアを含めていない。マディソンはエリトリアを単独で推計していない（エリトリアとエチオピアはエチオピアとみなされている）。

（18）マディソンも二〇〇八年一二月六日にロンドン・スクール・オブ・エコノミクスで開催された比較経済史セミナーで論文とデータセットを報告した際に、コンゴ民主共和国の推計の妥当性への疑問を表明した。マクガフィーは、実質経済は公式統計の記録の三倍の大きさであろうと示唆している。Janet MacGaffey, *The Real Economy of Zaire: The Contribution of Smuggling & Other Unofficial Activities to National Wealth* (Philadelphia: University of Pennsylvania Press, 1991).

（19）これが時を越えた経済開発の分析にどう影響するかについてのさらなる議論は、次を参照。Morten Jerven, "The Relativity of Poverty and Income: How Reliable Are African Economic Statistics?" *African Affairs* 109, no. 434 (2010): 77–96.

（20）順位は最低と最高で一致が見られた。所得分布の中間部では、グアテマラ、エクアドル、ジャマイカ、ドミニカ共和国、コロンビアについて、データソース間で順位の上下が見られた。順位の上下は平均して一以下であり、これに比べてアフリカでは平均して七位の上下が見られる。

(21) A. Deaton and A. Heston, "Understanding PPPS and PPP-based National Accounts," *American Economic Journal: Macroeconomics* 2, no. 4 (2010): 1–35.

(22) Maddison, Background Note on "Historical Statistics," (2010), http://www.ggdc.net/maddison, retrieved July 2011.

(23) Ward, *Quantifying the World*, pp 96–97.

(24) Kpedekpo and Arya, *Social and Economic Statistics*, 208.

(25) Ward, *Quantifying the World*, 98. これらは不安定な名目為替相場に対処するため、アトラス・メソッドによって米ドルに換算されている。世界銀行はさらに、独自の年央人口推計を出している。詳細については同書 pp. 97–99を参照。

(26) Ibid., 98.

(27) Ibid., 99.

(28) 不適切なメタデータの問題は第4章で議論されている。

(29) Alwyn Young, "The African Growth Miracle," (2010): 1, http://www.econ.yale.edu/seminars/develop/tdw09/young-090924.pdf,retrieved 13 September 2012.

(30) Ibid.

(31) World Bank, "Method of Gap-Filling," http://web.worldbank.org/WBSITE/EXTERNAL/DATASTATISTICS/EXTDECSTAMAN/0,contentMDK:20878854~menuPK:2077987~pagePK:64168445~piPK:64168309~theSitePK:2077967~isCURL:Y,00.html, retrieved September 13, 2012.

(32) Ibid.

(33) これらのデータの出所に関する詳細は、付録を参照。

(34) 世界銀行は、マダガスカルとソマリアについて使用した基準年を報告していない。

(35) Personal communication, macroeconomic statistics advisor, East AFRITAC (IMF Africa Region Technical Assistance Center),

December 2010.

(36) Ghana Statistical Service, "Rebasing of Ghana's National Accounts to Reference Year 2006," Accra, 2010, http://www.mofep.gov.gh/sites/default/files/reports/RebasingNationalAccountsGhana_1.pdf.

(37) Todd Moss, "Ghana Says, Hey, Guess What? We're Not Poor Anymore," Global Development: Views from the Centre, November 5, 2010, http://blogs.cgdev.org/globaldevelopment/2010/11/ghana-says-hey-guess-what-we%E2%80%99re-not-poor-anymore.php, accessed July 2011.

(38) Charles Kenny and Andy Sumner, "How 28 Poor Countries Escaped the Poverty Trap," Poverty Matters Blog, *The Guardian*, July 12, 2011, http://www.guardian.co.uk/global-development/poverty-matters/2011/jul/12/world-bank-reclassifies-28-poor-countries.

(39) 報道によれば、携帯電話の利用者は人口の七〇パーセントに達している。"Mobile Phone Users to Reach 70 Percent," *Ghanaian Chronicle*, October 14, 2010. しかし、国連貿易開発会議（UNCTAD）によると、二〇〇八年現在で人口の五〇パーセントしか携帯電話を使っていない。UNCTAD, *Information Economy Report 2009: Trends and Outlook in Turbulent Times* (New York: UNCTAD, 2009), 97.

(40) Personal Communication, Ghana Statistical Services, Accra, Ghana, February 2010.

(41) World Bank, "Changes in Country Classifications, 1 July," http://data.worldbank.org/news/2010-GNI-income-classifications, retrieved August 2011.

(42) Personal Communication, Ghana Statistical Services, Accra, Ghana, February 2010.

(43) Tim Cocks, "Analysis—Nigeria GDP Rebase May Pose Challenge to SAfrica," Reuters, November 11, 2011.

(44) 調査した国は、ガーナ、ナイジェリア、ウガンダ、ケニア、タンザニア、ザンビア、マラウイ、ブルンジ、カメルーン、カーボベルデ、ギニア、レソト、マリ、モーリタニア、モーリシャス、ナミビア、モザンビーク、ニジェール、セネガル、セーシェル、シエラレオネ、南アフリカである。

(45) 南アフリカからは、この質問に答えるのは統計局の責務ではないという言明があった。レソトの回答は、答えるのは難しいというものだった。
（46） すでに述べたように、世界銀行は二〇〇九年のデータを持っている。これに対し、各国のデータは古いものである。比較は、それぞれのソースが持っているＧＤＰ推計で最新のものの間で行われている。
（47） Personal communication, Institut de Statistiques et d”Études Économiques, Burundi, February 2011.
（48） *The Economist*, “Measuring Growth from Outer Space,” August 6, 2009, referring to J. V. Henderson, A. Storeygard, and D. N. Weil, “Measuring Economic Growth from Outer Space,” NBER Working Paper Series no. 15199 (2009); and Xi Chen and William D. Nordhaus, “Using Luminosity as a Proxy for Economic Statistics,” *Proceedings of the National Academy of Sciences* 108, no. 21 (2011): 8589–8594.
（49） E. Miguel, S. Shanker, and S. Ernest, “Economic Shocks and Civil Conflict: An Instrumental Variables Approach,” *Journal of Political Economy* 112, no. 4 (2004): 725–53. だが、例えば高度といった他の評価基準の利用を提案する者もいる。Alexander Moradi, “Towards an Objective Account of Nutrition and Health in Colonial Kenya: A Study of Stature in African Army Recruits and Civilians, 1880–1980,” *Journal of Economic History* 69, no. 3 (2009): 720–55.
（50） J. W. Dawson, J. P. DeJuan, J. J. Seater, and E. F Stephenson, “Economic Information versus Quality Variation in Cross-Country Data,” *Canadian Journal of Economics* 34, no. 3 (2001): 988–1009.
（51） S. Johnson, W. Larson, C. Papageorgiou, and A. Subramanian, “Is Newer Better? The Penn World Table Revisions and the Cross-Country Growth Literature,” NBER Working Paper 15455 (2009).
（52） S. Durlauf, P. Johnson, and J. Temple, “Growth Econometrics,” in *Handbook of Economic Growth*, edited by P. Aghion and S. Durlauf (Amsterdam: Elsevier, 2005): 555–667.
（53） J. S. Arbache and J. Page, “Patterns of Long Term Growth in Sub-Saharan Africa,” World Bank Policy Research Working Paper 4398 (2007).
（54） Morten Jerven, “Random Growth in Africa? Lessons from an Evaluation of the Growth Evidence on Botswana, Kenya, Tanzania and Zambia, 1965–1995,” *Journal of Development Studies* 46, no. 2 (2010): 274–94.

(55) T. N. Srinivasan, "The Data Base for Development Analysis: An Overview," *Journal of Development Economics* 44 (1994): 4–5.

(56) A. Heston, "A Brief Review of Some Problems in Using National Accounts Data in Level Comparisons and Growth Studies," *Journal of Development Economics* 44, no. 1 (1994): 31.

(57) Derek Blades, *Non-Monetary (Subsistence) Activities in the National Accounts of Developing Countries* (Paris: OECD, 1975); and "What Do We Know about Levels and Growth of Output in Developing Countries? A Critical Analysis with Special Reference to Africa," in *Economic Growth and Resources: Proceedings of the Fifth World Congress, International Economic Association, Tokyo*, vol. 2, *Trends and Factors*, edited by R. C. O. Mathews (New York: St. Martin's Press, 1980), 60–77.

(58) Ibid., 70.

(59) Ibid., 72.

(60) Miguel, Shanker, and Ernest, "Economic Shocks and Civil Conflict," 740.

(61) Angus Deaton, "Understanding the Mechanisms of Economic Development," *Journal of Economic Perspectives* 24 (2010): 14.

(62) Morten Jerven, "The Quest for the African Dummy: Explaining African Post-Colonial Economic Performance Revisited," *Journal of International Development* 23, no. 2 (2011): 288–307.

(63) P. Collier, *The Bottom Billion: Why the Poorest Countries Are Failing and What Can Be Done About It* (New York: Oxford University Press, 2009), 9. ポール・コリアー著、中谷和男訳『最底辺の10億人——最も貧しい国々のために本当になすべきことは何か』日経ＢＰ社、二〇〇八年、二四頁。

第二章

(1) 「統計の利用者と作成者」というのは一九八〇年代、一八九〇年代にナイジェリアの連邦統計局が開いたセミナーの題名であり、それはデータ提供者とデータ利用者の協議の場を提供することを目的としていた。次を参照。Morten Jerven, "Users and Producers of African Income: Measuring African Progress," *African Affairs* 110, no. 439 (April 2011): 169–90.

（2） William Easterly, "The Lost Decades: Developing Countries' Stagnation In Spite of Policy Reform, 1980–1998," *Journal of Economic Growth* 6, no. 2 (2001): 135–57.

（3） Theodore M. Porter, *Trust in Numbers: The Pursuit of Objectivity in Science and Public Life* (Princeton, NJ: Princeton University Press, 1995). セオドア・M・ポーター著、藤垣裕子訳『数値と客観性――科学と社会における信頼の獲得』みすず書房、二〇一三年。

（4） ダーラウフらの論文では「成長回帰産業」と呼ばれている。S. Durlauf, P. Johnson, and J. Temple, "Growth Econometrics," in *Handbook of Economic Growth*, edited by P. Aghion and S. Durlauf (Amsterdam: Elsevier, 2005), 555–667, quote on 599. とくにアフリカについての議論は次を参照。Morten Jerven, "The Quest for the African Dummy: Explaining African Post-Colonial Economic Performance Revisited," *Journal of International Development* 23, no. 2 (2011): 288–307; and Morten Jerven, "A Clash of Disciplines? Economists and Historians Approaching the African Past," *Economic History of Developing Regions* 26, no. 2 (2011): 111–24.

（5） 実際に、世界銀行の有名な戦略は、エコノミストを各国間で頻繁に異動させ、地域経済にどっぷり漬からないようにするというものである。次を参照。Michela Wrong, *It's Our Turn To Eat: The Story of a Kenyan Whistle Blower* (New York: Harper Collins Publishers, 2009), 189–90; and H. Stein, *Beyond the World Bank Agenda. An Institutional Approach to Development* (Chicago: University of Chicago Press, 2008).

（6） R. Herring, "Data as Social Product," in *Q-Square: Combining Qualitative and Quantitative Methods in Poverty Appraisal*, edited by R. Kanbur (New Delhi: Permanent Black, 2001), 141.

（7） Frederick Cooper, "Modernizing Bureaucrats, Backward Africans, and the Development Concept," in *International Development and the Social Sciences: Essays on the History and Politics of Knowledge*, edited by Frederick Cooper and Randall Packard (Berkeley, CA: University of California Press, 1997), 64–92. 植民地国家での開発計画の特殊研究については、次を参照。Toyin Falola, *Development Planning and Decolonization in Nigeria* (Gainesville: University Press of Florida, 1996).

（8） ルワンダ、エチオピア、ボツワナといった明らかな例外はあるが、ほとんどの場合、植民地の国境は植民地時代以前の国家の国境と完全には一致しない。他の事例として、エリトリアや南スーダンでは、独立後の時期にも国境は変わらないまま残った。P. Englebert, "Pre-Colonial Institutions, Post-Colonial States, and Economic Development in Tropical Africa," *Political Research Quarterly* 53, no.1 (2000): 7–36; and Jeffrey I. Herbst, *States and Power in Africa: Comparative Lessons in Authority and Control* (Princeton, NJ: Princeton University Press, 2000).

(9) したがって、歴史家フレデリック・クーパーは、近代アフリカ史は一九六〇年ではなく一九四〇年を出発点とすべきだと主張している。Frederick Cooper, *Africa since 1940: The Past of the Present* (New York: Cambridge University Press, 2002).

(10) 古典的な実証的研究として、次を参照。Tony Killick, *Development Economics in Action: A Study of Economic Policies in Ghana* (New York: Routledge, 2010).

(11) N. van de Walle, *African Economies and the Politics of Permanent Crisis, 1979–1999* (Cambridge: Cambridge University Press, 2001).

(12) アンガス・マディソンのデータセットは一九五〇年まで遡ってデータを提供している。

(13) Dudley Seers, "The Role of National Income Estimates in the Statistical Policy of an Under-Developed Area," *Review of Economic Studies* 20, no. 3 (1952–53): 160.

(14) 社会科学の英領アフリカへの適用の研究として、次を参照。Helen Tilley, *Africa as Living Laboratory: Empire, Development and the Problem of Scientific Knowledge* (Chicago: University of Chicago Press, 2011). 彼女は一九三〇年代に着手されたプロジェクトである「アフリカ研究調査」を非常に重視している。最初の国民所得推計に焦点を当てた同様の報告として次のものがある。Daniel Speich, "The Use of Global Abstractions: National Income Accounting in the Period of Imperial Decline," *Journal of Global History* 6, no. 1 (2011): 7–28.

(15) Federation of Rhodesia and Nyasaland, *Monthly Digest of Statistics* (Salisbury, 1955).

(16) Seers, "Role of National Income Estimates."

(17) G. Donald Wood, Jr., "Problems of Comparisons in Africa with Special Regard to Kenya," *Review of Income and Wealth* 19,

no. 1 (1973): 105–116.

(18) Peter H. Ady, "Uses of National Accounts in Africa," in *African Studies in Income and Wealth*, edited by L. H. Samuels (London: Bowes & Bowes, 1963), 62.

(19) Seers, "Role of National Income Estimates," 161.

(20) S. Herbert Frankel, " 'Psychic' and 'Accounting' Concepts of Income and Welfare," *Oxford Economic Papers* 4, no. 1 (1952): 1–17.

(21) Phyllis Deane, *The Measurement of Colonial National Income: An Experiment* (Cambridge: Cambridge University Press, 1948), 127.

(22) Republic of South Africa, Department of Statistics, *National Accounts of the Black States, 1972 to 1976* (Pretoria: South Africa Department of Statistics, 1980).

(23) Alan R. Prest and Ian. G. Stewart, *The National Income of Nigeria, 1950–51*, Colonial Research Studies no. 11 (London: Her Majesty's Stationery Office, 1953).

(24) Pius N. C. Okigbo, *Nigerian National Accounts, 1950–57* (Enugu: Government Printer, 1962).

(25) I. I. U. Eke, "The Nigerian National Accounts—A Critical Appraisal," *Nigerian Journal of Economic and Social Studies* 8 (1966): 334.

(26) Ady, "Uses of National Accounts in Africa," 55.

(27) S. Herbert Frankel, *The Economic Impact on Under-Developed Societies: Essays on International Investment and Social Change* (Cambridge, MA: Harvard University Press, 1953), 37. S.H. フランケル著、板垣與一監修、石井一郎訳『低開発社会への経済的衝撃』一橋書房、一九六五年、五五頁。

(28) Dudley Seers, "An Approach to the Short-Period Analysis of Primary Producing Economies," *Oxford Economic Papers*, new series 11, no. 1 (1959): 1–36.

(29) Ibid., 36.

(30) Prest and Stewart, *The National Income of Nigeria*; and Alan T. Peacock and Douglas G. M. Dosser, *The National Income of Tanganyika 1952–54* (London: Her Majesty's Stationery Office, 1958).

(31) G. C. Billington, "A Minimum System of National Accounts for Use by African Countries and Some Related Problems," *Review of Income and Wealth* 1 (1962): 1–51.

(32) Douglas Rimmer, "Learning about Economic Development from Africa," *African Affairs* 102 (2003): 471.

(33) Okigbo, *Nigerian National Accounts*, 65.

(34) アフリカの国民所得計算の正確さと有用性に関するデータベースの開放性については、次を参照。L. H. Samuels, ed., *African Studies in Income and Wealth* (London: Bowes & Bowes, 1963). これは一九六一年一月四－一〇日にエチオピアのアディスアベバで開かれたInternational Organization for Research in Income and Wealth and the Economic Commission of Africa の会議で報告されたペーパーを集めたものである。

(35) Porter, *Trust in Numbers*, 90. ポーター、前掲書一三〇頁。

(36) Phyllis Deane, "Domestic Income and Product in Kenya: A Description of Sources and Methods with Revised Calculations from 1954–1958; The National Income of the Sudan, 1955–1956, by C. H. Harvie and J. G. Kleve; Comptes Économiques Togo, 1956–1957–1958, by G. Le Hégarat" (book review), *The Economic Journal* 71, no. 283 (1961): 630–31.

(37) Republic of Zambia, Central Statistical Office, *National Accounts 1964–1967* (Lusaka: Central Statistical Office, 1967), 37.

(38) 第3章で取り上げたナイジェリアの国勢調査の例は、独立後の数えられることの利点と、独立以前の数えられることの不都合な点とを描いている。

(39) Republic of Zambia, Central Statistical Office, *National Accounts 1964–1967*, 37.

(40) United Republic of Tanzania, *National Accounts of Tanzania, 1966–68* (Dar es Salaam: G.P., 1970), 2.

(41) 同様にキリックは、ガーナでの一九六〇年代の仮定は、地域で生産された物品の一人当たり実質消費［と同率で進むというもの］だったと報告している。Tony Killick, *Development Economics in Action: A Study of Economic Policies in Ghana* (New York: Routledge, 2010), 93.

(42) Derek Blades, "What Do We Know about Levels and Growth of Output in Developing Countries? A Critical Analysis with Special Reference to Africa," in *Economic Growth and Resources: Proceedings of the Fifth World Congress, International Economic Association, Tokyo*, vol. 2, *Trends and Factors*, edited by R. C. O. Mathews (New York: St. Martin's Press, 1980), 60–77.

(43) Ibid., 69.

(44) Morten Jerven, "Accounting for the African Growth Miracle: The Official Evidence, Botswana 1965–1995," *Journal of Southern African Studies* 36, no. 1 (2010): 73–94.

(45) Republic of Kenya, Central Bureau of Statistics, Ministry of Finance and Planning, *Sources and Methods Used for the National Accounts of Kenya* (Nairobi: Central Bureau of Statistics, Ministry of Finance and Planning, 1977).

(46) Gerald K. Helleiner, *Peasant Agriculture, Government and Economic Growth in Nigeria* (Homewood, IL: R. D. Irwin, 1966), 392.

(47) Helleiner, *Economic Growth in Nigeria*, 391.

(48) 一九六七年七月六日－一九七〇年一月一五日のナイジェリア―ビアフラ戦争。

(49) Federal Ministry of Planning, *National Accounts of Nigeria*, 1973–1975 (Lagos, Nigeria, 1981), 47.

(50) Ibid.

(51) R. H. Bates, *Markets and States in Tropical Africa: The Political Basis of Agricultural Policies* (Berkeley, CA: University of California Press, 1981).

(52) Easterly, "The Lost Decades."

(53) Stephen Ellis, "Writing Histories of Contemporary Africa," *Journal of African History* 43, no. 1 (2002): 1–26; and Paul Nugent, *Africa since Independence: A Comparative History* (New York: Palgrave Macmillan, 2004).

(54) Personal communication, National Accounts Branch, Central Statistical Office, Lusaka, March 2007.

(55) Personal communication, Institute of Social, Statistical and Economic Research, Legon, Ghana, February 2010.

(56) Personal communication, Central Bureau of Statistics, Nairobi, April 2007.

(57) この情報は、二〇〇七年二月にルサカの大学図書館と国立公文書館での会話の中で伝えられた。

(58) Personal communication, the Institute of Statistical, Social and Economic Research (ISSER), Legon, Ghana, February 15, 2010, and the National Bureau of Statistics, Abuja, Nigeria, February 23, 2010.

(59) E. A. Brett, "State Failure and Success in Uganda and Zimbabwe: The Logic of Political Decay and Reconstruction in Africa," *Journal of Development Studies* 44, no. 3 (2008): 339–64, quote on 350.

(60) E. S. K. Muwanga-Zake, "Statistics Reform," in *Uganda's Economic Reforms: Insider Accounts*, edited by F. Kuteesa, E. Tumusiime-Mutebile, A. Whitworth, and T. Williamson (New York: Oxford University Press, 2010), 247.

(61) J. Barkan, ed., *Beyond Capitalism vs. Capitalism in Kenya and Tanzania* (London: Lynne Rienner, 1994).

(62) Beatrice Hibou, ed., *Privatising the State*, translated from French by Jonathan Derick (New York: Columbia University Press, 2004), 7.

(63) Odd-Helge Fjeldstad and Mick Moore, "Tax Reform and State-Building in a Globalised World," in *Taxation and State-Building in Developing Countries: Capacity and Consent*, edited by Deborag A. Brautigam, Odd-Helge Fjeldstad, and Mick Moore (Cambridge, NY: Cambridge University Press, 2008), 235–63.

(64) 一部の研究者は、この国家の機能の縮小は直接的に国家の能力を弱めることになると主張している。例えば、次を参照。Thandika Mkandawire, "Thinking about Developmental States in Africa," *Cambridge Journal of Economics* 25 (2001): 289–313. 一方、国家を新世襲主義あるいはたんなる失敗国家とみて、これは開発政策を遂行する能力がなかったりやる気がなかったりした国家への当然の報いであると考える人たちもいる。Anne Pitcher, Mary H. Moran, and Michael Johnston, "Rethinking Patrimonialism and Neopatrimonialism in Africa," *African Studies Review* 52, no. 1 (2009): 125–56; and P. Collier, *The Bottom Billion: Why the Poorest Countries Are Failing and What Can Be Done About It* (New York: Oxford University Press, 2009). コリアー、前掲書。

(65) Republic of Zambia, National Accounts Statistics, GDP Revision of Benchmark 1994 Estimates, Central Statistical Office, Lusaka.

(66) Ibid.
(67) Ibid.
(68) Ibid.
(69) Ibid.
(70) United Republic of Tanzania, Bureau of Statistics, *Report on the Revised National Accounts of Tanzania 1987–96* (Dar es Salaam: Bureau of Statistics, 1997), 1.
(71) Ibid.
(72) Ibid.
(73) International Labour Organization, *Employment, Incomes and Equality: A Strategy for Increasing Production Employment in Kenya* (Geneva: International Labour Organization, 1972): 97–108; and Keith Hart, "Informal Income Opportunities and Urban Employment in Ghana," *Journal of Modern African Studies* 11, no. 1 (1973): 61–89.
(74) 最近の非公式部門に関する論評として、次を参照。Kenneth King, "Africa's Informal Economies: Thirty Years On," *SAIS Review* 11, no. 1 (2001); Keith Hart, "On the Informal Economy: The Political History of an Ethnographic Concept," CEB Working Paper no. 09/042, Centre Emile Bernheim, 2009, http://www2.solvay.edu/EN/Research/Bernheim/documents/wp09042.pdf; and Kate Meagher, *Identity Economics: Social Networks and the Informal Economy in Nigeria* (London: James Currey, 2010).
(75) ティリーは、一九三〇年代の初めに、多くの調査がいかにこの管理データのギャップを埋めようと試みたかを論じている。Helen Tilley, *Africa as a Living Laboratory: Empire, Development, Scientific Knowledge, 1870–1950* (Chicago: Chicago University Press, 2011).
(76) Muwanga-Zake, "Statistics Reform," 247.
(77) Personal communication, Uganda Bureau of Statistics, Kampala, Uganda, October 2010.
(78) Uganda Bureau of Statistics, "Informal Cross Border Trade Qualitative Baseline Study," UBOS, February 2009, 53.
(79) Tony Killick, *Development Economics in Action: A Study of Economic Policies in Ghana*, 2nd ed. (New York: Routledge, 2010).

初版は一九七八年。

（80）Killick, *Development Economics in Action*, 397

（81）Ward, *Quantifying the World*, 100

（82）これは第四章で述べるように、今日のデータが作成されるやり方である。

（83）Ward, *Quantifying the World*, 100

（84）Killick, *Development Economics in Action*, 397

（85）Collier, Bottom Billion, 9. コリアー、前掲書二四頁。

（86）これは、とりわけペン・ワールド・テーブルが出てからのことである。スターンはこれを「統計にとって重要な出来事」と評している。N. Stern, "The Economics of Development: A Survey," *Economic Journal* 99, no. 597 (1989): 600.

（87）例えば、次のものがある。B. J. Ndulu, S. A. O'Connell, J. P. Azam, R. H. Bates, A. K. Fosu, J. W. Gunning, and D. Njinkeu, eds., *The Political Economy of Economic Growth in Africa, 1960–2000: An Analytic Survey*, vol. 1 (Cambridge: Cambridge University Press, 2008); and B. J. Ndulu, S. A. O'Connell, J. P. Azam, R. H. Bates, A. K. Fosu, J. W. Gunning, and D. Njinkeu, eds., *The Political Economy of Economic Growth in Africa, 1960–2000* vol. 2, *Case Studies* (Cambridge: Cambridge University Press, 2008).

（88）Ward, *Quantifying the World*, 101

第三章

（1）歴史的経済研究の分野では、経済成長あるいは所得水準のデータが入手できない場合、人口増加や人口規模、人口密度の推計を参照するのはよく行われていることである。

（2）A. Okolo, "The Nigerian Census: Problems and Prospects," *American Statistician* 53, no. 4 (1999): 321–25.

（3）Ibid., 322.

（4）Polly Hill, *Population, Prosperity and Poverty: Rural Kano, 1900 and 1970* (Cambridge: Cambridge University Press, 1977), 18.

（5） 南部と北部の政治的対立についての基本的な概論として、次を参照。Tom Forrest, *Politics and Economic Development in Nigeria* (Boulder, CO: Westview Press, 1993).

（6） Toyin Falola and Matthew Heaton, *A History of Nigeria* (Cambridge: Cambridge University Press, 2008), 168.

（7） Ibid, 186.

（8） Okolo, "The Nigerian Census," 323.

（9） B. A. Ahonsi, "Deliberate Falsification and Census Data in Nigeria," *African Affairs* 87 (1988): 561.

（10） F. Mimiko, "Census in Nigeria: The Politics and the Imperative of Depoliticization," *African and Asian Studies* 5, no. 1 (2006): 14.

（11） National Population Commission, "Nigeria 2005 Census Awareness and Attitude Survey (CAAS)," Abuja, Nigeria, 2005.

（12） Personal Communication, Federal Ministry of Planning (FOS) and National Population Commission (NPC), Abuja, Nigeria, February 22–25, 2010.

（13） National Population Commission, "Report on the Census 2006 Final Result to the President of the Federal Republic of Nigeria," Abuja, Nigeria, 2008, 11.

（14） S. Yin, "Objections Surface over Nigerian Census Results," Population Reference Bureau website, http://www.prb.org/Articles/2007/ObjectionsOverNigerianCensus.aspx, April 2007.

（15） Hill, *Population, Prosperity and Poverty*, 18.

（16） J. C. Caldwell and C. Okonjo, *The Population of Tropical Africa* (London: Longman, 1968), 85.

（17） W. Arthur Lewis, *Reflections on Nigeria's Economic Growth* (Paris: Development Centre of the Organisation for Economic Cooperation and Development, 1967), 9

（18） O. E. Umoh, "Demographic Statistics in Nigeria," in *Population Growth and Economic Development in Africa*, edited by D. H. Ominde and C. N. Ejiogu (Nairobi: Heinemann, 1972), 21.

（19） 以前、ラゴスに拠点を置いていたときには連邦統計局と呼ばれていた。

(20) Interviews at FOS and NPC, Abuja, Nigeria, February 22–25, 2010.*

(21) William F. Stolper, *Planning without Facts: Lessons in Resource Allocation from Nigeria's Development* (Cambridge: Harvard University Press, 1966).

(22) Paul Collier, "Oil Shocks and Food Security in Nigeria," *International Labour Review* 127 (1988): 762.

(23) Collier, "Oil Shocks and Food Security," 763.

(24) Ibid.

(25) Paul Mosley, "Policy Making without Facts: A Note on the Assessment of Structural Adjustment Policies in Nigeria, 1985–1990," *African Affairs* 91, no. 363 (1992): 227–40.

(26) Federal Republic of Nigeria, *Annual Abstract of Statistics* (Abuja: Federal Office of Statistics, Abuja, 1995); Federal Republic of Nigeria, *Annual Abstract of Statistics* (Abuja: Federal Office of Statistics, Abuja, 1999).

(27) タンザニアの経済成長の証拠に関する徹底的な議論については、次を参照。Morten Jerven, "Growth, Stagnation or Retrogression? On the Accuracy of Economic Observations, Tanzania, 1961–2001," *Journal of African Economies* 20, no. 3 (2011): 377–394.

(28) 最も注目されている国として、他にガーナ、ナイジェリア、ケニアがある。

(29) A.M. Tripp, *Changing the Rules: The Politics of Liberalization and the Urban Informal Economy in Tanzania* (Berkeley: University of California Press, 1997); and T. L. Maliyamkono and M. S. D. Bagachwa, *The Second Economy in Tanzania* (London: James Currey, 1990).

(30) Maliyamkono and Bagachwa, *The Second Economy in Tanzania*.

(31) Paul Collier, S. Radwan, and S. Wangwe (with A. Wagner), *Labour and Poverty in Rural Tanzania: Ujamaa and Rural Development in the United Republic of Tanzania* (Oxford: Clarendon Press, 1986), 134–35.

(32) Tripp, *Changing the Rules*.

(33) Maliyamkono and Bagachwa, *The Second Economy in Tanzania*, 133.

(34) United Republic of Tanzania, Bureau of Statistics, Report on the Revised National Accounts, 1986–87, Dar es Salaam, 1.

(35) Ibid., 3.

(36) B. J. Ndulu and C. K. Mutalemwa, *Tanzania at the Turn of the Century—Background Papers and Statistics* (Washington, DC: World Bank, 2002).

(37) S. Durlauf, P. Johnson, and J. Temple, "Growth Econometrics," in *Handbook of Economic Growth*, edited by P. Aghion and S. Durlauf (Amsterdam: Elsevier, 2005), 574.

(38) B. J. Ndulu, S. A. O'Connell, J. P. Azam, R. H. Bates, A. K. Fosu, J. W. Gunning, and D. Njinkeu, eds., *The Political Economy of Economic Growth in Africa, 1960–2000: An Analytic Survey*, vol. 1 (Cambridge: Cambridge University Press, 2008); and B. J. Ndulu, S. A. O'Connell, J. P. Azam, R. H. Bates, A. K. Fosu, J. W. Gunning, and D. Njinkeu, eds., *The Political Economy of Economic Growth in Africa, 1960–2000*, vol. 2, *Case Studies* (Cambridge: Cambridge University Press, 2008).

(39) Ndulu et al., *The Political Economy of Economic Growth in Africa*, 2:7.

(40) Patrick Manning, "African Population. Projections 1850–1960," in *The Demographics of Empire: The Colonial Order and the Creation of Knowledge*, edited by Karl Ittmann, Dennis D. Cordell, and Gregory Maddox (Athens: Ohio University Press, 2010), 245–75.

(41) "Kenya: Census Will Reveal Key Data for Planners," *Daily Nation* (Nairobi), August 24, 2009.

(42) "Options after Census Results Quashed," *Daily Nation*, September 28, 2010.

(43) "Kenya: Controversy over Inclusion of Tribal Identity in Census," *Daily Nation*, June 27, 2009.

(44) "Kenya's Census Figures Contested," Wanted in Africa website, September 4, 2010.

(45) "Kenya: Census Changes Flow of Sh14 Billion CDF Money," *Daily Nation*, September 12, 2010.

(46) "Kenya: State Puts Final touches on 2009 Census Results," *Daily Nation*, December 31, 2009.

(47) Ibid.

(48) "Kenya's Census Figures Contested."

（49） Ibid.

（50） "Kenya Somalis Population Explosion Cancelled in Census Results," *Alshahid Network*, August 31, 2010, http://english.alshahid.net/archives/12080.

（51） "Kenya: Rescind Census Decision, Community Demands," *Daily Nation*, September 11, 2010.

（52） Ibid.

（53） "Kenya's Census Figures Contested."

（54） ケニアの過去の国勢調査をめぐる対立と方法の偏りに関するさらなる議論は、次を参照。Lars Bondestam, "Some Notes on African Statistics Collection—Reliability and Interpretation," Research Report no. 18, Uppsala, *Scandinavian Institute of African Studies*, 1973.

（55） 一九六五年の言語的分裂が一九六五年から一九九〇年にかけての低成長と関連しているという、イースタリーとレヴィーンの広く知られた発見以来、とくに議論が高まっている。W. Easterly and R. Levine, "Africa's Growth Tragedy: Policies and Ethnic Divisions," *Quarterly Journal of Economics* 112, no. 4 (1997): 1203–1250.

（56） 農業関係がインドの一九五一年国勢調査によってどう見直されたかについては、次を参照。Daniel Thorner and Alice Thorner, *Land and Labour in India* (Bombay: Asia Publishing House, 1962), 133–153.

（57） Patrick Manning, "African Population Projections 1850–1960," in *The Demographics of Empire: The Colonial Order and the Creation of Knowledge*, edited by Dennis D. Cordell and Gregory Maddox (Athens: Ohio University Press, 2010), 245–75.

（58） Mathew James Connelly, *Fatal Misconception: The Struggle to Control World Population* (Cambridge, MA: Belknap Press of Harvard University Press, 2008).

（59） 人口過剰問題と誤った政策介入についての古典的研究と批判については、次を参照。Mahmood Mamdani, *The Myth of Population Control: Family, Caste and Class in an Indian Village* (New York: Monthly Review Press, 1973). M. マンダニ著、自主講座人口論グループ監・訳『反「人口抑制の論理」』、風濤社、一九七六年。

（60） Martina Santschi, "Briefing: Counting "New Sudan,"" *African Affairs* 107, no. 429 (2008): 631–40.

(61) ジェフリー・サックスによれば、マラウイのビング・ワ・ムタリカ大統領は、「購入資金のない貧しい農民が肥料と多収性品種種子を入手できるための新しい政府プログラムを設けることによって、古いドナー主導のやり方を打ち破った。痩せた土地に窒素肥料が与えられると、農業の収穫高は急増した」。Jeffrey Sachs, "Homegrown Aid," *New York Times*, April 8, 2009, A23.

(62) National Statistics Office, Malawi, *National Census of Agriculture and Livestock* (NACAL) (Zomba: NSO, 2010).

(63) Malawi, "Peer Review of Malawi National Statistical System," January 2009, Republic of Malawi and Partnership in Statistics for Development in the 21st Century, 26–30.

(64) Ibid.

(65) Personal communication, International Monetary Fund, 2010.

(66) Personal communication, Malawi, National Statistics Office, 2010

(67) Personal communication, IMF, 2010; and personal communication, NORAD, 2010.

(68) N. Lea and L. Hanmer, "Constraints to Growth in Malawi" Policy Research Working Paper 5097, World Bank, Africa Region: Southern Africa Poverty Reduction and Economic Management Unit, 2009.

(69) Africa Research Institute, "Making Fertiliser Subsidies Work in Malawi," Briefing Note 0703 (2007, December); and International Food Policy Research Institute, "Fertilizer Subsidies in Africa. Are Vouchers the Answer?" *IFPRI Issue Brief* 60 (2009).

(70) Personal communication, National Statistics Office of Malawi, November, 2010; and personal communication, Malawi Reserve Bank, November 2010.

(71) R. Chambers, "Beyond the Green Revolution: A Selective Essay," in *Understanding Green Revolutions: Agrarian Change and Development Planning in South Asia: Essays in Honour of B. H. Farmer*, edited by B.H. Farmer, S. Wanmali, and T. Bayliss-Smith (New York: Cambridge University Press, 1984), 362.

(72) T. N. Srinivasan A. Vaidyanathan, "Agricultural Statistics," in *Data Base of Indian Economy; Review and Appraisal*, vol. 1, edited by C. R. Rao (Calcutta: Eka Press, 1972), 33–62. ヤーノシュ・コルナイがソ連その他の中央計画経済に関して説得的

に主張したように、この現象は経済計画にとって根本的な問題である。Janos Kornai, *The Socialist System: The Political Economy of Communism* (Oxford: Oxford University Press, 1992).

(73) 例えば、次を参照。Sarah Berry, "The Food Crisis and Agrarian Change in Africa: A Review Essay," *African Studies Review* 27, no. 2 (1984): 59–112; and Roy A. Carr-Hill, *Social Conditions in Sub-Saharan Africa* (Houndmills: MacMillan, 1990), esp. 39–51.

(74) Polly Hill, *Development Economics on Trial: The Anthropological Case for Prosecution* (Cambridge: Cambridge University Press, 1986).

(75) Hill, *Development Economics on Trial*, 34.

(76) Ibid.

(77) とりわけ大胆な試みとして、次を参照。Steven Block, "The Decline and Rise of Agricultural Productivity in Sub-Saharan Africa since 1961," NBER Working Paper no. 16481, National Bureau of Economic Research, 2010.

(78) Edward Miguel, Shanker Satyanath, and Ernest Sergenti, "Economic Shocks and Civil Conflict: An Instrumental Variables Approach," *Journal of Political Economy* 122 (2004): 740; Miguel, Shanker, and Ernest cite Jere R. Behrman and Mark R. Rosenzweig, "Caveat Emptor: Cross-Country Data on Education and the Labor Force," *Journal of Developmental Economy* 44 (June 1994): 147–71; and Alan Heston, "A Brief Review of Some Problems in Using National Accounts Data in Level Comparisons and Growth Studies," *Journal of Development Economics* 44, no. 1 (1994): 29–52.

(79) Angus Deaton, "Instruments, Randomization, and Learning about Development," *Journal of Economic Literature* 48, no. 2 (2010): 424–55; and Thad Dunning, "Model Specification in Instrumental-Variables Regression," *Political Analysis* 16 (2008): 290–302.

(80) Derek Blades, "What Do We Know about Levels and Growth of Output in Developing Countries? A Critical Analysis with Special Reference to Africa," in *Economic Growth and Resources: Proceedings of the Fifth World Congress, International Economic Association, Tokyo*, vol. 2, *Trends and Factors*, edited by R. C. O. Mathews (New York: St. Martin's Press, 1980), 69.

（81） トウモロコシの生産高を測定するさまざまな方法の記述については、次を参照。P. Mosley, "Policy and Capital Market Constraints to the African Green Revolution: A Study of Maize and Sorghum Yields in Kenya, Malawi and Zimbabwe, 1960–91," Innocenti Occasional Papers, Economic Policy Series no. 38 (1993). モズリーの論文の出版は、ユニセフの国際子ども開発センターによる、アフリカの構造調整についての特別サブシリーズの一部である。

（82） Miguel, Satyanath, and Sergenti, "Economic Shocks and Civil Conflict," 740.

（83） Sachs, "Homegrown Aid."

（84） Paul Nugent, *Africa since Independence: A Comparative History* (New York: Palgrave Macmillan, 2004), 328. 政策改革の経済成長効果を査定することの困難についての他の研究には次のものがある。Thandika P. Mkandawire and Charles C. Soludo, *Our Continent, Our Future: African Perspectives on Structural Adjustment* (Trenton, N.J.: Africa World Press, 1999), esp. chapter 3; and Trevor W. Parfitt, "Review: Lies, Damned Lies and Statistics: The World Bank/ECA Structural Adjustment Controversy," *Review of African Political Economy* 47 (1990): 128–41.

（85） Heston, "A Brief Review of Some Problems in Using National Accounts Data," 37.

（86） Personal communication, Ghana Statistical Services, Accra, Ghana, February 2010.

（87） Personal communication, Central Statistical Office, Lusaka, Zambia, November 2010.

（88） Chijioke Ohuocha, "Exclusive: Nigeria GDP Rebasing May See Big Upward Revision—Stats Chief," Reuters Africa, November 10, 2011.

（89） Personal communication, Federal Statistical Office, Abuja, Nigeria, February 2010.

（90） このやり方がどれだけ標準的なのかは正確には分からない。それを見出すための唯一の方法は、改訂された時系列データを古いものと比べることである。ボツワナのように、ときに変化は著しい。そこでは一九八〇年代後半の改訂が、一九七〇年代後半以降の農業成長の歴史を書き直す原因となった。Morten Jerven, "Accounting for the African Growth Miracle: The Official Evidence, Botswana 1965–1995," *Journal of Southern African Studies* 36, no. 1 (2010): 73–94.

（91） 次でさらに議論されている。Morten Jerven, "Random Growth in Africa? Lessons from an Evaluation of the Growth Evidence on Botswana, Kenya, Tanzania and Zambia, 1965–1995," *Journal of Development Studies* 46, no. 2 (2010): 274–94. ケニアについての研究は次を参照。Morton Jerven, "Revisiting the Consensus on Kenyan Economic Growth, 1964–1995," *Journal of Eastern African Studies* 5, no. 1 (2011): 2–23.

第四章

（1） Eメールでの調査に参加したのは、ブルンジ、カメルーン、カーボベルデ、ギニア、レソト、マリ、モーリタニア、モーリシャス、モロッコ、ナミビア、モザンビーク、ニジェール、セネガル、セーシェル、南アフリカの統計局の代表である。さらに、ガーナ、ケニア、マラウイ、ナイジェリア、タンザニア、ウガンダ、ザンビアについては、対面のインタビューを行った。詳細は付録を参照。

（2） 要約は次で見られる。Robert H. Bates, *Making Aid Work*, edited by A. Banerjee (Cambridge, MA: MIT Press, 2007), 67–73.

（3） R. Bates, *Markets and States in Tropical Africa: The Political Basis of Agricultural Policies* (Berkeley: University of California Press, 1981).

（4） この見方がいかに国家と個人とを融合させたかについては、次を参照。Jon Elster, "Review: Rational Choice History: A Case of Excessive Ambition," *American Political Science Review* 94, no. 3 (2000): 685–95.

（5） アフリカ国家の類型論では「新世襲主義」といわれている。Michael Bratton and Nicolas Van de Walle, "Neopatrimonial Regimes and Political Transitions in Africa," *World Politics* 46, no. 4 (1994): 453–89.

（6） こうした約束の一例として、二〇一〇年のタンザニア大統領選挙で成功したジャカヤ・キクウェテの選挙キャンペーンが挙げられる。Personal communication, Central Bank, Tanzania, Dar es Salaam, November 2010. 労働市場のデータの欠如については次を参照。John Sender, Christopher Cramer, and Carlos Oya, "Unequal Prospects: Disparities in the Quantity and Quality of Labour Supply in Sub-Saharan Africa," World Bank Social Protection Discussion Paper Series no. 0525, 2005, 5.

（7） Theodore M. Porter, *Trust in Numbers: The Pursuit of Objectivity in Science and Public Life* (Princeton, NJ: Princeton University Press, 1995), 33. セオドア・M・ポーター著、藤垣裕子訳『数値と客観性――科学と社会における信頼の獲得』みすず書房、二〇一三年、五七頁。

（8） Lourdes Beneria, "Accounting for Women's Work: The Progress of Two Decades," *World Development* 20, no. 11 (1992): 1547–60.

（9） Dudley Seers, "The Political Economy of National Accounting," in *Employment, Income Distribution and Development Strategy: Problems of the Developing Countries*, edited by A. Caincross and M. Puri (New York: Holmes & Meier Publishers, 1976).

（10） A. C. Kulshreshtha and Gulab Singh, "Valuation of Non-Market Household Production," Central Statistical Organisation, New Delhi, 1999.

（11） しかし、これは常に言えるわけではない。ザンビアのGDPシリーズは一九七〇年の不変価格を使っていた。一九七〇年代の銅の輸出に関してザンビアが経験した価格の大幅な下落の後では、銅の生産高が現行価格で測定されると、不変価格で測定された場合よりも経済規模ははるかに小さくなる。

（12） Personal communication, National Statistical Office; personal communication, IMF Malawi; personal communication, Reserve Bank, Malawi, all in Lilongwe, Malawi, November 2011.

（13） Personal communication, Uganda Bureau of Statistics, Kampala, Uganda, October 2011.

（14） だが、方法は国によって異なっている。Jean Le Nay and Jean Mathis, "The Impact of Drought on the National Accounts for Livestock in Sahelian Countries," *Review of Income and Wealth* 35, no. 2 (June 1989): 209–24.

（15） E. S. K. Muwanga-Zake, "Statistics Reform," in *Uganda's Economic Reforms: Insider Accounts*, edited by F. Kuteesa, E. Tumusiime-Mutebile, A. Whitworth, and T. Williamson (New York: Oxford University Press, 2010), 257.

（16） Klaus Deininger, Calogero Carletto, Sara Savastano, and James Muwonge, "Can Diaries Help Improve Agricultural Production Statistics? Evidence from Uganda," World Bank Development Research Group Policy Research Working Paper 5717, June 2011, http://www-wds.worldbank.org/servlet/WDSContentServer/WDSP/IB/2011/06/30/000158349_20110630105553/

Rendered/PDF/WPS5717.pdf, accessed September 13, 2012.

(17) Ibid., 11.

(18) Elliot Berg, *Accelerated Development in sub-Saharan Africa: An Agenda for Action*, World Bank Report no. 14030 (Washington, DC: World Bank, 1981).

(19) Ibid., 142.

(20) Ibid., 187–88.

(21) Ibid., 31–32.

(22) Ibid., 34–35.

(23) A. Banerjee, *Making Aid Work* (Cambridge, MA: MIT Press, 2006), 16.

(24) Ibid., 6.

(25) Frederick Cooper and Randall Packard, "Introduction," in *International Development and the Social Sciences: Essays on the History and Politics of Knowledge*, edited by Frederick Cooper and Randall Packard (Berkeley, CA University of California Press, 1997), 27.

(26) 最近出版された二つの著作は、この方向性を支持している。Dean Karlan and Jacob Appel, *More Than Good Intentions: How a New Economics Is Helping to Solve Global Poverty* (New York: Dutton, 2011) ディーン・カーラン、ジェイコブ・アペル著、清川幸美訳『善意で貧困はなくせるのか?——貧乏人の行動経済学』みすず書房、二〇一三年; and A. V. Banerjee and Esther Duflo, *Poor Economics: A Radical Rethinking of the Way to Fight Global Poverty* (New York: PublicAffairs, 2011). アビジット・V・バナジー、エスター・デュフロ著、山形浩生訳『貧乏人の経済学——もういちど貧困問題を根っこから考える』みすず書房、二〇一二年。

(27) Esther Duflo, Michael Kremer, and Jonathan Robinson, "How High Are Rates of Return to Fertilizer? Evidence from Field Experiments in Kenya," *American Economic Review: Papers and Proceedings* 98, no. 2 (2008): 487.

(28) "Forum: Angus Deaton," in *Making Aid Work*, edited by A. Banerjee (Cambridge, MA: MIT Press, 2006), 55–65; and Angus

Deaton, "Understanding the Mechanisms of Economic Development," *Journal of Economic Perspectives* 24, no. 3 (2010): 14.

(29) Ritva Reinikka and Jacob Svensson, "Explaining Leakage of Public Funds," Policy Research Working Paper Series no. 2709, World Bank, 2001.

(30) 本書のための研究では、開発統計がどのように国会の議論や立法府に入っていくのかを調査していない。

(31) Organization for Economic Co-operation and Development, *Measuring the Non-Observed Economy: A Handbook* (Paris: OECD, 2002).

(32) 金融部門の改革には、世界銀行とＩＭＦの両方で高い優先順位が与えられてきた。

(33) Personal communication, Ghana Statistical Office, Accra, Ghana, February 2010; personal communication, Federal Office of Statistics, Abuja, Nigeria, February 2010.

(34) Personal communication, National Statistical Office, Zambia, November 2010.

(35) Personal communication, National Statistical Office, Lilongwe, Malawi, November 2010. 議論は予備的な成長の数値についてであり、ＩＭＦと首相は合意できなかった。両者の違いは約一・五パーセントだった（ＩＭＦは五パーセントより少し上を求め、首相は成長のデータが七パーセントとなることを求めた）。両者とも推測の話なのはもちろんのことである。

(36) Don Cohen and Bruno Laporte, "The Evolution of the Knowledge Bank," *KM Magazine*, March 2004.

(37) Devesh Kapur "The 'Knowledge' Bank," in *Rescuing the World Bank: A CGD Working Group Report and Select Essays*, edited by Nancy Birdstall (Washington, DC: Center for Global Development, 2006), 159–70.

(38) Christopher Gilbert, Andrew Powell, and David Vines, "Positioning the World Bank," *Economic Journal* 109 (November 1999): F598–F633.

(39) R. Wade, "US Hegemony and the World Bank: The Fight for People and Ideas," *Review of International Political Economy* 9, no. 2 (2002): 215–42.

(40) William Easterly, "Planners versus Searchers in Foreign Aid," *Asian Development* 23, no. 1 (2006): 1–35.

(41) David Ellerman, "Should Development Agencies Have Official Views?" *Development in Practice* 12, nos. 3–4 (August 2002).

(42) James Ferguson, *Global Shadows: Africa in the Neoliberal World Order* (Durham, NC: Duke University Press, 2006).

(43) Michael Ward, *Quantifying the World: UN Ideas and Statistics* (Bloomington, IN.: Indiana University Press, 2004), 100; Michael Barnett and Martha Finnemore, *Rules for the World: International Organizations in Global Politics* (Ithaca: Cornell University Press, 2004), chapter 3.

(44) Personal communication, Ghana Statistical Office, Accra, Ghana, February 2010; personal communication, Federal Office of Statistics, Abuja, Nigeria, February 2010; personal communication, National Statistical Office, Zambia, November 2010.

(45) 統計の訓練に関する唯一の地域的実証研究は、この主張を支持している。もっと実用に向けた訓練が必要とされている。M. Woodward, N. Dourmashkin, E. Twagirumukiza, M. Mbago, and A. S. Ferreira da Cunha, "Statistics Training in Eastern and Southern Africa: A Study of Supply and Demand," *Journal of the Royal Statistical Society: Series D (The Statistician)* 46, no. 3 (1997): 371–86.

(46) Personal communication, World Bank, October 2010; personal communication, UK Department for International Development, Tanzania, October 2010. Also see Valéry Ridde, "Per Diems Undermine Health Interventions, System and Research in Africa: Burying Our Heads in the Sand," *Tropical Medicine and International Health* (July 28, 2010): 1–4.

(47) Personal communication, UK Department for International Development, Zambia, November 2010.

(48) 例えば二人の職員が訓練を受けたが、私が二〇一〇年一一月に訪問したときには、一人はすでに他の職場に異動していた。Personal communication, National Statistical Office, Lilongwe, Malawi, November 2010.

(49) Personal communication, Malawi Reserve Bank, Lilongwe, Malawi, November 2010. ブルキナファソにおける同様のマクロ経済的モデリングの試みについては次を参照。Boris Samuel, "Calcul macroéconomique et modes de gouvernement: Les cas du Burkina Faso et de la Mauritanie," *Politique Africaine* 124 (February 2012): 101–26.

(50) Howard Stein, *Beyond the World Bank Agenda: An Institutional Approach to Development* (Chicago: University of Chicago Press, 2008), 25–51.

(51) 歴史については、次を参照。Bjorn Wold, "A Social Statistics System for the Millennium Development Goals?" *Forum for Development Studies* no. 1 (2005): 219–42.

(52) David Booth and Henry Lucas, "Monitoring Progress Towards the Millennium Development Goals at Country Level," in *Targeting Development: Critical Perspectives on the Millennium Development Goals*, edited by R. Black and H. White (New York: Routledge, 2003), 101.

(53) Ibid., 102.

(54) Sebastian Levine, "Measuring Progress Towards Global Poverty Goals: Challenges and Lessons from Southern Africa," *African Statistical Journal* 3 (November 2006): 89–110.

(55) R. Black and H. White, "Millennium Development Goals," in *Targeting Development: Critical Perspectives on the Millennium Development Goals*, edited by R. Black and H. White (Routledge, 2003), 11.

(56) UNDP, "Capacity Development for Democratic Governance: Assessments and Measurements," A Global Program Report, 2010, 5.

(57) 一九九〇年から二〇〇九年という開始と終了の期日を持つデータに使われた観察は推定された推計にすぎず、事実の観察ではない。Gonzalo Duenas Alvarez, Mary Tran, and Raj Raina, "MDGS: Sub-Saharan Africa: Overcoming Data Gaps and Ranking Progress" Fordham University, Department of Economics Discussion Paper Series no. 2011–01, 2011.

(58) Charlotte Guenard and Sandrine Mesple-Somps, "Measuring Inequalities: Do Household Surveys Paint a Realistic Picture?" *Review of Income and Wealth* 56, no. 3 (2010): 519–38.

(59) United Nations, *The Millennium Development Goals Report, 2011* (New York: United Nations, 2011).

(60) Jan Vandemoortele, "The MDG Story: Intention Denied," *Development and Change* 42, no. 1 (2011): 1–21.

(61) Dimitri Sanga, "The Challenges of Monitoring and Reporting on the Millennium Development Goals in Africa by 2015 and Beyond," *African Statistical Journal* 12 (May 2011): 104–18.

(62) World Bank Database, http://data.worldbank.org/, accessed August 2011.

(63) World Bank, Statistical Manual, National Accounts, http://web.worldbank.org, accessed August 2011.
(64) E-mail correspondence with the World Bank Development Data Group, September 8, 2009. 二〇一一年一一月にグローバル開発センターでの会談で私がこの情報を伝えたとき、所長はこれらのデータが極秘であることを否定し、それは誤報だったか私が間違った質問をしたかのどちらかだと主張した。私が自分の質問とそれに対する回答のメールを見せたところ、確かにそのデータの一部は共有されていないことを認めた。その後、生データ（特にガーナとタンザニアの長期的成長でどんな変化が起こっているかを知るためのデータ）へのアクセスを再要求したが、まだアクセスを許されていない。
(65) UNData, http://data.un.org/, accessed August 2011.
(66) E-mail correspondence with the World Bank Development Data Group, September 10, 2009.
(67) E-mail correspondence with Data Dissemination and Client Services Team, Statistical Information Management Division, Statistics Department, International Monetary Fund, September 16, 2009.
(68) E-mail correspondence with the Center for International Comparisons, University of Pennsylvania, September 21, 2009.
(69) E-mail correspondence with the Center for International Comparisons, University of Pennsylvania, September 22, 2009.
(70) Personal communication with representatives from UK Department for International Development, 2010; personal communication, Lusaka, 2010; personal communication, World Bank, Dar es Salaam, November 2010.
(71) E-mail correspondence with Macroeconomic Statistics Advisor, IMF East AFRITAC, November 22, 2010.
(72) E-mail correspondence with Macroeconomic Statistics Advisor, IMF East AFRITAC, December 7, 2010.
(73) E-mail correspondence with Macroeconomic Statistics Advisor, IMF East AFRITAC, December 13, 2010.
(74) Ibid.
(75) これはジェームズ・ファーガソンが指摘しているように、ＩＭＦと世界銀行が使用している各国の評価の類型の一般的問題である。James Ferguson, *The Anti-Politics Machine: "Development," Depoliticization, and Bureaucratic Power in Lesotho* (New York: Cambridge University Press, 1990), 258–59.

(76) IMF, Report on the Observance of Standards and Codes, various years, various countries. リストの全体は巻末の参考文献に示されている。
(77) E-mail correspondence with World Bank Development Data Group, fall 2005.
(78) Muwanga-Zake, "Statistics Reform," 246–63.
(79) Personal communication, UK Department for International Development, Zambia, November 2010.
(80) Ibid.
(81) World Bank, STATCAP, "Statistical Capacity: Overview," http://web.worldbank.org/, accessed August 2011.
(82) Ibid.
(83) Personal communication, National Statistical Office, Lilongwe, Malawi, November 2010; personal communication, Malawi Reserve Bank, Lilongwe, Malawi, November 2010.
(84) Personal communication, Federal Office of Statistics, Abuja, Nigeria, February 2010; personal communication, National Statistical Office, Zambia, November 2010; personal communication, World Bank Consultants, Dar es Salaam, October 2010; e-mail correspondence with National Bureau of Statistics in Kenya, spring 2011.
(85) Economic Commission for Africa, *Manual on Improving the Quality of Statistics in Africa* (Addis Ababa: UN Economic Commission for Africa, 1998). これは一九九八年一二月一四－一八日にアディスアベバで開かれたUN ECA Regional Workshop on Improving the Quality of African Statistics for English Speaking Countries の報告である。
(86) これ（あるいはこれに類すること）は、私がガーナ、ナイジェリア、ケニア、タンザニア、マラウイ、ザンビアの統計局で政治的圧力や相互作用について質問したときに、しばしば繰り返された答えである。
(87) 最近の例としては二〇〇七年のザンビアが挙げられる。統計局は経済センサスへの資金を申請し、政府はこれを認めた。統計局はザンビアのあらゆる業種のリストを集め始めた。その年の年末までに、データ収集のための資金はすべて使われてしまった。リストは完成することなく、何の結果も公表されなかった。
(88) 次の論文で論じられている。Guenard and Mesple-Somps, "Measuring Inequalities," 519–38. 今日、世界銀行が好む

調査は、一〇年前よりもデータ収集に費用が掛かり、分析にも多くの資金を必要とする。日当について、より詳しくは次を参照。Ridde, "Per Diems Undermine Health Interventions, System and Research in Africa."

結論

（1）William Easterly, "Can Foreign Aid Buy Growth?" *Journal of Economic Perspectives* 17, no. 3 (2003): 23–48.

（2）推測統計学に対する強力な批判として次のものがある。Stephen T. Ziliak and Deirdre N. McCloskey, *The Cult of Statistical Significance: How the Standard Error Costs Us Jobs, Justice and Lives* (Ann Arbor: University of Michigan Press; 2008).

（3）Maynard Keynes, *The General Theory of Employment, Interest and Money* (Basingstoke, England: Palgrave Macmillan for the Royal Economic Society, 2007). ケインズ著、間宮陽介訳『雇用・利子および貨幣の一般理論』岩波文庫、2008年。

（4）Morten Jerven, "An Unlevel Playing Field: National Income Estimates and Reciprocal Comparison in Global Economic History," *Journal of Global History* 7, no. 1 (2012): 107–28.

（5）Joseph Stiglitz, Amartya Sen, and Jean-Paul Fitoussi, *Mismeasuring Our Lives: Why GDP Doesn't Add Up* (New York: New Press, 2010). ジョセフ・E・スティグリッツ、アマティア・セン、ジャンポール・フィトゥシ著、福島清彦訳『暮らしの質を測る――経済成長率を超える幸福度指標の提案』金融財政事情研究会、二〇一二年。

（6）Pius N. C. Okigbo, *Nigerian National Accounts, 1950–57* (Enugu: Government Printer, 1962), 65.

（7）Ibid., 63.

（8）Ibid., 174.

（9）Federal Ministry of National Planning, *National Accounts of Nigeria, 1973–1975* (Lagos: Federal Ministry of National Planning), 53.

（10）John Harriss, "The Case for Cross-Disciplinary Approaches in International Development," *World Development* 30 (2002): 487–96.

（11）優れた概説として、次のものがある。Sudhir Anand, Paul Segal, and Joseph E. Stiglitz, eds., *Debates on the Measurement of Global Poverty* (Oxford: Oxford University Press, 2010); and Richard Black and Howard White, eds., *Targeting Development: Critical Perspectives on the Millennium Development Goals* (New York: Routledge, 2004).

（12） Robert M. Solow, "A Contribution to the Theory of Economic Growth," *Quarterly Journal of Economics* 70, no. 1 (1956): 65–94; and Robert Solow, "Technical Change and the Aggregate Production Function," *Review of Economics and Statistics* 39, no. 3 (1957): 312–20.

（13） 基礎的な入門書として、次のものがある。Elhanan Helpman, *The Mystery of Economic Growth* (Cambridge, Mass.: Harvard University Press, 2004). エルハナン・ヘルプマン著、大住圭介・池下研一郎・野田英雄・伊ヶ崎大理訳『経済成長のミステリー』九州大学出版会、二〇〇九年。

（14） Paul M. Romer, "Increasing Returns and Long-Run Growth," *Journal of Political Economy* 94, no. 5 (1986): 1002–37; Robert E. Lucas, Jr., "On the Mechanics of Economic Development," *Journal of Monetary Economics* 22, no. 1 (1988): 3–42.

（15） Robert J. Barro, "Economic Growth in a Cross Section of Countries," *Quarterly Journal of Economics* 106, no. 2 (1991): 407–43.

（16） ペン・ワールド・テーブルは、ロバート・サマーズとアラン・ヘストンのやり方に従って、購買力平価で調整した経済成長データを提供している。これらのデータセットが出現したとき、その重要性について行われた議論については次を参照。Nicholas Stern, "The Economics of Development: A Survey," *The Economic Journal* 99, no. 397 (1989): 597–685. 現在のデータセットへの評価については次を参照。Angus Deaton and Alan Heston, "Understanding PPPS and PPP-Based National Accounts," *American Economic Journal: Macroeconomics*, 2, no. 4 (2010): 1–35.

（17） ダミー変数は1または0の値をとる。この場合、問題となる国がアフリカ国家である場合は1となる。最初の回帰で分かったのは、遅い成長はその国がアフリカ国家であるということと体系的に関連しているということだった。

（18） Barro, "On the Mechanics of Economic Development," 437.

（19） Durlauf et al., "Growth Econometrics." ザビエル・サラ＝イ＝マーティンの論文の題名「私は二〇〇万の回帰を行った」は、成長回帰の研究に登場した置換の量を物語っている。X. Sala-i-Martin, "I Just Ran Two Million Regressions," *American Economic Review* 87, no. 2 (1997): 178–83. ケニーとウィリアムズは、研究者の努力にもかかわらず、「経済成長に関する現在の理解の状況はかなりおそまつなものだ」と主張し、「私たちは、なぜ一部の国は経済成長を経験し、他の国々はしていないのかを説明する上で、弱い立場にある」と述べている。Charles Kenny and David Williams, "What Do We Know about Economic Growth? Or, Why Don't We Know Very Much?" *World Development* 29, no. 1 (2001): 15. 無知を認める議論は最近、成長回帰産業の中心的参加者の一人ウィリアム・イースタリーによって、二〇一〇年五月一九日にロンドン・スクール・オブ・エコノミクスでの講演の中で要約された。William Easterly, "We don't know how to solve global poverty, and that's a good thing."

(20) Jonathan Temple, "Initial Conditions, Social Capital and Growth in Africa," *Journal of African Economies* 7, no. 3 (1998): 309–47.

(21) Paul Collier and Jan W. Gunning, "Why Has Africa Grown So Slowly?" *Journal of Economic Perspectives* 13, no. 3 (1999): 3–22.

(22) とくにアフリカに関連する考察は次を参照。Morten Jerven, "A Clash of Disciplines? Economists and Historians Approaching the African Past," *Economic History of Developing Regions* 26, no. 2 (2011): 111–24.

(23) Christopher Cramer, *Violence in Developing Countries: War, Memory, Progress* (Bloomington: Indiana University Press, 2007), esp. 51–84.

(24) Havard Hegre and Nicholas Sambanis, "Sensitivity Analysis of Empirical Results on Civil War Onset," *Journal of Conflict Resolution* 50, no. 4 (2006): 508–35.

(25) とくに戦争に関連したものについて、次を参照。Nicholas Sambanis, "What Is Civil War? Conceptual and Empirical Complexities of an Operational Definition," *Journal of Conflict Resolution* 48, no. 6 (2004): 814–58.

(26) 世界の戦争や紛争における傾向を定量化しようという試みは、次で要約されている。Human Security Report Group Project, *Human Security Report 2009/2010: The Causes of Peace and Shrinking Costs of War* (New York: Human Security Re-

port Project, 2010).

（27） 例えば、広く利用されているエコノミスト・インテリジェンス・ユニットのデータがそうである。Stephen Knack, "Measuring Corruption: A Critique of Indicators in Eastern Europe and Central Asia," *Journal of Public Policy* 27, no. 3 (2007): 261.

（28） データセットはもっとある。マンクは９つのデータセットを論評している。Gerardo Luis Munck, *Measuring Democracy: A Bridge between Scholarship and Politics* (Baltimore, Md.: Johns Hopkins University Press, 2009).

（29） ポリティⅣのデータはやや劇的な変動（その国が民主的か独裁的かを分類するための基本的基準を考えれば、予測できることである）を示し、フリーダム・ハウスのデータからの結果は、もっと穏やかな変化を示している。Yury V. Bosin, "Measuring Democracy: Approaches and Challenges Associated with Developing Democratic Indices," William and Kathy Hybl Democracy Studies Fellowship Paper, 2007.

（30） Raymond June, Afroza Chowdhury, Nathaniel Heller and Jonathan Werve, *A User's Guide to Measuring Corruption* (Oslo: Global Integrity and UNDP, 2008).

（31） Knack, "Measuring Corruption."

（32） Toke S. Aidt, "Corruption and Sustainable Development," Cambridge Working Papers in Economics 1601, University of Cambridge, November 2010.

（33） Christine Arndt and Charles Oman, *Uses and Abuses of Governance Indicators* (Paris: Development Centre Studies, OECD, 2006).

（34） Frane Adam, "Mapping Social Capital across Europe: Findings, Trends and Methodological Shortcomings of Cross-National Surveys," *Social Science Information* 47 (2008): 159–86.

（35） June et al., *A User's Guide to Measuring Corruption*, 28.

（36） Aidt, "Corruption and Sustainable Development," 16.

（37） ギャレス・オースティンはデータという言葉を文字通りに解釈すると「与えられたもの」という意味になると

いうことを思い出させてくれる。Gareth Austin, "The 'Reversal of Fortune' Thesis and the Compression of History: Perspectives from African and Comparative Economic History," *Journal of International Development* 20, no. 8 (2008): 1002.

（38） Kpedekpo, *Social and Economic Statistics*.

（39） Sarah Berry, "The Food Crisis and Agrarian Change in Africa: A Review Essay," *African Studies Review* 27, no. 2 (1984): 60.

（40） Polly Hill, *Development Economics on Trial: The Anthropological Case for Prosecution* (Cambridge: Cambridge University Press, 1986), 34.

（41） R. Carr-Hill, *Social Conditions in Sub-Saharan Africa* (MacMillan: London, 1990), 210.

（42） この引用文を統計局の職員たちとの会合で紹介したところ、ほとんどの人がこの主張に賛意を表した。

訳者あとがき

本書はMorten Jerven, *Poor Numbers: How we are misled by African development statistics and what to do about it*（Cornell University Press, 2013）の全訳である。著者のモルテン・イェルウェン（本人から教示された発音による）は、ノルウェー出身の経済史研究者で、ロンドン・スクール・オブ・エコノミクスで経済史の修士号、博士号を取得し、現在はカナダのサイモン・フレーザー大学の准教授である。本書は著者の第一作であり、開発統計がいかにずさんに作成されているかを、現地調査や関係者へのインタビューを含めた綿密な調査によって明らかにして、大きな反響を呼んでいる。

本書の内容を簡単に紹介しよう。

博士論文のための調査でザンビアの統計局を訪れた際に抱いた「彼らはいったいどうやって、これらの数字をひねりだしたのか」という疑問から出発して、サハラ以南アフリカ諸国の国民経済計算とGDP統計の検証を行った著者は、「統計の数字はあてにならない」という答えを出す。そのあてにならない数字に基づいて開発に関する重大な決定が行われているのである。逆に、決定を行うのに都合がいいように数字が操作されている場合もある。そうした統計をめぐる実態について、著者は詳細な分析を行っている。

第一章では、アフリカ諸国の経済統計の問題の概観が示される。グローバル・スタンダードに基づく国民経済計算の作成にあたって、アフリカの特徴として、記録されない経済活動（自給自足農業など）が大規模で重要であることなどから、基本的なデータがきわめて貧弱となっている。また、データの質は国によって大きく異なっている。その不十分なデータを基に、それぞれのデータセット（著者は代表的なものとして世界開発指標、ペン・ワールド・テーブル、アンガス・マディソンを挙げる）は各国データを寄せ集め、独自の「ギャップを埋める方法」を用いて数字を「作り出す」。したがって、各データセットによって出されるGDPの数字は差異が大きい。「一人当たりGDPによる各国の順位付け」でも、データセットによって、順位が大きく上下している国が多い。あるデータセットで貧困国の上位に挙げられた国が、別のデータセットでは富裕国の十位近くに位置付けられているというケースも見られる。経済の実態についての情報というよりは統計によって作り上げられた産物である各国の順位付けを額面通り受けとることはできない、というのがここでの結論である。

第二章では、こうしたアフリカの統計事情を歴史的に捉えていく。植民地時代は、本国にとって意味のある輸出入等の記録が主で、例えば農業生産は統計の対象外だったから、きわめて限られたデータしか存在しなかった。独立後、各国はかなり包括的な経済推計を作成するようになった。しかし、その後の経済崩壊によって統計の作成も困難になり、さらに構造調整の時期には国家の権能の縮小とともに統計能力はますます劣化した。それが基礎データの貧弱さや基準年を更新できないことにつながり、その結果として、時系列データが現実を反映していない現状を生み出しているのである。

第三章では、三つの事例研究を例にとって、データの質の問題性を浮き彫りにする。ナイジェリアの国勢調査では、植民地時代には徴税を逃れるために登録を回避したために過小な数値が記録され、独立後は政府資金の地域への配分や選挙での議員数の配分をふやすために実際より多くの人口が登録され、どちらも実態を反映しない数値が生み出されたこと、ナイジェリアの食糧生産のデータでは、補助金との関連で修正が行われた可能性があり、データ間で大きな差異があること、さらにタンザニアではGDP推計の方法（非公式経済を算入したこと）とデータの全面的改正による経済成長の上方修正に、データセットがどう対応し、その結果データがいかに不自然なものになったかを説明している。これらは、データが政治的状況や測定方式の変化によっていかに大きく影響されているかを示している。

第四章では、実際に各国の統計局やIMF、世界銀行の関係者との接触を通じて、各国統計局の置かれた状況を明らかにする。統計局はスタッフも資金もインフラも不足しているため統計能力は劣悪な状態にあり、その立場も一部では政治家やドナーが自分たちに都合のいい数字を作りだすための「代理人」になってしまっている。こうした現状を打開するために、著者は次のような提言を行う。現在行われているような根拠の薄弱な予測や推測を含んだ集計の報告をやめ、アフリカ諸国に共通の新しいベースライン推計を作成することが必要である。そうすれば、基準年や集計方法の違いから無意味となっていた各国の比較も可能になる。アフリカの開発統計能力の改善のためには、適正な資金提供が必要であるが、それはプロジェクトに付随した一時的なものではなく、小規模でも持続的なもの、地域に適応したものでなければならない。例えば三十年に一度だけ運輸部門のセンサスを行い、残り二九年は国が交付するナンバープレートの数で推測するよりも、毎年五〇台のミニバスを調査して、小規模運輸部門についての詳細な値を時系列で出す方が有益だということである。

結論の章では、「開発の最も基本的な測定基準であるGDPは、客観的な数字として扱われるべきではなく、むしろ多くの恣意性と議論を呼ぶ仮定を含んだプロセスの産物である数字として扱われるべき」だという。しかし、あてにならないからといってGDP全体を排除すべきではない。合理的な政策決定にはマクロレベルのデータが必要であり、数字は問題を確認し、モニターし、評価するためには絶対不可欠だというのである。「数字は無視するには重要すぎるし、数字の作成と発信をめぐる問題は退けるには深刻すぎる」。だから、「学問と政策の両方での数字の使われ方に対して既に批判的な考えをもつ研究者は、その批判的技術を、数字へのさらなる関与に利用すべきである」と、学際的なアプローチによってこの問題を乗り越えていこうという呼びかけで本書は終わる。

本書は、欧米で高い評価を得た。ビル・ゲイツは本書を「二〇一三年に私が読んだ最良の書」の一冊に選び、ブログで書評もしている。そこでは、彼自身のドナーとしての立場から、限られた資源をどこに向けるべきかを考えるとき、一人当たりGDPは指針となる要素の一つであるが、正確だと思っていたその測定が正確とは程遠いものだということを本書が明らかにしたことを紹介している。ただ、GDPがあてにならないからといって、開発で何が機能し、何がしていないのかを知ることができないかといえば、そんなことはないとゲイツは言い、それぞれの分野での指標を挙げる。とはいえ、GDPの数字を正しいものにするために、私たちはより多くの資源を投入する必要があるのは明らかだとして、援助国や国際機関は各国の統計局がよりよい統計を作成できるよう支援し、アフリカの政策立案者たちはそうした統計に基づいた決定を行うべきだと言う。発展を測定するためのより良い道具を持てば、それだけ資金がそれを最も必要としている人々に届いているかを確認することができるからというのである。ロンドン・スクール・オブ・エコノミクスの書評もたいへん好意的で、本書は「アフリカ各国の統計局のブラックボックスを開け、アフリカのデータ作成だけでなく、その政策決定における役割の根底にある力学を理解しようという先駆的試み」であり、「政策立案者や社会科学者たちに、決断をしたり議論を構築したりする際に使っている数字の特質について、より真剣に考える機会を与えた」と述べている。

一方で、拒否反応も見られた。著者自身、献辞に「本書のタイトルが、彼ら統計専門家へのあからさまな侮辱のように見えるかもしれないことに私は気付いているし、この点は彼らにお詫びする。しかし、開発研究におけるこの重要な問題を明るみに出し、注目を集めることが、この表題を選んだことを正当化すると信じている」と書いている。この懸念は現実となり、アフリカの統計専門家たちから非難の声が挙がった。それを象徴する出来事として、国連アフリカ経済委員会での報告を直前にキャンセルされた事件がある。二〇一三年九月、アディスアベバで開かれた国連アフリカ経済委員会の会議で報告するためにバンクーバーの飛行場で搭乗を待っていた著者は、彼の発表がキャンセルされたと電話で知らされた。南アフリカの統計局長官パリ・レホラが、イェルウェンにしゃべらせるのなら南アフリカの代表団を引き上げると脅して、発言を阻止したからである。彼は、イェルウェンの仕事は出来が悪い、きちんと調査をしていないと非難し、それは、アフリカでこの問題についてすでに行われた成果を知らない、アフリカを他の地域と比較しないで、アフリカは駄目だと言っている、アフリカの諸機関からの批判に応えていない、という理由からだという。レホラたちが努力していることを認めないで、アフリカの統計はあてにならないと結論づけるのは許せない、「彼はアフリカの統計問題をハイジャックしようとしている」というのである。「われわれは、痛ましい光景というラベルを貼られたくはない。イェルウェンはアフリカを助けたいと言うが、そんな助けはまっぴらだ」。(Simon Allison, *Daily Maverick* 26 Sep 2013) これに対し、イェルウェンは言う。「本書をきっかけに、アフリカの統計能力の向上のために資金を向けようという議論が高まっているのに、なぜレホラやその支持者たちはそれに協力しようとしないで、攻撃的に反応するのでしょうか」(*African Arguments* Sept. 26, 2013)「この本はレホラには脅威なのでしょう。彼は、統計問題に関する支配力を失うことを恐れているのです」。(Simon Allison, 同上) しかし、その後の二〇一四年二月にボツワナで開かれた第九回統計の発展に関するアフリカ・シンポジウムに、イェルウェンは他ならぬレホラによって招かれ、報告した。報告の後、レホラは「イェルウェン教授が来てくれて嬉しい。

彼が述べたことに全面的に賛成する」と挨拶して譲歩を示したが、彼がここ一〇年のアフリカ統計の改善に触れていないのは「誤解を招く」と言い、他の指導的立場の人物も「アフリカ統計の重鎮たちの意見を求めなかった」と、自分自身やレホラに接触しなかったことを非難した。しかし、特に若い統計専門家たちはイェルウェンに賛意を示し、彼の指摘したことは事実であり、政治的圧力と資金不足は何とかしなければならない現実の問題だと強調したという。(Magnus Taylor, *African Arguments*, March 3, 2014)

アフリカ統計の責任ある立場の人たちからすれば、自分たちのやってきたことを否定されたと感じ、激しく反発するのも当然かもしれない。しかし、アフリカ経済委員会でのイェルウェンの発言を阻止したレホラが、翌年の会議に彼を招いたという事実は、イェルウェンの著作の影響力が無視できないほどになっていることを示唆している。著者も述べていたように、アフリカの統計を信頼できるものにするための道はまだ先が長く、そこにはさまざまな困難が待ち受けていることが予想される。しかし、本書がその第一歩を踏み出すためのきっかけを与えたことは確かであろう。小学校への政府資金が一三パーセントしか現場に届いていないことを受け、地域の新聞に公的資金の配分を発表するキャンペーンが始まり、そのおかげで資金の九〇パーセントが学校に届くようになったという例が本書でも紹介された。同様に、開発に関する政策決定の根拠とされるアフリカ統計に対しても、資金の提供と共に監視の目を行き届かせ、公開性を高めていくことが、「あてにならない数字」からの脱却のために必要とされている。

本書の翻訳作業を進める中で、訳者はいくつかの数字のミスに気付き、著者にメールで確認の上、了承を得て訂正した。例えば、原書二三ページ一七行目の一七カ国を一四カ国に、原書二六ページ一行目の一〇カ国を一四カ国に、原書二八ページのナイジェリアの基準年を一九九〇年に、原書二八、一〇二、一〇三ページの著者が調査した国の数を二二カ国に、原書八〇ページ一行目のタンザニア国民所得推計の改訂を一九九七年に訂正した（また、注などでの明らかな誤記は訂正しておいた）。突然の問い合わせに対して、迅速に、そして快く応じてくれた著者に感謝する。

最後に、本書の翻訳を勧めて下さり、校正でもお世話になった青土社・書籍編集部の菱沼達也氏に感謝の意を表したい。

渡辺景子

二〇一五年四月

索引

ア行

アジアバロメーター　206
アフリカ・ガバナンス指標　205
アフロバロメーター　206
アボヤデ、O.　91-2, 200
アルーシャ宣言　130
アンゴラ　54, 180, 213
イブラヒム・アフリカ統治指数　205
ウォード、マイケル　40, 56-7, 104, 166
ウガンダ　12, 62, 81, 90, 95, 101-3, 152, 157-8, 162, 164, 177-8, 180-1, 233, 237
エイディ、ピーター　83, 85
エチオピア　51, 62, 213
エリトリア　62, 180, 213
オキグボ、ピウス　85, 87, 199
オバサンジョ、オルシェグン　115

カ行

ガーナ　12, 20-1, 62-6, 81, 86, 94-5, 103, 147-8, 152, 163-4, 172, 178, 181-2, 185, 221, 237
カーボベルデ　180, 217
家計調査　90, 146, 158, 182, 188
家事労働　156, 198
ガボン　62, 220
カメルーン　96, 176-7, 180, 216, 237
ガンビア　62, 176-7, 221
北ローデシア　81, 84, 88
ギニア　51, 54, 62, 180, 221-2, 237
ギニアビサウ　62, 222
業績測定フレームワーク　205
記録されない経済　42, 156, 197
クペデクポ、G. M. K.　56
グローバル・インテグリティ指数　205
クロス・カントリー回帰　78, 106, 193, 201
経済協力開発機構（OECD）　40, 164
計量経済学　34, 39, 48, 69, 78
ケニア　12, 44, 62-3, 70, 81-2, 90, 94, 101-2, 135, 137, 152, 161, 163-4, 176, 178, 181-2, 223, 237
降雨量　144-5, 158
公式部門　97, 99, 131
構造調整　33-4, 69, 77, 79, 95-7, 99, 102-3, 105, 121-2, 124, 131, 134, 145-7, 159, 168, 185-6
コートジボワール　172, 219
国際開発協会　65
国際基準の遵守状況に関する報告書（ROSC）　176
国際経営開発研究所　205
国際通貨基金（IMF）　19-20, 33, 63, 65, 79, 96, 103, 147-9, 152, 157, 159, 164-6, 168, 171, 173-8, 184, 196
国際犯罪被害実態調査　205
国際労働機関（ILO）　99
国勢調査　8, 30, 41, 45, 101, 110, 112-9, 135-8, 155
国民経済計算体系　30, 40, 81, 86, 101, 131, 147-8, 156
国民所得推計　7, 30, 44, 65, 76, 80-2, 85, 89-90, 97, 100-1, 104, 123, 145, 149
国民総所得（GNI）　41, 71
国連開発計画　169, 205
国家人口委員会（NPC, ナイジェリア）　114-5, 118

コモロ連合　62, 180, 213
コリアー、ポール　72, 105, 119-20, 122, 131
コンゴ共和国　54, 62, 219
コンゴ民主共和国　51, 62, 102, 180-1, 213
婚資　85

サ行
作柄予想　8, 145
サントメ・プリンシペ　229
ザンビア　7-8, 12, 44, 54, 88-90, 92, 94, 97, 99-100, 148, 152, 163-4, 174, 177-8, 180-1, 233
シアーズ、ダドリー　80, 82-3, 85, 87
シエラレオネ　51, 62, 66, 180, 231
自給自足　42, 70, 82, 89-90, 99, 111, 119, 131, 144, 182, 209, 237
ジブチ　62, 213
植民地開発福祉法（英国）　78
食糧農業機関（FAO）　89, 120-1, 143, 145
ジンバブエ　62, 180, 213, 237
スーダン　62, 102, 170, 213
STATCAP（世界銀行）　181
スチュワート、イアン　84-6
スワジランド　62, 180, 213
生産境界　42, 156
青書　101
セーシェル　62, 66, 180, 230, 237
世界開発指標　50, 55,59, 69, 77, 114, 173, 212
世界価値観調査　205-6
世界ガバナンス指標　205
世界銀行開発データ・グループ　173
世界銀行ガバナンスおよび反汚職診断　205
世界銀行統計マニュアル　58
赤道ギニア　62, 220
セネガル　177, 180, 229-30, 237
選挙区開発資金（ケニア）　136
ソマリア　170, 180, 213

タ行
第二次国家開発計画（ナイジェリア）　91
タンガニーカ　86
タンザニア　12, 51, 70, 89-90, 92-3, 97-102, 111, 124-34, 145-7, 152, 163-4, 174, 177-8, 181-2, 232, 237
地方自治体譲渡資金（ケニア）　136
チャド　62, 176, 178, 218
中央アフリカ共和国　54, 62, 84, 218
中央銀行　12, 65, 120-1, 152, 154, 162-3, 165, 167, 171, 177, 180
徴税　30, 79, 96, 135
坪刈り調査　145, 158
ディーン、フィリス　84, 88
デヴァラヤン、シャンタヤナン　20
統計能力　30-1, 33, 35, 103, 107, 155, 157, 160, 170, 177-8, 181, 185, 210
統合農村調査（IRS，ケニア）　90-1
トゥルカナ（ケニア）　136-7
トーゴ　62, 180, 213
ドナー（援助供与者）　9, 12, 28, 35, 56, 114, 130-1, 141, 148, 160-1, 164, 180, 184-5, 187-8

ナ行
ナイジェリア　12, 17, 54, 62, 66, 70, 81, 84, 86-7, 91-2, 95, 110-5, 117-21, 123, 135, 137, 139, 145, 148-9, 152, 163-4, 172, 178, 181-2, 199-200, 228, 237
ナイジェリア・カメルーン国民評議会　113
ナミビア　66, 176, 180, 227, 237
ニエレレ、ジュリウス　130

ニジェール　51, 62, 180, 227, 237
ニヤサランド　81, 84, 88
農業および家畜のセンサス（マラウイ）140
ノルウェー開発協力局（NORAD）140, 175

ハ行
バーグ報告書　159
ハート、キース　99
半官半民　92-3, 97, 99, 130, 145
東アフリカ共同体　102
非観測経済　99, 164
非公式部門　46, 94, 97-100, 105, 107, 111, 131-2, 154, 176, 182, 188, 237
ビジネス環境および企業業績調査　205
一人当たりGDP　49-51, 55, 71
肥料補助金　139, 141, 161
ヒル、ポリー　113, 116-7, 142-3, 208
貧困削減戦略文書（PRSP）168
貧困削減プログラム　168
腐敗認識指数　205
不変価格　58-9, 98, 125, 128-9, 148, 236
フリーダム・ハウス（データセット）204-5
ブルキナファソ　176, 181, 215-6
ブルンジ　51, 62, 66-7, 180, 216, 237
ブレーズ、デレク　20, 70-1, 90
プレスト、アラン　84-6
フローニンゲン成長開発センター　50
ベナン　62, 214-5
ペン・ワールド・テーブル　50-1, 54-5, 57, 68-70, 77, 125-7, 132-4, 174
北部人民会議（ナイジェリア）113
ボツワナ　12, 70, 90, 96, 176-7, 215
ポリティⅣ（データセット）204

マ行
マクガフィー　51
マクロ経済　97, 104, 162, 175, 196
マダガスカル　224
マディソン、アンガス　50, 55
マディソン（データセット）51, 54-5, 69, 125-6, 134
マラウイ　12, 62, 70, 139-41, 145, 152, 157, 163-4, 167-8, 176, 178, 181-2, 185, 224, 237
マリ　62, 180, 213, 237
緑の革命　141-2
南ローデシア　81
ミルズ、ジョン・アッタ　64
ミレニアム開発目標　9, 35, 39, 169-71, 185-6, 201
メタデータ　172-4, 178, 183, 188-9, 204
モーリシャス　62, 176-7, 180, 225-6, 237
モーリタニア　180, 225
目視推計　90, 144
モザンビーク　54, 96, 176, 180, 226, 237
モズリー、ポール　121-2

ヤ・ラ行
ユーロバロメーター　206
予算公開指数　205
ラテンバロメーター　206
リベリア　54, 62, 170, 180, 213
ルワンダ　62, 102, 181, 228-9
レソト　62, 180, 223, 237

参考文献

公的資料

Central Statistical Office, Zambia. Annexes to Provisional Estimates, Consolidated National Accounts 1973–1978, Lusaka, Zambia.

Economic Commission for Africa. Manual on Improving the Quality of Statistics in Africa. Report from Regional Workshop on Improving the Quality of African Statistics for English Speaking Countries, Addis Ababa, 14–18 December 1998.

Federal Republic of Nigeria, Department of Statistics. *Annual Abstract of Statistics, 1995*. Abuja: Federal Office of Statistics, 1995.

——. *Annual Abstract of Statistics, 1999*. Abuja: Federal Office of Statistics, 1999.

Federal Republic of Nigeria, Federal Ministry of Planning. *National Accounts of Nigeria, 1973–1975*. Lagos, Nigeria, 1981.

Federation of Rhodesia and Nyasaland. *Monthly Digest of Statistics*. Salisbury, 1955.

Ghana Statistical Service. "Rebasing of Ghana's National Accounts to Reference Year 2006." Accra, 2010. http://www.mofep.gov.gh/sites/default/files/reports/RebasingNationalAccountsGhana_1.pdf.

The Human Security Report Group Project. *Human Security Report 2009/2010: The Causes of Peace and Shrinking Costs of War*. New York: Human Security Report Project, 2010.

International Monetary Fund. "Burkina Faso: Report on the Observance of Standards and Codes—Data Module, Response by the Authorities, and Detailed Assessment Using the Data Quality Assessment Framework (DQAF)." IMF Country Report no. 04/287. March 2004. http://www.imf.org/external/pubs/ft/scr/2004/cr0487.pdf.

——. "Botswana: Report on the Observance of Standards and Codes—Data Module, Response by the Authorities, and Detailed Assessment Using the Data Quality Assessment Framework (DQAF)." IMF Country Report 07/139. April 2007. http://www.imf.org/external/pubs/ft/scr/2007/cr07139.pdf.

——. "Cameroon: Report on Observance of Standards and Codes—Data Module." IMF Country Report no. 01/150. August 2001. http://www.imf.org/external/pubs/ft/scr/2001/cr01150.pdf.

——. "Chad: Report on the Observance of Standards and Codes—Data Module, Response by the Authorities, and Detailed Assessment Using the Data Quality Assessment Framework (DQAF)." IMF Country Report no. 07/300. August 2007. http://www.imf.org/external/pubs/ft/scr/2007/cr07300.pdf.

——. "Experimental IMF Report on Observance of Standards and Codes: Uganda." August 1999. http://www.imf.org/external/np/rosc/uga/index.htm.

——. "The Gambia: Report on the Observance of Standards and Codes—Data Module, Re-

sponse by the Authorities, and Detailed Assessment Using the Data Quality Assessment Framework (DQAF)." IMF Country Report no. 05/421. November 2005. http://www.imf.org/external/pubs/ft/scr/2005/cr05421.pdf.
——. "Kenya: Report on the Observance of Standards and Codes—Data Module, Response by the Authorities, and Detailed Assessment Using the Data Quality Assessment Framework (DQAF)." IMF Country Report no. 05/300. October 2005. http://www.imf.org/external/pubs/ft/scr/2005/cr05388.pdf.
——. "Malawi: Report on the Observance of Standards and Codes—Data Module, Response by the Authorities, and Detailed Assessment Using the Data Quality Assessment Framework (DQAF)." IMF Country Report no. 05/60. February 2005. http://www.imf.org/external/pubs/ft/scr/2005/cr0560.pdf.
——. "Mauritius: Report on the Observance of Standards and Codes—Data Module, Response by the Authorities, and Detailed Assessment Using the Data Quality Assessment Framework (DQAF)." IMF Country Report no. 08/277. August 2008. http://www.imf.org/external/pubs/ft/scr/2008/cr08277.pdf.
——. "Namibia: Report on the Observance of Standards and Codes—Data Module—Substantive Update on Monetary Statistics, Response by the Authorities, and Detailed Assessments Using the Data Quality Assessment Framework." IMF Country Report no. 05/317. September 2005. http://www.imf.org/external/pubs/ft/scr/2005/cr05317.pdf.
——. "Niger: Report on the Observance of Standards and Codes—Data Module, Response by the Authorities, and Detailed Assessment Using the Data Quality Assessment Framework (DQAF)." IMF Country Report no. 06/236. June 2006. http://www.imf.org/external/pubs/ft/scr/2006/cr06236.pdf.
——. "Republic of Mozambique: Report on the Observance of Standards and Codes—Data Module—Update." IMF Country Report no. 05/278. August 2005. http://www.imf.org/external/pubs/ft/scr/2005/cr05278.pdf.
——. "Senegal: Report on Observations of Standards and Codes—Data Module, Response by the Authorities, and Detailed Assessments Using the Data Quality Assessment Framework." IMF Country Report no. 02/259. November 2002. http://www.imf.org/external/pubs/ft/scr/2002/cr02259.pdf.
——. "South Africa: Report on Observations of Standards and Codes—Data Module; Response by the Authorities, and Detailed Assessments Using the Data Quality Assessment Framework." IMF Country Report no. 01/80. October 2001. http://www.imf.org/external/pubs/ft/scr/2001/cr01180.pdf.
——. "Tanzania: Report on Observations of Standards and Codes—Data Module, Response by the Authorities, and Detailed Assessments Using the Data Quality Assessment Framework." IMF Country Report no. 04/82. March 2004. http://www.imf.org/external/pubs/ft/scr/2004/cr0482.pdf.

——. "Zambia: Report on the Observance of Standards and Codes (ROSC)—Data Module, Response by the Authorities, and Detailed Assessments Using the Data Quality Assessment Framework." IMF Country Report no. 05/30. January 2005. http://www.imf.org/external/pubs/ft/scr/2005/cr0530.pdf.

National Population Commission of Nigeria. "Nigeria 2005 Census Awareness and Attitude Survey (CAAS)." Abuja, Nigeria, 2005.

——. "Report on the Census 2006 Final Result to the President of the Federal Republic of Nigeria." Abuja, Nigeria, 2008.

Organization for Economic Co-operation and Development. *Measuring the NonObserved Economy: A Handbook*. Paris: OECD, 2002.

Republic of Kenya, Central Bureau of Statistics, Ministry of Finance and Planning. Sources and Methods Used for the National Accounts of Kenya. Nairobi: Central Bureau of Statistics, Ministry of Finance and Planning, 1977.

Republic of Kenya, Ministry of Economic Planning and Development. *Economic Survey 1967*. Nairobi: Ministry of Economic Planning and Development, 1968.

Republic of Malawi. "Peer Review of the Malawi National Statistical System, 26–30 January 2009." Republic of Malawi and Partnership in Statistics for Development in the 21st Century. http://www.paris21.org/sites/default/files/Malawi_peer_review_Feb_2009.pdf.

Republic of Malawi, National Statistics Office. *National Census of Agriculture and Livestock (NACAL)* . Zomba: National Statistics Office, 2010.

Republic of South Africa, Department of Statistics. *National Accounts of the Black States, 1972 to 1976*. Pretoria: South Africa Department of Statistics, 1980.

Republic of Zambia, Central Statistical Office. *National Accounts 1964–1967*. Lusaka: Central Statistical Office, 1967.

——. National Accounts Statistics GDP Revision of Benchmark 1994 Estimates. Central Statistical Office, Lusaka.

Uganda Bureau of Statistics. Informal Cross Border Trade Qualitative Baseline Study. February 2009.

United Nations. *The Millennium Development Goals Report*, 2011. New York: United Nations, 2011.

United Nations Conference on Trade and Development. *Information Economy Report 2009: Trends and Outlook in Turbulent Times*. New York and Geneva: United Nations, 2009.

United Nations Development Program. "Capacity Development for Democratic Governance: Assessments and Measurements." A Global Program Report, 2010.

United Republic of Tanzania. *National Accounts of Tanzania, 1966–68*. Dar es Salaam: G.P., 1970.

United Republic of Tanzania, Bureau of Statistics. *Report on the Revised National Accounts of Tanzania 1987–96*. Dar es Salaam: Bureau of Statistics, 1997.

World Bank. "Accelerating Malawi's Growth: Long-Term Prospects and Transitional Problems." Washington, D.C.: World Bank Southern Africa Department, 1997.

——. "Data: Changes in Country Classifi cations, 1 July." Retrieved August 2011 from http://data.worldbank.org/news/2010-GNI-income-classifi cations.

——. "Malawi, Fertilizer Subsidies and the World Bank." [Web Post]. Retrieved from http://go.worldbank.org/KIGRBOO0B0

——. "Method of Gap Filling." Retrieved July 2011 from the World Bank data website http://go.worldbank.org/.

——. STATCAP, "Overview." Retrieved August 2011 from http://web.worldbank.org/.

——. World Bank Statistical Manual, National Accounts. Retrieved August 2011 from http://web.worldbank.org.

——. World Development Indicators. Retrieved 2011 from http://data.worldbank.org/.

二次資料

Ady, Peter H. "Uses of National Accounts in Africa." In *African Studies in Income and Wealth*, edited by L. H. Samuels. London: Bowes & Bowes, 1963.

Africa Research Institute. "Making Fertiliser Subsidies Work in Malawi." Briefi ng Note 0703. December 2007.

Ahonsi, B. A. "Deliberate Falsifi cation and Census Data in Nigeria." *African Affairs* 87 (1988): 553–62.

Aidt, Toke S. "Corruption and Sustainable Development." Cambridge Working Papers in Economics 1601. University of Cambridge, November 2010.

Alvarez, Gonzalo Duenas, Mary Tran, and Raj Raina. "MDGs: Sub-Saharan Africa: Overcoming Data Gaps and Ranking Progress." Department of Economics Discussion Paper Series no. 2011–01. Fordham University, 2011.

Anand, Sudhir, Paul Segal, and Joseph E. Stiglitz, eds. *Debates on the Measurement of Global Poverty*. Oxford: Oxford University Press, 2010.

Andreas, Peter, and Kelly M. Greenhill, eds. *Sex, Drugs and Body Counts: The Politics of Numbers in General Crime and Conflict* . Ithaca: Cornell University Press, 2010.

Arbache, J. S., and J. Page. "Patterns of Long Term Growth in Sub-Saharan Africa." World Bank Policy Research Working Paper 4398, 2007.

Arkadie, Brian van. "National Accounting and Development Planning: Some Issues." *Development and Change* 4, no. 2 (1973): 15–31.

Arndt, Christine, and Charles Oman. "Uses and Abuses of Governance Indicators." Development Centre Studies, OECD, 2006.

Austin, Gareth. "Resources, Techniques and Strategies South of the Sahara: Revising the Factor Endowments Perspective on African Economic Development, 1500–2000." *Economic History Review* 61, no. 3 (2008): 587–624.

——. "The 'Reversal of Fortune' Thesis and the Compression of History: Perspectives from African and Comparative Economic History." *Journal of International Development* 20, no. 8 (2008): 996–1027.

Banerjee, A. *Making Aid Work*. Cambridge, MA: MIT Press, 2007.

Banerjee, A. V., and Esther Dufl o. *Poor Economics: A Radical Rethinking of the Way to Fight Global Poverty*. New York: Public Affairs, 2011. アビジット・V・バナジー、エスター・デュフロ著、山形浩生訳『貧乏人の経済学：もういちど貧困問題を根っこから考える』みすず書房、2012 年。

Barkan, J., ed. *Beyond Capitalism vs. Capitalism in Kenya and Tanzania*. London: Lynne Rienner, 1994.

Barnett, Michael N., and Martha Finnemore. *Rules for the World: International Organizations in Global Politics*. Ithaca: Cornell University Press, 2004.

Barro, R. J. "Economic Growth in a Cross Section of Countries." *Quarterly Journal of Economics* 106, no. 2 (1991): 407–43.

Bates, R. *Markets and States in Tropical Africa: The Political Basis of Agricultural Policies*. Berkeley: University of California Press, 1981.

——. "Forum: Robert H. Bates." In *Making Aid Work*, edited by A. V. Banerjee, pp.67–72. Cambridge, MA: MIT Press, 2007.

Beneria, Lourdes. "Accounting for Women's Work: The Progress of Two Decades." *World Development* 20, no. 11 (1992): 1547–60.

Berg, Elliot. "Accelerated Development in Sub-Saharan Africa: An Agenda for Action." World Bank report no. 14030, 1981.

Berry, Sara. "The Food Crisis and Agrarian Change in Africa: A Review Essay." *African Studies Review* 27, no. 2 (1984): 59–112.

——. "Debating the Land Question in Africa." *Comparative Studies in Society and History* 44 (2002): 638–68.

Best, Joel. *Damned Lies and Statistics: Untangling Numbers from the Media, Politicians, and Activists*. Berkeley: University of California Press, 2001. ジョエル・ベスト著、林大訳『統計はこうしてウソをつく：だまされないための統計学入門』白揚社、2002 年。

Billington, G. C. "A Minimum System of National Accounts for Use by African Countries and some Related Problems." *Review of Income and Wealth*, no. 1 (1962): 1–51.

Black, Richard, and Howard White. "Millennium Development Goals." In *Targeting Development: Critical Perspectives on the Millennium Development Goals*, edited by Richard Black and Howard White. New York: Routledge, 2003.

Black, Richard, and Howard White, eds. *Targeting Development: Critical Perspectives on the Millennium Development Goals*. New York: Routledge, 2004.

Blades, Derek. *Non-Monetary (Subsistence) Activities in the National Accounts of Developing Countries*. Paris: OECD, 1975.

——. "What Do We Know about Levels and Growth of Output in Developing Countries? A Critical Analysis with Special Reference to Africa." In *Trends and Factors*, edited by R. C. O. Mathews, 60–70. Vol. 2 of *Economic Growth and Resources: Proceedings of the Fifth World Congress, International Economic Association, Tokyo*. New York: St. Martin's Press, 1980.

Blades, Derek, and Francois Lequiller. *Understanding National Accounts*. Paris: OECD, 2006.

Bloem, Adriaan M., and Manik L Shrestha. "Exhaustive Measures of GDP and the Unrecorded Economy." International Monetary Fund Working Paper, Draft, October 2000.

Booth, David, and Henry Lucas. "Monitoring Progress Towards the Millennium Development Goals at Country Level." In *Targeting Development: Critical Perspectives on the Millennium Development Goals*, edited by R. Black and H. White, 96–123. New York: Routledge, 2003.

Bondestam, Lars. *Some Notes on African Statistics: Collection, Reliability and Interpretation*. Research Report no. 18. Uppsala: Scandinavian Institute of African Studies,1973.

Bosin, Yury V. "Measuring Democracy: Approaches and Challenges Associated with Developing Democratic Indices." William and Kathy Hyble Democracy Studies Fellowship Paper, 2007.

Bratton, Michael, and Nicolas Van de Walle. "Neopatrimonial Regimes and Political Transitions in Africa." *World Politics* 46, no. 4 (1994): 453–89.

Brautigam, Deborah A., Odd-Helge Fjeldstad, and Mick Moore, eds. *Taxation and State-Building in Developing Countries: Capacity and Consent*. Cambridge: Cambridge University Press, 2008.

Brett, E. A. "State Failure and Success in Uganda and Zimbabwe: The Logic of Political Decay and Reconstruction in Africa." *Journal of Development Studies* 44, no. 3 (2008): 339–64.

Caldwell, J. C., and C. Okonjo. *The Population of Tropical Africa*. London: Longman, 1968.

Carr-Hill, Roy A. *Social Conditions in Sub-Saharan Africa*. MacMillan, 1990.

Chambers, R. "Beyond the Green Revolution: A Selective Essay." In *Understanding Green Revolutions: Agrarian Change and Development Planning in South Asia: Essays in Honour of B. H. Farmer*, edited by B. H. Farmer, S. Wanmali, and T. Bayliss-Smith, 362–80. New York: Cambridge University Press, 1984.

Chen, Xi, and William D. Nordhaus. "Using Luminosity as a Proxy for Economic Statistics." *Proceedings of the National Academy of Sciences* 108, no. 21 (2011): 8589–94.

Chirwa, E. W., J. Kydd, and A. Dorward. "Future Scenarios for Agriculture in Malawi: Challenges and Dilemmas." The Future Agricultures Consortium, Research Paper 3, 2006.

Cocks, Tim. "Analysis—Nigeria GDP Rebase May Pose Challenge to SAfrica." Reuters Africa, November 11, 2011.

Cohen, Don, and Bruno Laporte. "The Evolution of the Knowledge Bank." KM Magazine, March 2004.

Connelly, Mathew James. *Fatal Misconception: The Struggle to Control World Population*. Cam-

bridge, MA: Belknap Press of Harvard University Press, 2008.
Cooper, Frederick. *Africa since 1940: The Past of the Present*. New York: Cambridge University Press, 2002.
——. "Modernizing Bureaucrats, Backward Africans, and the Development Concept." In *International Development and the Social Sciences: Essays on the History and Politics of Knowledge*, edited by Frederick Cooper and Randall Packard, 64–92. Berkeley: University of California Press, 1997.
Cooper, Frederick, and Randall Packard. "Introduction." In *International Development and the Social Sciences: Essays on the History and Politics of Knowledge*, edited by Frederick Cooper and Randall Packard, 1–63. Berkeley: University of California Press, 1997.
Collier, Paul. *The Bottom Billion. Why the Poorest Countries Are Failing and What Can Be Done about It*. New York: Oxford University Press, 2007. ポール・コリアー著、中谷和男訳『最底辺の 10 億人：最も貧しい国々のために本当になすべきことは何か？』日経 BP 社、2008 年。
——. "Oil Shocks and Food Security in Nigeria." *International Labour Review* 127 (1988): 761–82.
Collier, Paul, and Jan W. Gunning. "Why Has Africa Grown So Slowly?" *Journal of Economic Perspectives* 13, no. 3 (1999): 3–22.
Collier, P., S. Radwan, and S. Wangwe with A. Wagner. *Labour and Poverty in Rural Tanzania: Ujamaa and Rural Development in the United Republic of Tanzania*. Oxford: Clarendon Press, 1986.
Conroy, A. C., M. J. Blackie, A. Whiteside, J. C. Malewezi and J. D. Sachs. Poverty, *Aids and Hunger: Breaking the Poverty Trap in Malawi*. New York: Palgrave Macmillan, 2006.
Cramer, Christopher. *Violence in Developing Countries: War, Memory, Progress*. Bloomington: Indiana University Press, 2007.
Daily Nation. "Kenya: Census Changes Flow of Sh14 Billion CDF Money." September 12, 2010.
——. "Kenya: Census Will Reveal Key Data for Planners." August 24, 2009.
——. "Kenya: Controversy over Inclusion of Tribal Identity in Census." June 27, 2009.
——. "Kenya: Rescind Census Decision, Community Demands." September 11, 2010.
——. "Kenya: State Puts Final Touches on 2009 Census Results." December 31, 2009.
——. "Options after Census Results Quashed." September 28, 2010.
Dawson, J. W., J. P. DeJuan, J. J. Seater, and E. F. Stephenson. "Economic Information versus Quality Variation in Cross-Country Data." *Canadian Journal of Economics* 34 no. 3 (2001): 988–1009.
Deane, Phyllis. *The Measurement of Colonial National Income: An Experiment*. Cambridge: Cambridge University Press, 1948.
——. Domestic Income and Product in Kenya: A Description of Sources and Methods with

Revised Calculations from 1954–1958; The National Income of the Sudan, 1955–1956, by C. H. Harvie and J. G. Kleve; Comptes Économiques Togo, 1956–1957–1958, by G. Le Hégarat." Book Review. *Economic Journal* 71, no. 283 (1961): 630–31.

Deaton, Angus. "Forum: Angus Deaton." In *Making Aid Work*, edited by A. V. Banerjee, pp. 55–62. Cambridge, MA: MIT Press, 2007.

——. "Understanding the Mechanisms of Economic Development." *Journal of Economic Perspectives* 24, no. 3 (2010): 3–16.

Deaton, A., and A. Heston. "Understanding PPPS and PPP-Based National Accounts." *American Economic Journal: Macroeconomics* 2, no. 4 (2010): 1–35.

Duflo, Esther, M. Kremer, and J. Robinson. "How High Are Rates of Return to Fertilizer? Evidence from Field Experiments in Kenya." *American Economic Review* 98, no. 2 (2008): 482–88.

Durlauf, S., P. Johnson, and J. Temple. "Growth Econometrics." In *Handbook of Economic Growth*, edited by P. Aghion and S. Durlauf, 555–667. Amsterdam: Elsevier, 2005.

Easterly, William. "Can Foreign Aid Buy Growth?" *Journal of Economic Perspectives* 17, no. 3 (2003): 23–48.

——. "The Lost Decades: Developing Countries' Stagnation in Spite of Policy Reform 1980–1998." *Journal of Economic Growth* 6, no. 2 (June 2001): 135–57.

——. "Planners versus Searchers in Foreign Aid." *Asian Development* 23, no. 1 (2006): 1–35.

Eke, I. I. U. "The Nigerian National Accounts—A Critical Appraisal." *Nigerian Journal of Economic and Social Studies* 8 (1966): 333–60.

Ellis, Stephen. "Writing Histories of Contemporary Africa." *Journal of African History* 43, no. 1 (2002): 1–26.

Elster, Jon. "Rational Choice History: A Case of Excessive Ambition." *American Political Science Review* 94, no. 3 (2000): 685–95.

Ellerman, David. "Should Development Agencies Have Official Views?" *Development in Practice* 12, nos. 3–4 (2002): 285–97.

Englebert, P. "Pre-Colonial Institutions, Post-Colonial States, and Economic Development in Tropical Africa." *Political Research Quarterly* 53, no. 1 (2000): 7–36.

Falola, Tony, and Matthew Heaton. A *History of Nigeria*. Cambridge: Cambridge University Press, 2008.

Feinstein, Charles H. *Making History Count: A Primer in Quantitative Methods for Historians*. Cambridge: Cambridge University Press, 2002.

Ferguson, James. Global Shadows: *Africa in the Neoliberal World Order*. Durham, NC: Duke University Press, 2006.

——. *The Anti-Politics Machine: "Development," Depoliticization, and Bureaucratic Power in Lesotho*. New York: Cambridge University Press, 1990.

Fjeldstad, Odd-Helge, and Mick Moore. "Tax Reform and State-Building in a Globalised

World." In *Taxation and State-Building in Developing Countries: Capacity and Consent*, edited by Deborag A. Brautigam, Odd-Helge Fjeldstad, and Mick Moore, 235–63. Cambridge: Cambridge University Press, 2008.

Forrest, Tom. *Politics and Economic Development in Nigeria*. Boulder, CO: Westview Press, 1993.

Frane, Adam. "Mapping Social Capital across Europe: Findings, Trends and Methodological Shortcomings of Cross-National Surveys." *Social Science Information* 47 (2008): 159–86.

Frankel, Herbert S. *The Economic Impact on Under-Developed Societies: Essays on International Investment and Social Change*. Cambridge, MA: Harvard University Press, 1953. S.H. フランケル著、板垣與一監修、石井一郎訳『低開発社会への経済的衝撃』一橋書房、1965年。

——. "Psychic and Accounting Concepts of Income and Welfare." *Oxford Economic Papers* 4, no. 1 (1952): 1–17.

Ghanaian Chronicle. "Mobile Phone Users to Reach 70 Percent." October 14, 2010.

Guenard, Charlotte, and Sandrine Mesple-Somps. "Measuring Inequalities: Do Household Surveys Paint a Realistic Picture?" *Review of Income and Wealth* 56, no. 3 (2010): 519–38.

Gilbert, Christopher, Andrew Powell, and David Vines. "Positioning the World Bank." *Economic Journal* 109 (November 1999): F598–F633.

Harriss, John. "The Case for Cross-Disciplinary Approaches in International Development." *World Development* 30 (2002): 487–96.

Hart, Keith. "Informal Income Opportunities and Urban Employment in Ghana." *Journal of Modern African Studies* 11, no. 1 (1973): 61–89.

——. "On the Informal Economy: The Political History of an Ethnographic Concept." CEB Working Paper no. 09/04, Centre Emile Bernheim, 2009.

Hegre, Havard, and Nicholas Sambanis. "Sensitivity Analysis of Empirical Results on Civil War Onset." *Journal of Conflict Resolution* 50, no. 4 (2006): 508–35.

Helleiner, Gerald K. *Peasant Agriculture, Government and Economic Growth in Nigeria* .Homewood, IL: R. D. Irwin, 1966.

Helpman, Elhanan. *The Mystery of Economic Growth*. Cambridge, MA: Harvard University Press, 2004. エルハナン・ヘルプマン著、大住圭介・池下研一郎・野田英雄・伊ヶ崎大理訳『経済成長のミステリー』九州大学出版会、2009年。

Henderson, J. V., A. Storeygard, and D. N. Weil "Measuring Growth from Outer Space." NBER Working Paper 15199, 2009.

Herbst, Jeffrey I. *States and Power in Africa: Comparative Lessons in Authority and Control*. Princeton, NJ: Princeton University Press, 2000.

Herrera, Yoshiko M. *Mirrors of the Economy: National Accounts and International Norms in Russia and Beyond*. Ithaca: Cornell University Press, 2010.

Herring, R. "Data as Social Product." In *Q-Squared: Combining Qualitative and Quantitative*

Methods in Poverty Appraisal, edited by R. Kanbur, 141–17. New Delhi: Permanent Black, 2001.

Heston, A. "A Brief Review of Some Problems in Using National Accounts Data in Level Comparisons and Growth Studies." *Journal of Development Economics* 44, no. 1 (1994): 29–52.

Heston, A., R. Summers, and B. Aten. Penn World Table Version 6.2. Center for International Comparisons of Production, Income and Prices at the University of Pennsylvania, 2006.

Hibou, Beatrice, ed. *Privatizing the State*. Translated from the French by Jonathan Derick. New York: Columbia University Press, 2004.

Hill, Polly. *Development Economics on Trial: The Anthropological Case for Prosecution*. Cambridge: Cambridge University Press, 1986.

——. *Population, Prosperity and Poverty: Rural Kano, 1900 and 1970*. Cambridge: Cambridge University Press, 1977.

International Labour Organization. *Employment, Incomes and Equality: A Strategy for Increasing Production Employment in Kenya*. Geneva: International Labour Organization, 1972.

Jerven, Morten. "Accounting for the African Growth Miracle: The Official Evidence, Botswana 1965–1995." *Journal of Southern African Studies* 36, no. 1 (2010): 73–94.

——. "African Growth Recurring: An Economic History Perspective on African Growth Episodes, 1690–2010." *Economic History of Developing Regions* 25, no. 2 (2010): 127–54.

——. "A Clash of Disciplines? Economists and Historians Approaching the African Past." *Economic History of Developing Regions* 26, no. 2 (2011): 111–24.

——. "Counting the Bottom Billion: Measuring the Wealth and Progress of African Economies." *World Economics* 12, no. 4 (2011): 35–52.

——. "Growth, Stagnation or Retrogression? On the Accuracy of Economic Observations, Tanzania, 1961–2001." *Journal of African Economies* 20, no. 3 (2011): 377–94.

————. "Random Growth in Africa? Lessons from an Evaluation of the Growth Evidence on Botswana, Kenya, Tanzania and Zambia, 1965–1995." *Journal of Development Studies* 42, no. 2 (2010): 274–94.

——. "Revisiting the Consensus on Kenyan Economic Growth, 1964–1995." *Journal of Eastern African Studies* 5, no. 1 (2011): 2–23

————. "The Quest for the African Dummy: Explaining African Post-Colonial Economic Performance Revisited." *Journal of International Development* 23, no. 2 (2011): 288–307.

——. "Social Capital as a Determinant of Economic Growth in Africa." *Africa Review* 2, no. 2 (2010): 139–62.

——. "The Relativity of Poverty and Income: How Reliable Are African Economic Statistics?" *African Affairs* 109, no. 434 (2010): 77–96.

——. "An Unlevel Playing Field: National Income Estimates and Reciprocal Comparison in

Global Economic History." *Journal of Global History* 7, no. 1 (2012): 107–28.

——. "Users and Producers of African Income: Measuring African Progress." *African Affairs* 110, no. 439 (April 2011): 169–90.

Jerven, Morten, Beatrice Hibou, and Boris Samuel. "Un demi-siècle de fi ctions de croissance en Afrique." *Politque Africaine* 124 (2011): 29–43.

Johnson, W. Larson, C. Papageorgiou, and A. Subramanian. "Is Newer Better? The Penn World Table Revisions and the Cross-Country Growth Literature." NBER Working Paper 15455, 2009.

June, Raymond, Afroza Chowdhury, Nathaniel Heller, and Jonathan Werve. *A User's Guide to Measuring Corruption*. Oslo: Global Integrity and UNDP, 2008.

K'Akumu, Owiti A. "Construction Statistics Review for Kenya." *Construction Management and Economics* 25, no. 3 (2007): 315–26.

Kapur, Devesh. "The 'Knowledge' Bank." In *Rescuing the World Bank: A CGD Working Group Report and Select Essays*, edited by Nancy Birdstall, 159–70. Washington, DC: Brookings Institution Press, 2006.

Karlon, Dean and Jacob Appel. More Than Good Intentions: How a New Economics Is Helping to Solve Global Poverty. New York: Dutton, 2011.

Kenny, Charles, and Andy Sumner. "How 28 Poor Countries Escaped the Poverty Trap." Poverty Matters blog, July 12, 2011. Retrieved July 2011 from http://www.guardian.co.uk

Kenny, Charles, and David Williams. "What Do We Know about Economic Growth? Or, Why Don't We Know Very Much?" *World Development* 29, no. 1 (2001): 1–22.

"Kenya's Census Figures Contested." Wanted in Africa website. September 4, 2010.

Keynes, Maynard. *The General Theory of Employment, Interest and Money*. Basingstoke, England: Palgrave Macmillan for the Royal Economic Society, 2007. ケインズ著、間宮陽介訳『雇用・利子および貨幣の一般理論』岩波文庫、2008 年。

Killick, Tony. *Development Economics in Action: A Study of Economic Policies in Ghana*. New York: Routledge, 2010.

King, Kenneth. "Africa's Informal Economies: Thirty Years On." *SAIS Review* 11, no.1 (2001): 97–108.

Knack, Stephen. "Measuring Corruption: A Critique of Indicators in Eastern Europe and Central Asia." *Journal of Public Policy* 27, no. 3 (2007): 255–91.

Kornai, Janos. *The Socialist System: The Political Economy of Communism*. Clarendon, Oxford: Oxford University Press, 1992.

Kpedekpo, G. M. K., and P. L. Arya. *Social and Economic Statistics for Africa: Their Source and Reliability*. London: Allen & Unwin, 1981.

Kulshreshtha, A. C., and Gulab Singh. "Valuation of Non-Market Household Production." Central Statistical Organization, New Delhi, 1999.

Lawrence, Peter. "Development by Numbers." *New Left Review* 62 (2010): 143–53.

Le Nay, Jean, and Jean Mathis. "The Impact of Drought on the National Accounts for Livestock in Sahelian Countries." *Review of Income and Wealth* 35, no. 2 (June 1989): 209–24.

Lea, N., and L. Hanmer. "Constraints to Growth in Malawi." Policy Research Working Paper 5097. Southern African Poverty Reduction and Economic Management Unit, World Bank, 2009.

Lequiller, Francois, and Derek Blades. *Understanding National Accounts.* Paris: OECD Publishing, 2007.

Levine, Sebastian. "Measuring Progress towards Global Poverty Goals: Challenges and Lessons from Southern Africa." *African Statistical Journal* 3 (November 2006): 89–110.

Lewis, W. Arthur. *Reflections on Nigeria's Economic Growth.* Paris: Development Centre of the Organisation for Economic Co-operation and Development, 1967.

Lucas, Robert E., Jr. "On the Mechanics of Economic Development." *Journal of Monetary Economics* 22, no. 1 (1988): 3–42.

MacGaffey, Janet. *The Real Economy of Zaire: The Contribution of Smuggling & Other Unofficial Activities to National Wealth.* Philadelphia: University of Pennsylvania Press, 1991.

Maddison, A. "Background Note on 'Historical Statistics.' " 2010. http://www.ggdc.net/maddison. Retrieved July 2011.

——. Historical Statistics of the World Economy: 1–2006 AD. Copyright Angus Maddison, 2009.

Maliyamkono, T. L., and M. S. D. Bagachwa. *The Second Economy in Tanzania.* London: James Currey, 1990.

Mamdani, Mahmood. *The Myth of Population Control: Family, Caste and Class in an Indian Village.* New York: Monthly Review Press, 1973. M. マンダニ著、自主講座人口論グループ監・訳『反「人口抑制の論理」』、風濤社、1976年。

Manning, Patrick. "African Population: Projections 1850–1960." In *The Demographics of Empire: The Colonial Order and the Creation of Knowledge*, edited by K. Ittmann, D. D. Cordell, and G. Maddox, 245–75. Athens: Ohio University Press, 2010.

McGovern, Mike. "Popular Development Economics—An Anthropologist among the Mandarins." *Perspectives on Politics* 9, no. 2 (2011): 345–55.

Meagher, Kate. *Identity Economics: Social Networks and the Informal Economy in Nigeria.* London: James Currey, 2010.

Merry, Sally Engle. "Measuring the World: Indicators, Human Rights, and Global Governance." *Current Anthropology* 52, no. 3 (2011): S83–S95.

Miguel, E., S. Shanker, and S. Ernest. "Economic Shocks and Civil Confl ict: An Instrumental Variables Approach." *Journal of Political Economy* 112, no. 4 (2004): 725–53.

Mimiko, F. "Census in Nigeria: The Politics and the Imperative of Depoliticization." *African and Asian Studies* 5 no. 1 (2006): 1–21.

Mkandawire, Thandika. "Thinking about Developmental States in Africa." *Cambridge Journal*

of Economics 25 (2001): 289–313.

Mkandawire, Thandika P., and Charles C. Soludo. *Our Continent, Our Future: African Perspectives on Structural Adjustment*. Trenton, NJ: Africa World Press, 1999.

Moradi, Alexander. "Towards an Objective Account of Nutrition and Health in Colonial Kenya: A Study of Stature in African Army Recruits and Civilians, 1880–1980." *Journal of Economic History* 69, no. 3 (2009): 720–55.

Morgenstern, Oskar. *On the Accuracy of Economic Observations*. Princeton, NJ: Princeton University Press, 1963. オスカー・モルゲンシュテルン著、浜崎敬治・山下邦男・是永純弘訳『経済観測の科学：経済統計の正確性』法政大学出版局、1968 年。

Morrison, Kevin M. "Oil, Nontax Revenue, and the Redistributional Foundations of Regime Stability." *International Organization* 63, no. 1 (2009): 107–38.

Mosley, P. "Policy and Capital Market Constraints to the African Green Revolution: A Study of Maize and Sorghum Yields in Kenya, Malawi and Zimbabwe, 1960–91." Innocenti Occasional Papers, Economic Policy Series no. 38, 1993.

——. "Policy Making without Facts: A Note on the Assessment of Structural Adjustment Policies in Nigeria, 1985–1990." *African Affairs* 91, no. 363 (1992): 227–40.

Moss, Todd. "Ghana Says, Hey, Guess What? We're Not Poor Anymore." Global Development: Views from the Centre, November 5, 2010. http://blogs.cgdev.org/globaldevelopment/2010/11/ghana-says-hey-guess-what-we%E2%80%99re-notpoor-anymore.php.Accessed July 2011.

Mouyelo-Katoula, Michel. "Rethinking Statistics for National Development in Africa." *African Statistical Journal* 7 (May 2006): 19–29.

Munck, Gerardo Luis. *Measuring Democracy: A Bridge between Scholarship and Politics*. Baltimore, MD: Johns Hopkins University Press, 2009.

Muwanga-Zake, E. S. K. "Statistics Reform." In *Uganda's Economic Reforms: Insider Accounts*, edited by F. Kuteesa, E. Tumusiime-Mutebile, A. Whitworth, and T. Williamson, pp. 246–63. London: Oxford University Press, 2010.

Ndulu, B. J., and C. K. Mutalemwa. *Tanzania at the Turn of the Century: Background Papers and Statistics*. Washington, DC: World Bank, 2002.

Ndulu, B. J., S. A. O. Connell, J. P. Azam, R. H. Bates, A. K. Fosu, J. W. Gunning, and D. Njinkeu, eds. *The Political Economy of Economic of Growth in Africa 1960–2000: An Analytic Survey*. Cambridge: Cambridge University Press, 2008.

——. *The Political Economy of Economic of Growth in Africa 1960–2000: Case Studies*. Cambridge: Cambridge University Press, 2008b.

Ngaruko, Floribert. "The World Bank's Framework for Statistical Capacity Measurement: Strengths, Weaknesses, and Options for Improvement." *African Statistical Journal* 2 (November 2008): 149–69.

Nugent, Paul. *Africa since Independence: A Comparative History*. New York: Palgrave Macmil-

lan, 2004.

Nurkse, R. *Problems of Capital Formation in Underdeveloped Countries*. London: Oxford University Press, 1953. ラグナー・ヌルクセ著、土屋六郎訳『後進諸国の資本形成』巌松堂出版、1977年。

Ohuocha, Chijioke. "Exclusive: Nigeria GDP Rebasing May See Big Upward Revision—Stats Chief." Reuters Africa, November 10, 2011.

Okigbo, Pius N. C. *Nigerian National Accounts, 1950–57*. Enugu, Government Printer, 1962.

Okolo, A. "The Nigerian Census: Problems and Prospects." *American Statistician* 53, no. 4 (1999): 321–25.

Parfitt, Trevor W. "Review: Lies, Damned Lies and Statistics: The World Bank/ECA Structural Adjustment Controversy." *Review of African Political Economy* 47 (1990): 128–41.

Peacock, Alan T., and Douglas G. M. Dosser. *The National Income of Tanganyika, 1952–54*. London: Her Majesty's Stationery Office, 1958. Pitcher, Anne, Mary H. Moran, and Michael Johnston. "Rethinking Patrimonialism and Neopatrimonialism in Africa." *African Studies Review* 52, no. 1 (2009): 125–56.

Porter, Theodore M. *Trust in Numbers: The Pursuit of Objectivity in Science and Public Life*. Princeton, NJ: Princeton University Press, 1995. セオドア・M・ポーター著、藤垣裕子訳『数値と客観性：科学と社会における信頼の獲得』みすず書房、2013年。

Prest, Alan, and Ian G. Stewart. *The National Income of Nigeria, Colonial Office*. Colonial Research Studies no. 11. London: Her Majesty's Stationery Office, 1953.

Rao, C. R. *Data Base of Indian Economy: Review and Appraisal*. Vol. 1. Calcutta: Eka Press, 1972.

Reinikka, Ritva, and Jacob Svensson. "Explaining Leakage of Public Funds." Policy Research Working Paper Series no. 2709, 2001.

Riddel, Roger C., ed. *Manufacturing Africa: Performance and Prospects in Seven Countries in Sub-Saharan Africa*. London: James Currey, 1990.

Rimmer, Douglas. "Learning about Economic Development from Africa." *African Affairs* 102 (2003): 469–91.

Romer, Paul M. "Increasing Returns and Long-Run Growth." *Journal of Political Economy* 94, no. 5 (1986): 1002–37.

Sachs, J. "Homegrown Aid." *New York Times*, April 8, 2009, A23.

Sala-i-Martin, X. "I Just Ran Two Million Regressions." *American Economic Review* 87, no. 2 (1997): 178–83.

Sambanis, Nicholas. "What Is Civil War? Conceptual and Empirical Complexities of an Operational Definition." *Journal of Conflict Resolution* 48, no. 6 (2004): 814–58.

Samuels, L. H. ed. *African Studies in Income and Wealth*. London: Bowes & Bowes, 1963.

Sanga, Dimitri. "The Challenges of Monitoring and Reporting on the Millennium Development Goals in Africa by 2015 and Beyond." *African Statistical Journal* 12 (May 2011):

104–18.
Santschi, Martina. "Briefing: Counting 'New Sudan.' " *African Affairs* 107, no. 429 (2008): 631–40.
Seers, Dudley. "An Approach to the Short-Period Analysis of Primary Producing Economies." Oxford Economic Paper 11, no. 1, 1959.
——. "The Political Economy of National Accounting." In *Employment, Income Distribution and Development Strategy: Problems of the Developing Countries*, edited by A. Caincross and M. Puri. New York: Homes & Meier Publishers, 1976.
——. "The Role of National Income Estimates in the Statistical Policy of an UnderDeveloped Area." *Review of Economic Studies* 20, no. 3 (1952–1953): 159–68.
Sender, John, Christopher Cramer, and Carlos Oya. *Unequal Prospects: Disparities in the Quantity and Quality of Labour Supply in Sub-Saharan Africa*. Social Protection Discussion Paper Series no. 0525. Human Development Network, World Bank, 2005.
Solow, Robert M. "A Contribution to the Theory of Economic Growth." *Quarterly Journal of Economics* 70, no. 1 (1956): 65–94.
——. "Technical Change and the Aggregate Production Function." *Review of Economics and Statistics* 39, no. 3 (1957): 312–20.
Srinivasan, T. N. "The Data Base for Development Analysis: An Overview." *Journal of Development Economics* 44, no. 1 (1994): 3–27.
Srinivasan, T. N., and A. Vaidyanathan. "Agricultural Statistics." In *Data Base of Indian Economy: Review and Appraisal*, vol. 1, edited by C. R. Rao, 33–62. Calcutta: Eka Press, 1972.
Stein, Howard. *Beyond the World Bank Agenda: An Institutional Approach to Development*. Chicago: University of Chicago Press, 2008.
Stern, N. "The Economics of Development: A Survey." *Economic Journal* 99, no. 397(1989): 597–685.
Stiglitz, Joseph, Amartya Sen, and Jean-Paul Fitoussi. *Mismeasuring Our Lives: Why GDP Doesn't Add Up*. New York: New Press, 2010. ジョセフ・E・スティグリッツ、アマティア・セン、ジャンポール・フィトゥシ著、福島清彦訳『暮らしの質を測る：経済成長率を超える幸福度指標の提案』金融財政事情研究会、2012年。
Stolper, William F. *Planning without Facts: Lessons in Resource Allocation from Nigeria's Development*. Cambridge, MA: Harvard University Press, 1966.
Stone, Deborah, *Policy Paradox: The Art of Political Decision Making*. New York: Norton, 2002.
Suberu, R. T. I. *Federalism and Ethnic Confl ict in Nigeria*. Washington, DC: Institute of Peace Press, 2001.
Thorner, Daniel, and Alice Thorner. *Land and Labour in India*. Bombay: Asia Publishing House, 1962.
Tilly, Charles. *Contention and Democracy in Europe, 1650–2000*. New York: Cambridge Uni-

versity Press, 2004.

Tilley, Helen. *Africa as a Living Laboratory: Empire, Development, Scientific Knowledge, 1870–1950.* Chicago: University of Chicago Press, 2011.

Tripp, A. M. *Changing the Rules: The Politics of Liberalization and the Urban Informal Economy in Tanzania.* Berkeley: University of California Press, 1997.

Udo, R. K. "Geography and Population Censuses in Nigeria." In *Fifty Years of Geography in Nigeria: The Ibadan Story*, edited by Olusegun Areola and Stanley I. Okafor. Ibadan: Ibadan University Press, 1998.

Vandemoortele, Jan. "The MDG Story: Intention Denied." *Development and Change* 42, no. 1 (2011): 1–21.

Van de Walle, N. *African Economies and the Politics of Permanent Crisis, 1979–1999.* New York: Cambridge University Press, 2001.

Wade, R. "US Hegemony and the World Bank: The Fight for People and Ideas." *Review of International Political Economy* 9, no. 2 (2002): 215–42.

Ward, Michael. *Quantifying the World: UN Ideas and Statistics.* Bloomington: Indiana University Press, 2004.

Wold, Bjorn. "A Social Statistics System for the Millennium Development Goals?" *Forum for Development Studies* no. 1 (2005): 219–42.

Wood, G. Donald, Jr. "Problems of Comparisons in Africa with Special Regard to Kenya." *Review of Income and Wealth* 19, no. 1 (1973): 105–16.

Woodward, M., N. Dourmashkin, E. Twagirumukiza, M. Mbago, and A. S. Ferreira da Cunha. "Statistics Training in Eastern and Southern Africa: A Study of Supply and Demand." *Journal of the Royal Statistical Society: Series D (The Statistician)* 46, no. 3 (1997): 371–86.

Wrong, Michella. *It's Our Turn to Eat: The Story of a Kenyan Whistle Blower.* New York: Harper Collins, 2009.

Yin, S. "Objections Surface Over Nigerian Census Results." Population Reference Bureau, April 2007.

Young, Alwyn. "The African Growth Miracle." Department of Economics, London School of Economics, 2010.

Ziliak, Stephen T., and Deirdre N. McCloskey. *The Cult of Statistical Signifi cance: How the Standard Error Costs Us Jobs, Justice and Lives.* Ann Arbor: University of Michigan Press; 2008.

統計はウソをつく

アフリカ開発統計に隠された真実と現実

2015年7月30日　第1刷印刷
2015年8月10日　第1刷発行

著者――モルテン・イェルウェン
訳者――渡辺景子

発行人――清水一人
発行所――青土社
〒101-0051　東京都千代田区神田神保町1-29　市瀬ビル
［電話］03-3291-9831（編集）　03-3294-7829（営業）
［振替］00190-7-192955

印刷所――双文社印刷（本文）
　　　　　方英社（カバー・扉・表紙）
製本所――小泉製本

装幀――竹中尚史

Printed in Japan
ISBN 978-4-7917-6874-5 C0030